教育部人文社会科学研究青年基金项目（14YJC630044）阶段性成果
河北省科技金融重点实验室/科技金融协同创新中心开放基金项目（HBTFKL201501）研究成果
河北省金融创新与风险管理研究中心资助

河北省科技型中小企业发展报告

（2015～2016）

郭　净　常小雨　刘兢轶　著

中国财经出版传媒集团
经济科学出版社
Economic Science Press

图书在版编目（CIP）数据

河北省科技型中小企业发展报告．2015～2016／郭净，常小雨，刘兢铁著．—北京：经济科学出版社，2017.8
ISBN 978－7－5141－8382－5

Ⅰ．①河…　Ⅱ．①郭…　②常…　③刘…　Ⅲ．①高技术企业－中小企业－企业发展－研究报告－河北－2015－2016　Ⅳ．①F279.244.4

中国版本图书馆 CIP 数据核字（2017）第 211492 号

责任编辑：高进水　刘　颖
责任校对：辰轩文化
责任印制：王世伟

河北省科技型中小企业发展报告（2015～2016）
郭　净　常小雨　刘兢铁　著
经济科学出版社出版、发行　新华书店经销
社址：北京市海淀区阜成路甲 28 号　邮编：100142
总编部电话：010－88191217　发行部电话：010－88191522
网址：www.esp.com.cn
电子邮件：esp@esp.com.cn
天猫网店：经济科学出版社旗舰店
网址：http://jjkxcbs.tmall.com
中国铁道出版社印刷厂
787×1092　16 开　16.25 印张　230000 字
2017 年 8 月第 1 版　2017 年 8 月第 1 次印刷
ISBN 978－7－5141－8382－5　定价：39.00 元
（图书出现印装问题，本社负责调换。电话：010－88191510）

前　言

2015年以来，京津冀协同发展已经步入了一个新局面。2015年4月30日，中共中央政治局审议通过《京津冀协同发展规划纲要》。该纲要指出，推动京津冀协同发展是一个重大国家战略，要在产业升级转移等重点领域率先取得突破。河北省的分工定位为产业转型升级实验区，可以预见，在京津冀协同发展的大背景下，河北省的科技型中小企业既面临机遇也面临挑战，机遇是科技型中小企业是创新驱动、绿色崛起及产业转型的主力军，河北省将继续加大支持力度；挑战是京津两地转移的科技型中小企业将对河北省的本土企业构成威胁，如何与两地企业合作、协作是重要问题。

近年来，在河北省省委、省政府的重视和扶持之下，河北省的科技型中小企业增长速度尤为迅速。2001年，河北省各类的科技型中小企业989家，2002年达到1 350余家，2003年达到1 530多家，2014年底为1.3万家，其中高新技术企业1 275家，科技小巨人企业达到610家。截至2015年年底，河北省经认定的科技型中小企业达到2.9万家，较2014年新增1.6万家。“科技小巨人”企业数量1 413家，比2014年翻了一番多。河北省科技型中小企业正呈现裂变式增长，大步从经济发展生力军向主力军迈进，对河北省的经济发展愈发起到至关重要的作用。全省科技型中小企业拥有专利4万多项。由科技型中小企业创造的河北著名商标达2 300项，占2014年全省总量的77%。从行业分布领域来看，全省55%的科技型中小企业、60%的科技小巨人企业分布在新材料、电子信息、生物医药、新能源、节能环保等战略性新兴产业领域。这些企业科技含量高、创新能力强、发展潜力大，有的专门为国家重大工程、大型企业提供关键材料和零部件，有的从事高新技术研发、转化和服务，为河北省战略性新兴产业发展提供了重要动力。但是，河北省科技型中小企业的发展过程中也存在着一系列问题。比如，突出表现为“三多三少”——传统产业企业多，新兴产业企业少；小微企业多，中型企业少；存量企业多，发展企业少。并且存在着政策落实不到位、区域发展不平衡等问题，都是制约河北省科技型中小企业发展的“瓶颈”问题。

综上，河北省科技型中小企业的发展涉及河北省整体产业结构调整，关系到京津冀协同发展的成败。本课题组在新的经济和政策环境下，重新审视河北省科技型中小企业的发展定位与发展战略，通过持续关注、连续跟踪，以纵向时间序列为主线，以区域比较分析为方法，以发展调研报告为形式，定期调研、分析总结河北省科技型中小企业的发展状况，为省内外相关科研和决策部门提供强有力的现实依据和决策参考。

为了全面了解2015年以来河北省科技型中小企业的发展情况，课题组在2016年分别针对科技型中小企业运营、科技金融生态发展以及科技支行建设等三个主题进行了三次调研。本书是课题组根据2016年的这三次调研数据分析整理而成的。本书分为四大部分：环境篇、企业篇、金融篇和对策篇。环境篇（第一章）回顾了2015年以来京津冀协同发展背景下，河北省科技型中小企业面临的经济环境、政策环境和技术环境的最新变化；企业篇（第二章、第五章）主要从企业的层面进行分析，全面介绍了科技型中小企业的发展战略、人力资源和经营状况，并提出了科技型中小企业在这些方面存在的问题及产生问题的原因；金融篇（第六至第八章）则是根据调研数据对科技型中小企业的金融需求、科技金融生态发展情况以及河北省科技支行建设情况进行了专门的分析和研究；对策篇（第九至第十一章）主要是科技型中小企业的政策支持和发展对策，介绍并对比了2015年国家、河北省及京津等一些先进省份和地区出台的相关政策，进而从企业和政府两个层面提出了促进科技型中小企业进一步发展的措施与建议。

河北省科技厅、各地市科技局的领导及相关工作人员对本报告的调研和撰写提供了数据和支持；河北金融学院的张晶、耿军会等多位老师带领学生参加了调研工作，为本报告提供了大量的一手数据；孙石泽、段钰莹、陈倩等三位研究生同学参与了数据的整理和报告的撰写工作，任勋、王佳和贺欣同学也做了大量基础性工作，在此一并表示感谢。

郭　净

2016年12月

目录
Contents

环境篇

企业篇

对策篇

环境篇

第一章 河北省科技型中小企业面临的新环境

2015年3月23日，中央财经领导小组第九次会议审议研究了《京津冀协同发展规划纲要》。2015年4月30日召开会议，中共中央政治局审议通过该纲要。该纲要指出，推动京津冀协同发展是一个重大国家战略，核心是有序疏解北京非首都功能，要在京津冀交通一体化、生态环境保护、产业升级转移等重点领域率先取得突破。经过一年多的准备，京津冀协同发展的顶层设计基本完成，推动实施这一战略的总体方针已经明确。在该纲要中，关于京津冀三地的功能地位问题是最受瞩目的。北京未来发展定位为“全国政治中心、文化中心、国际交往中心和科技创新中心”；天津未来发展定位为“全国先进制造研发基地、北方国际航运核心区、金融创新运营示范区和改革开放先行区”；河北省未来发展定位为“全国现代商贸物流重要基地、产业转型升级试验区、新型城镇化和城乡统筹示范区、京津冀生态环境支撑区”。确定京津冀发展的布局为“一核、双城、三轴、四区、多节点”的思路。“一核”指北京，优化提升首都的核心功能，解决“大城市病”，有效疏解北京的非首都功能；“双城”指将北京和天津作为京津冀协同发展的主要引擎；“三轴”指京津、京保石、京唐秦三个产业发展带；“四区”是指中部核心功能区、东部滨海发展区、南部功能拓展区、西北部生态涵养区“多节点”是指在河北省范围内以石家庄、唐山、保定、邯郸等区域性中心城市和张家口、承德、廊坊、秦皇岛、沧州、邢台、衡水等节点城市为抓手，提高其城市综合承载能力和服务能力，助推产业集中和人口聚集。

《京津冀协同发展规划纲要》的颁布进一步明确了三地的发展定位。对河北省而言，肩负着承接北京的非首都功能，实现地方产业转型与集中的任务，对于其改变现有的产业模式，深化发展科技型中小企业，提高河北省经济发展水平有着深远意义。京津冀协同发展上升到国家战略层面，意味着三地区域经济发展进入了一个协同推进的时代，尤其对于河北省来说，面临着全新的机遇和挑战，科技型中小企业发展环境也出现了重大变化。

第一节　京津冀协同发展下的政策环境

一、税收支持政策

我国以往的税收政策重点向大中型企业倾斜，对于科技型中小企业而言存在着一定的不合理性。由于科技型中小企业存在高风险性，就需要高收益来进行补偿，但是仅就增值税而言就会使科技型中小企业有较大负担，延缓了其在发展初期的资金积累过程，挫伤了企业进行高科技产品创新的积极性，根本上不利于其发展壮大。河北省政府关注当前税收政策对科技型中小企业的不利影响，加快税收改革，加强税收服务，为科技型中小企业创造良好的税收政策环境。

2015 年 4 月 24 日，河北省人民政府出台《关于扶持小微型企业健康发展的实施意见》（以下简称《实施意见》）中明确：要打通税收政策落实“最后一公里”，认真落实国家有关减免企业增值税、营业税、企业所得税以及进口国家鼓励发展项目所需的国内不能生产的自用先进设备关税、固定资产加速折旧企业所得税等税收优惠政策，开展“送政策上门”服务，强化考核监督，确保小型微型企业应享受的优惠政策享受到位。

2015 年 5 月 28 日，河北省人民政府颁布《关于加快科技服务业发展的实施意见》（以下简称《发展的实施意见》）中提出要进一步落实税收优惠政策。做好企业研发费用加计扣除、技术合同减免税等政策的落实。认定为高新技术企业的科技服务企业，减少 15% 的税率征收企业所得税。

符合条件的科技服务企业发生的职工教育经费支出，不超过工资薪金总额8%的部分，准予在计算应纳税所得额时据实扣除。落实国家大学科技园、科技企业孵化器相关税收优惠政策。下放和简化审批程序，推进涉税事项“同城通办”和网上办税服务厅建设，为政策落实创造良好条件。

2015年7月23日，河北省财政厅印发了《关于财政支持科技型中小企业创新发展的十项措施》（以下简称《十项措施》）提出了：减免科技型中小企业的税费负担，落实包括高新技术企业、科技企业孵化器等相关单位的一系列税收优惠政策，减免部分涉企收费，清理不合规收费，检查和强化落实税式支出政策。

二、资金支持政策

针对科技型中小企业的初始资本规模较小，面临风险较高，在资金方面更需要政府政策的支持。对于科技型中小企业而言，融资难问题已经老生常谈，在与京津协同发展的背景下，河北省政府采取了许多措施，出台了许多政策，以期改善当下科技型中小企业融资成本高的现状。

在《十项措施》中，提到要壮大科技型中小企业的群体规模，对于初创期的科技型中小企业给予专门奖励用于企业研发投入，对于引进人才的科技型中小企业给予50万元以内的补助，引导传统产业“有中生新”“无中生有”。开展大学生科技创新创业资助政策试点，设立专项资金，对在省内新注册公司、通过转化科技成果进行创业的高校毕业生，经专业科技服务机构认定后，省财政按照其出资额的一定比例给予资助。同时，省级科技项目、科技资金优先支持大中型企业通过延长产业链和创新链兴办科技型中小企业。鼓励和引导中小企业加强技术改造和升级，各类相关资金给予优先支持。降低了科技型中小企业的建立风险，让更多有科技创新能力的人敢于进行创业。激发科技型中小企业的创新活力，引导专项基金对科技型中小企业进行资助，通过采取预留政府采购市场份额等措施促进科技型中小企业进行新产品研发。河北省将引导各地设立科技型中小企业贷款风险补偿资金和保证保险补偿资金，建立科技型中小企业贷款风险分担和损失补偿机制，省财政整合5 000万元设立省级科技型中小企业贷款风险补偿金，对市、县（市、区）风险补偿资金支出按一定比例给予奖补。

2015 年河北省财政安排 3 000 万元，参股设立 1 亿元省天使投资引导基金，引导天使投资机构投资种子期、初创期的科技企业，提供高水平创业指导和配套服务。省财政安排 1 亿元支持设立省级科技成果转化股权投资引导基金，引导金融资本和民间资本向科技成果转化集中。省财政注资 3 000 万元，扩大省级创业风险投资引导基金规模，支持创业投资发展，增加投资资本供给。

鼓励科技型中小企业上市融资，执行省级财政奖励政策，对在境内外主板或创业板上市的企业奖励 200 万元，对在“新三板”挂牌的企业奖励 150 万元，对在股权交易市场挂牌的企业奖励 30 万元。鼓励发展科技信贷专营机构，对新开办的科技分（支）行、科技小额贷款公司、科技保险机构，自批准设立起 3 年内按其对地方经济贡献度由同级财政给予奖励。鼓励知识产权质押融资，对通过专利权质押取得贷款的企业，省财政视融资额度给予 50 万元以内的补助。

通过以上可以看出河北省大力推进科技型中小企业的发展的多种政策，重点在于给予科技型中小企业以资金支持，鼓励其加大人才引进力度；支持高校毕业生通过转化科技成果进行创业，让更多有科技创新能力的人敢于创业；解决其产品销售不畅问题，为企业发展铺路；降低企业设立风险，以政府为后盾鼓励其发展壮大。

三、人才支持政策

对于科技型中小企业来说，人才是决定企业生存和发展的关键。重视人才、吸引人才成为众多企业的共识。在“虹吸效应”的影响下，河北省人才向京津地区的外流比较严重，在三地协同发展的大背景下，河北省出台了一系列政策，将优秀人才引进来、留下来。

《发展的实施意见》中提到要建立“双百双千”人才建设工程。着眼产业技术创新，引进 100 个高层次产业创新团队；着眼高端智力引进，新建 100 家高水准院士工作站；着眼科技型中小企业发展，引进 1 000 名高素质科技创新人才；着眼服务“新三农”，选派1 000名高技能科技特派员。加强高校科技服务业相关学科专业建设，发展多层次、多类型专业教育，培养急需服务人才。开展创业导师、创业辅导师（员）、技术经纪人、专利分析师、项目管理师、科技咨询师、质量认证师、信息分析师等在职培训，努力打造一支高素质、复合型科技服务人才队伍。

《十项措施》中提出将吸引省外人才来河北省创业。对拥有先进技术和自主知识产权的人才或团队到河北省实施科技成果项目转化的，经评审后给予100万～300万元的科研经费支持。对引进高层次科技创新人才的科技型中小企业，经评审后给予50万元以内的补助，并将科技招商活动纳入科技型中小企业发展专项资金支持范围。人才或团队拥有的项目或技术在未取得建设用地之前，可优先到各类孵化器创业，2～3年内免除50%的租房费用，当年最高不超过50万元；租赁厂房直接生产销售的，2年内解决房屋租赁费用问题，当年最多不超过200万元；条件成熟时到产业园区内落地的，在项目选址、配套条件、要素成本等方面给予保障。

四、金融服务支持政策

科技型中小企业的发展离不开金融支持。2015年，河北省科技厅分别与招商局集团、北京银行、河北银行等签署合作协议，共同打造科技金融平台，力求满足更多科技企业融资需求，加速科技成果产业化进程。

在《实施意见》中提到，由省工业和信息化厅、人民银行石家庄中心支行会同省工商局、省发展改革委、省财政厅、省科技厅、省商务厅、省统计局、省金融办、河北银监局等部门负责，加强各部门间信息沟通与共享，完善小型微型企业数据库，开展小型微型企业信用评级试点。大力培育发展信用信息评价机构，为企业增信提供服务。

以河北省与招商局集团搭建的科技金融合作平台为代表，融资规模就可达到500亿元。根据双方的协议内容，招商局集团将为河北省科技企业提供全方位的金融支持。招商银行将在河北省重点开展“千鹰展翼”计划，预计将为河北省内的科技型中小企业提供累计不低于100亿元的贷款额度；由河北省科技厅和招商银行双方共同发起设立面向科技创新和高新技术产业发展的股权投资母基金，预计规模不少于人民币 20 亿元，力求共同打造规模不少于人民币 100 亿元的基金平台为科技型中小企业提供融资服务。并且双方还计划合作对接科技部风险补偿基金，设立河北省科技贷款风险补偿基金等。

河北省科技厅与北京银行签署协议约定，省科技厅将按照北京银行每年新增满足相应条件的科技型企业的贷款余额的 3% 设立科技企业贷款风险补偿专项资金，从而降低融资风险，对于该类企业贷款的风险损失给予风险补偿。北京银行专门为河北省优质科技型企业的融资业务实行“绿色审批通道”，给予优先支持，并力争在 2015 年在河北省设立 1 家科技支行，重点服务科技企业，未来三年内，为符合条件的河北省科技型企业提供不少于 50 亿元的资金支持。

河北省科技厅还与河北银行签订协议，河北银行计划在 2015 年设立 5 家经认定的科技支行，为科技创新和成果转化提供包括专利贷、信用贷、合同能源管理、组合贷、投联贷等在内的全方位金融产品。

河北科技投资集团有限公司与招商局资本管理有限责任公司正式签署合作协议，双方计划共同发起设立“河北招商万凯科技创业投资基金”，主要面向创业投资业务，作为科技部与河北省联合设立科技成果转化子基金的载体，重点投资于京津冀协同发展的科技产业转移、科技成果转化项目。该创业投资基金计划募集总额不少于 10 亿元，协议双方各自认缴出资 2 亿元，向科技部国家科技成果转化引导基金申请不少于 2 亿元，其余资金将通过社会私募完成。

五、知识产权支持政策

由于科技型中小企业发展时间短，市场规则不够完善，科技型中小企业权益未能得到有效保障，特别是侵害科技型中小企业知识产权的情况时有发生。如需解决这一问题，需要由政府出面，建立公平、高效、开放的市场，加强对科技型中小企业的保护，特别是知识产权方面的保护。解决这一问题需要政府牵头，推动建立公平开放透明的市场规则，加大对侵害科技型中小企业合法利益行为的打击力度，并加快科技型中小企业信用体系建设，开展建设科技型中小企业的信用评价体系。

在《发展的实施意见》中提到，由省知识产权局、省工商局、省新闻出版广电局、省工业和信息化厅、省国防科工局负责，加强对科技型中小企业的知识产权服务，进一步完善知识产权（含国防知识产权）全链条服务体系。开展设立专门的知识产权服务机构，一方面，鼓励在河北省设立专门的知识产权代理、评估、交易、咨询等服务机构；另一方面，支持京津等地服务机构在我省设立分支机构。计划到2017年，全省知识产权服务机构达到50家，省级以上知识产权服务品牌机构达到15家。全方位提升知识产权（含国防知识产权）服务能力，有计划开展专利统计、分析、预警、评估等专业知识产权服务工作，全方位提升对科技型中小企业知识产权方面的保护，有效提升企业运用知识产权制度参与市场竞争的能力。

第二节　京津冀协同发展下的经济环境

经济资源作为经济发展的决定性因素和能带来效用的财富，是进行一切经济活动的前提基础，对于促进区域协同发展起着至关重要的作用。京津冀地区经济资源较为丰富，地理位置处于环渤海重要地区，港湾相对较多，从而有利于从事进出口贸易充分利用外部资源，将“引进来”与“走出去”有机结合在一起。北京具有人才、技术、信息优势，信息、知识密集型产业发达，尤其是服务业具有明显优势，金融、科技、信息、商务服务水平高，文化创意产业、教育培训业活跃，集中度高、辐射力强。天津有港口优势，海洋经济、物流业、制造业较为发达。河北作为重工业基地，钢铁产业较为发达。推进京津冀协同发展，秉承合作共赢理念，要充分发挥其比较优势，形成区域优势互补，建设京津冀城市群，进一步优化产业结构升级，努力实现优势互补、良性互动、共赢发展。

一、京津冀三地经济发展情况

（一）北京市2015年经济发展总览①

2015年北京市实现地区生产总值22 968.6亿元（见图1－1），与上一年度相比，增长6.9%。其中，第一产业增加值140.2亿元，同比下降9.6%；第二产业增加值4 526.4亿元，增长3.3%；第三产业增加值18 302亿元，增长8.1%。全市人均地区生产总值达到106 284元（折合17 064美元）。按照不同产业的划分，其中高技术产业实现增加值5 180.8亿元，增长9.3%；占地区生产总值的比重为22.6%，比上年提高0.4个百分点。信息产业实现增加值3 508亿元，增长10.6%；占地区生产总值的比重为15.3%，比上年提高0.4个百分点。生产性服务业实现增加值12 160.3亿元，增长8.6%；占地区生产总值的比重为52.9%，比上年提高0.4个百分点。

北京市实现全年一般公共预算收入4 723.9亿元，比上年同口径增长12.3%。其中，增值税716.1亿元，增长10.7%；营业税1 186.1亿元，增长11.0%；企业所得税和个人所得税分别为1 024.7亿元和478.1亿元，分别增长11.9%和24.7%。一般公共预算支出5 751.4亿元，增长27.1%。

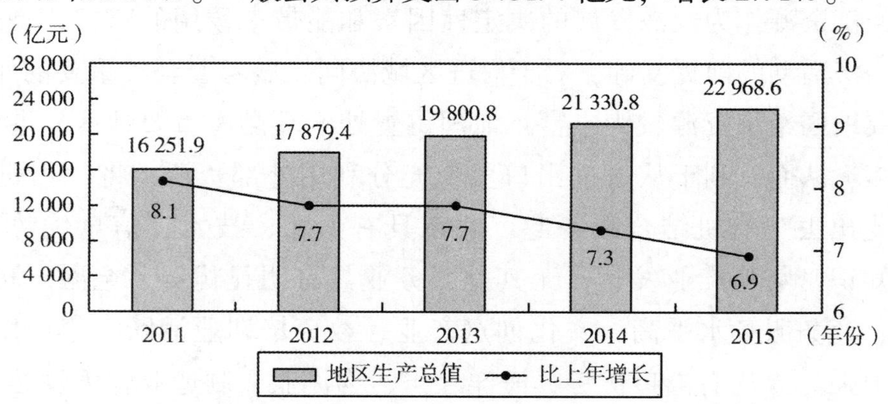

图1－1 2011～2015年北京市GDP总量及变化情况统计

资料来源：北京市2015年暨“十二五”时期国民经济与社会发展统计公报。

① 根据北京市2015年暨“十二五”时期国民经济与社会发展统计公报整理，北京市统计局网站。

（二）天津市2015年经济发展总览①

天津市2015年全市实现生产总值（GDP）16 538.19亿元，较上年同期相比增长9.3%。按照产业结构划分来看，第一产业增加值210.51亿元，增长2.5%，对GDP发展贡献度为1.3%；第二产业增加值7 723.60亿元，增长9.2%，对GDP发展贡献度为46.7%；第三产业增加值8 604.08亿元，增长9.6%，对GDP发展贡献度为52%，服务业增加值比重首次超过50%。天津航空航天、电子信息、生物医药等八大优势产业发展持续向好。2015年，优势产业增加值占全市工业的87.9%，同比增长9.4%，拉动全市工业增长8.2个百分点；此外，装备制造业和消费品制造业比重不断提升。

另外，天津市财政收入稳定增长，实现全年一般公共预算收入2 666.99亿元，增长11.6%。其中，税收收入1 577.94亿元，增长6.1%，占一般公共预算收入的59.2%。从税收来源上看，服务业税收1 039.28亿元，占全市税收的65.9%。从税收种类上看，增值税252.02亿元，下降0.3%；营业税501.41亿元，增长4.8%；企业所得税259.89亿元，增长10.7%。

天津市的民营经济发展加速。全年新增加各类市场主体14.32万户，其中民营市场主体就有14.02万户，占97.9%；新登记企业7.59万家，其中民营企业7.06万家，占93.1%。民营经济增加值7 781.42亿元，增长13.5%，占全市生产总值的47.1%；民营工业增加值增长21.7%，快于规模以上工业12.4个百分点，比重达到45.0%；民营商品销售额增长20.7%，快于限额以上销售额13个百分点，比重达到42.8%；民间投资增长12.5%，快于全社会投资0.4个百分点，比重达到58.1%。

（三）河北省2015年经济发展总览②

2015年河北省实现省内生产总值实现29 806.1亿元，全国排名在第七位，GDP比上年增长6.8%，较2014年上涨0.3%。其中，第一产业

① 根据《2015年天津市国民经济与社会发展统计公报》整理，天津市统计局网站。
② 根据《2015年河北省国民经济与社会发展统计公报》整理，河北省统计局网站。

增加值3 439.4亿元，增长2.5%；第二产业增加值14 388.0亿元，增长4.7%；第三产业增加值11 978.7亿元，增长11.2%。第一产业增加值占全省生产总值的比重为11.5%，第二产业增加值比重为48.3%，第三产业增加值比重为40.2%。河北高新技术产业、装备制造业保持较快增长，2015年，分别增长11.6%和7%，分别高于规模以上工业增速7.2个和2.6个百分点；金融业增长15.9%，高于服务业平均增速4.7个百分点。河北省人均GDP为40 367.16元，低于全国平均水平。从各地级市来看，唐山、石家庄和沧州GDP总量领先，分别为6 100亿元、5 440.6亿元和3 240.6亿元；从人均GDP来看，唐山、廊坊和石家庄位列前三，唐山市人均GDP为78 525.27元，廊坊市人均GDP为53 118.23元，石家庄市人均GDP为51 248.08元。邢台市人均GDP最低，为24 254.79元。

表1-1　河北省各地市2015年GDP总量与人均GDP情况表

GDP排名(2015年)	人均GDP排名	地级市	2015年GDP(亿元)	2014年GDP(亿元)	常住人口(万人)	人均GDP(元)
1	1	唐　山	6 100.00	6 225.30	776.82	78 525.27
2	3	石家庄	5 440.60	5 100.20	1 061.62	51 248.08
3	4	沧　州	3 240.60	3 133.38	737.50	43 940.34
4	7	邯　郸	3 145.40	3 080.00	937.39	33 554.87
5	10	保　定	3 000.30	2 757.80	1 149.04	26 112.04
6	2	廊　坊	2 401.90	2 056.00	452.18	53 118.23
7	11	邢　台	1 760.00	1 668.10	725.63	24 254.79
8	8	张家口	1 363.54	1 358.50	442.09	30 843.04
9	6	承　德	1 358.60	1 342.55	352.72	38 517.80
10	5	秦皇岛	1 250.44	1 200.02	306.45	40 804.05
11	9	衡　水	1 220.00	1 139.00	442.34	27 580.59
		全　省	29 806.10	29 421.20	7 383.75	40 367.16

资料来源：根据《2015年河北省国民经济与社会发展统计公报》整理，河北省统计局网站。

2015年河北省全部财政收入4 047.7亿元，比上年增长7.5%，其中，地方一般公共预算收入2 648.5亿元，增长8.3%；税收收入1 934.0亿元，增长3.7%。一般公共预算支出5 675.3亿元，增长22.4%。

同天津市发展情况相同，2015 年度河北省民营经济发展情况良好，增加值实现 20 186.4 亿元，比上年增长 7.3%；对河北省全省生产总值的比重进一步增加，占全省生产总值的比重为 67.7%，比上年提高 0.1 个百分点；实现实缴税金 2 409.4 亿元，下降 11.2%，占全部财政收入的比重为 59.5%，回落 12.6 个百分点；仅民营经济方面就完成出口 278.7 亿美元，占全省出口总值的 84.6%；实现就业岗位 2 159.0 万个，增长 1.7%。

二、京津冀三地的产业结构与投资结构概况

在京津冀区域中，就经济发展总量而言河北省居于全国第七位，但是按照人均 GDP 而言，河北省仍然达不到全国的平均水平。面临“北京太胖，天津较瘦，河北体弱”的发展现状，河北省仍旧是京津冀协同发展的区域短板，产业的结构性矛盾比较突出，省内缺乏集聚能力和扩散能力较强的大城市，未形成对经济有较大拉动力的城市集群。从京津冀产业结构上来看，三地在第一产业在 GDP 的比重逐渐缩小，但河北省的第三产业增长缺乏动力；从投资现状来看，北京、天津对河北省的投资从次数和规模上都呈现增长趋势。

（一）京津冀产业结构发展现状

在京津冀协同发展这个大背景下，从整体产业结构发展趋势上看，京津冀三地第一产业在 GDP 中的比重均呈现出逐渐缩小之势；北京的第二产业的发展在 GDP 中的比重也在逐渐收缩，天津第二产业的比重则经历了小幅度先升后降的一个变化过程，而河北省第二产业比重变化不太明显，天津、河北第二产业占 GDP 的比重长年超过 50%；而在第三产业方面，北京、天津第三产业在 GDP 中的比重均呈上涨趋势，北京的增长幅度超过天津，但是河北省在近几年第三产业的比重只是略微有所起伏，没有显著变化。总体上看，当前，已经呈现出北京第三产业比重最大、第二产业比重次之、第一产业比重最小的“三二一”结构模式，而天津、河北依然是第二产业为首，属于“二三一”型产业结构模式。具体来说，是和北京特殊的政治、文化、经济中心地位分不开的，作为首都，其农

业所占比重很小，服务业及高科技产业相对发达，因此第三产业占据明显优势。天津一方面由于其历史发展积淀，拥有航空航天、电子信息、石油化工等优势支柱产业；另一方面，外资在天津的投资主要集中在第二产业，故第二产业长期占据着天津生产总值的半壁江山。另外，由于天津毗邻北京，为了实现区域经济分工所带来的错位互补，避免与北京的不良竞争，天津的各种方针、政策都更多地倾向于助力发展第二产业，所以出现了第三产业在天津市的生产总值中所占比重不低，但增长缓慢的发展趋势。而河北省发展相对落后，还处于工业化的中期阶段，由各一二三产业对生产总值的贡献度来看，河北省的第二产业依然是 GDP 增长的主导产业，而第三产业所占比重偏低并且变化不大，缺乏强劲增长动力。

（二）京津冀投资现状

在京津冀协同发展的大背景下，北京对津冀两地的投资呈现加速态势；根据“京津冀大数据研究中心”的有关数据表明，北京对天津和河北的投资主要集中在金融业、建筑业、制造业、科学研究和技术服务业、租赁和商务服务业等五个方面；其中，对于河北的投资更倾向于制造业和建筑业，对于天津的投资更倾向于租赁和商务服务金融业、科学技术研究业。从投资金额的行业分布来看，2015 年建筑业居于首位，不同于 2014 年的租赁和商务服务业。仅 2015 年上半年，北京对津冀两地的投资主要集中在建筑业（95.8 亿元，占比 32.1%）、租赁和商务服务业（73.7 亿元，占比 24.7%）、金融业（49.7 亿元，占比 16.6%）、科学研究和技术服务业（16.0 亿元，占比 5.4%）。2015 年以来，根据京津冀三地相互投资的有关数据表明北京企业已先于其他非首都功能向周边疏解转移，北京属于资本净流出，已达到全年的 75%，较 2014 年同期增长 87.4%。这充分表明北京企业，从 2014 年至 2015 年 5 月工商注册登记的企业出资额可以看出北京企业对天津和河北的投资达到 2 927 次，成为推动京津冀协同发展的先锋军。

从投资的频率上来看，2015 年北京企业对津冀两地投资活跃度与往年相比也有显著上升。2015 年前五个月时间，北京企业对津冀这几大行业的投资次数都已经超过了2014年全年的一半以上。

从投资规模来看北京对津冀科学研究和技术服务业的投资次数仍居五大行业之首，但投资额及单次投资规模都有明显下降。2015年上半年，北京对津冀两地科学研究和技术服务业投资次数达到238次，相当于2014年全年投资次数（399次）的59.6%，但投资总额（16.0亿元）仅相当于2014年全年投资额（71.9亿元）的22.3%，单次投资规模也由2014年的0.18亿元下降为2015年1~5月的0.067亿元。由2015年上半年的数据可见，北京向天津和河北省投资的次数呈现增长趋势，但是规模却在下降，反映出北京的科技型中小企业也已经加入到对津冀两地投资与产业转移的行列之中。

第三节　京津冀协同发展下的技术环境

科技型中小企业的发展壮大离不开社会科技水平的提高，它作为构成科技环境的首要因素，具体包括科技研究的种类分布、科技研究领域及先进程度和科技成果的推广应用三个方面。而如何将科研成果与实践应用相结合，如何将科学技术转化为生产力，是制约科技型企业发展的关键因素。河北省在京津冀一体化协同发展的背景下，从平台建设、项目合作以及技术水平上都取得长足发展。

一、河北省技术平台建设现状

河北省为了促进科技型企业跨越式发展，不断增加科技研究的领域，重点加强众创平台、园区平台、与京津共建平台、研发平台、公共服务平台五大类平台建设，提高科技成果的推广应用。截至2015年年底，河北省新增科技型中小企业达到1.6万家，呈井喷式增长，增长率超过2014年省内科技型中小企业数量的1倍。河北省围绕企业需求，提出：

第一，多角度全方面谋划搭建众创平台，河北省进一步加强对京津众创空间品牌引进，鼓励其在河北设立分支机构，支持京津创业导师充分利用现有闲置资源、房屋、商业设施等在河北创办众创空间；鼓励京津创业导师、知名创客与河北省内具有资金实力的传统资源型企业合作，共建众创空间；引导科技型领军企业围绕自身创新需求和产业链上下游配套，建设众创空间。加快建设一批科技企业孵化器、众创空间等，支持每个设区市建设一家国家级孵化器。

第二，搭建具有影响力和吸引力的园区平台，助力科技型中小企业跨越式发展。为更好承接北京非首都功能疏解和产业转移，河北省在科技成果转化上下功夫，加快谋划打造战略性、标志性平台。对接京津技术转移基地，构建起京津科技成果转化的高地。按照新建一批、扩容一批、提升一批的思路，采取“压担子”“排位子”“亮牌子”“摘帽子”的管理方式，加快推进各类科技园区建设，支持发展农业科技园区，目前省级以上高新区达到28个，省级以上农业科技园区达到100个，支持有条件的高新区和农业科技园区晋升国家级。

第三，支持各地与京津加强合作，共建平台，对纳入京津冀共建计划的高新区，优先批准设立省级高新区。重点培育支持新能源汽车、光电子、机器人等30个创新型产业集群，促进高新技术产业集群化、协同化、创新化发展。以保定国家高新区（白洋淀科技城）为龙头、环首都国家级高新区为支点、创新型城市为单元，整体打包争创国家自主创新示范区。加快启动白洋淀科技城核心区建设，鼓励各地与中关村合作共建专业特色园区和高新技术产业化基地。

第四，围绕曹妃甸区、北戴河新区、渤海新区、正定新区、冀南新区等区域增长极建设，河北省与京津科研院所、科技型大集团合作共建研发平台，加强区域合作，促进经济发展。进一步推进京津冀技术交易市场一体化建设，支持每个设区市建立一个区域性技术交易市场，促进京津科技成果在河北省转化，支持中国国际技术转移中心、中国技术交易所、北京中关村技术交易中心等在河北省设立一批分支机构，建立京津冀技术交易联盟，加强重大科研成果在河北省的转化。

第五，加快公共服务平台建设，实现区域特色产业和重点发展行业全覆盖。进一步打造包括公共技术服务机构、技术联盟、产业技术研究院、工程中心在内的公共服务平台，方便对科技型中小企业提供政策咨询、技术指导、企业改制、管理创新、人才等招聘方面的服务，全方位助力科技型中小企业创新发展。

二、京津冀技术项目合作现状

2015 年，在河北省政府的大力倡导和政策支持下，河北省各地市对加快和京津地区的合作，通过多渠道、多手段、多方式，吸引京津项目，助力河北省科技型企业发展。

唐山海港经济开发区共对接北京项目 273 个，涉及总投资 1 293 亿元，其中亿元以上项目 121 个，10 亿元以上项目 31 个；已开工 9 个，计划年内开工 86 个。沧州经济开发区在京津冀协同发展背景下，选准高端制造业，北京现代合作，使整车项目落地，积极对接世界 500 强企业，加快发展现代装备制造业，完善产业链，提升汽车产业发展的整体水平，构建上下游齐全且具有强大竞争力的产业集群。张家口经济开发区广泛开展“代理招商”和“政企联合招商”等多种形式招商活动。瞄准京津先进发达地区，成功引入北京阜新科技园、五金国际机电城等一批投资规模大、带动能力强、产业附加值高的好项目。北京漫游世纪科技孵化器有限公司在中关村海淀园秦皇岛分园建设的 e 谷（秦皇岛）创想空间，目前已有 7 家企业签署入孵协议，20 余家企业达成入孵意向。引进中科恒安、中科富思、中科遥感等实体企业，对中科院北京分院科技创新成果进行入园转化，使中科百捷的节能环保技术广泛应用于建筑节能领域，中科遥感的遥感卫星应用技术成为军民结合产学研用示范平台。

三、河北省科技工程发展现状

第一，实施高新技术产业倍增工程，着力在新能源、高端制造、电子信息、新材料、生物医药等优势产业领域，培育一批新的增长点，实现全省高新技术企业 1 500 家，高新技术产业增加值力争突破 1 800 亿元。

第二，推进科技型中小企业成长工程。按照“3364”的思路，以规模做大、实力做强、结构做优为三大目标，推进苗圃、雏鹰、科技小巨人三项工程，抓好孵化、创办、引进、转型、提升、壮大六个一批，强化组织领导、政策落实、平台搭建、目标考核四项举措，加大对科技型中小企业的建设力度。

第三，设立京津冀协同创新共同体推进工程。立足共建、着眼共享，共同实施一批重大科技专项，共同建设一批科技园区，共同设立一批成果转化基金，共同发展一批技术交易市场，共同组建一批产业技术创新战略联盟，推动建立京津冀三地高新技术企业、高新技术成果、高新技术产品、科技型中小企业、科技中介机构等资质互认，在政府采购、税收减免等方面，实行区域内相同的优惠政策。

第四，开展科技服务业促进工程。河北省政府制定了《关于加快科技服务业发展的实施方案》，支持发展以公共研发、技术转移、检测认证、创业孵化、知识产权、科技咨询、科技金融、电子商务等为重点的服务机构建设。提升一批生产力促进中心建设水平。依托北京大数据研发和运营管控平台、天津大数据装备制造优势，在河北打造京津冀大数据产业链。

第五，推行创新平台提升工程。按照“优化结构布局、发展壮大队伍、提升质量业绩、推进开放协作”的原则，加快建设功能性创新服务平台，省级以上工程技术研究中心和重点实验室突破300家、产业技术研究院达到28家，新建15个国际科技合作平台、30个科技中介平台。建立科技资源开放服务的评价和奖励补助制度，推动科技成果、科技文献、科学数据、大型科学仪器、专利、标准相关信息的开发利用和开放共享。

第六，实施知识产权“三优”工程。建立“政府部门引导、试点企业主导、服务机构辅导”的工作机制，加快培育一批知识产权优势企业、百项优质专利品牌产品和优秀知识产权人才，推进专利质押融资，探索专利保险试点，建设一批知识产权品牌示范服务机构，支持在河北省设立国家和京津优质专利代理及分支机构，带动提升知识产权创造和应用水平，有效发明专利拥有量增长10%以上。

企 业 篇

第二章 河北省科技型中小企业的发展战略

科技型中小企业作为经济新常态下新的经济增长点和转型升级的重要推动力，是培育创造新技术新业态和提供新供给的动力源头，也是河北省转型升级的主抓手。因此，在面临经济转型和京津冀协同发展时期，河北省科技型中小企业的发展势头猛烈。但是，企业要想在市场中立于不败之地，必须要制定和实施清晰的发展战略作为支撑。在国内外市场竞争不断激烈的形势下，科技型中小企业制定明确而切合实际的发展战略就有着十分重要的意义。所以，本章从以下五个部分展开分析了河北省科技型中小企业的发展战略，分别介绍了企业的战略现状并从中找出存在的问题，有利于河北省科技型中小企业更好解决自身战略问题，不断提高企业竞争力。

为了更好地跟踪和分析河北省科技型中小企业的发展情况，2016 年 1 ~2 月，针对河北省不同地区的多个行业分类进行抽样调研，数据的获取是通过向企业发放调查问卷的形式，本次抽样调查发放问卷 200 份，收回有效问卷份数为 168 份，有效率为 83.6%，所得数据具有一定的代表性。本章发展战略分析及后续人力资源分析和金融需求分析部分都是在此次调研数据的基础上展开的。

第一节　整体战略规划

目前，河北省不断推进科技型中小企业的发展壮大，并且制定和实施了一系列科技新政和科技型中小企业成长计划，加大了扶持力度。与此同时，在京津冀协同发展的重大机遇下，河北省科技型中小企业也在逐渐更新和完善自身的整体发展战略，明确企业新的发展目标和下一步规划，更好地解决新的市场环境下企业的发展问题，实现企业快速、健康和持续发展。

一、整体战略的实施情况

（一）整体发展概况

从整体情况来看，据统计结果显示，目前河北省高新技术企业达到1 628家，科技型中小企业达到2.9万家。2015年，高新技术产业增加值占全部规模以上工业增加值比重达到16%，为全省加快结构调整、迈向产业中高端提供了重要支撑。从产业结构来看，河北省科技型中小企业80%属于第二产业，12%属于第一产业，第三产业占8%，并且在河北省已认定的科技型中小企业中，18%属于战略性新兴产业范畴，产业结构优化升级的脚步加快。①

此外，在推进京津冀协同发展的大背景下，河北省正在找准功能定位，不断创优平台载体，力图精准承接北京非首都功能疏解，并且努力在服务首都、保障首都的同时加快转型升级步伐。而越来越多的地方也在吸引京津科研成果落地转化，将京津的创新优势转化为河北的产业优势；越来越多的高科技企业也在逐渐抓住科研成果外溢转化的机遇，与科研机构、高等院校建立密切合作。由此可以看出，河北省科技型中小企业发展的政策环境正在不断优化，市场资源也更加丰富。因此，一方面，河北省科技型中小企业要抓好省内的战略机遇；另一方面，也要做好促进自身健康发展的战略部署，发现和建立新的战略发展方向和整体发展策略，实现发展跨越的新的战略目标。

（二）整体战略管理能力

在河北省科技型中小企业的整体战略制定方面，从调研结果来看，

① 郭伟：《2015年上半年河北省新增科技型中小企业5 230家》，载于《河北日报》2015年7月28日。

80%的企业认为自身有较为完善的整体战略规划，能够发现新的发展方向，确定新的商业和盈利模式；11%的企业认为缺乏适合自身的战略规划，在企业战略管理方面存在障碍；还有9%的企业认为自身没有明确的发展战略（见图2－1）。总体来说，大部分河北省科技型中小企业拥有较强的战略管理能力。

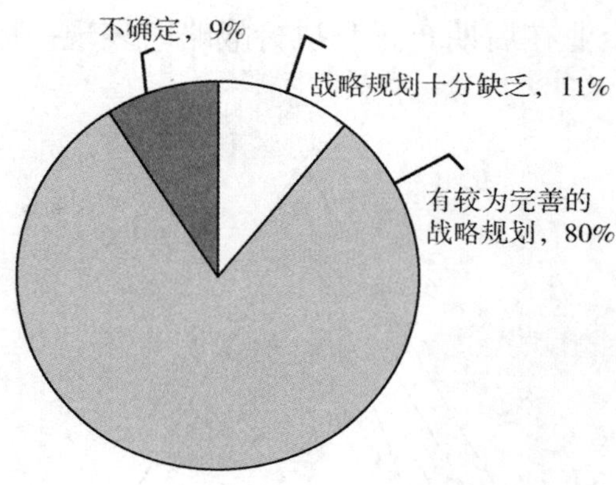

图2－1 河北省科技型中小企业战略管理能力

（三）整体战略弹性

从调研结果来看，74%的企业认为能够较为准确地分析生存与发展环境，并及时调整自身整体战略，制定出与自身能力和资源匹配的企业战略；而有20%的企业其近年来的发展战略没有发生明显变化；还有6%的企业其战略规划与发展方向不明确（见图2－2）。

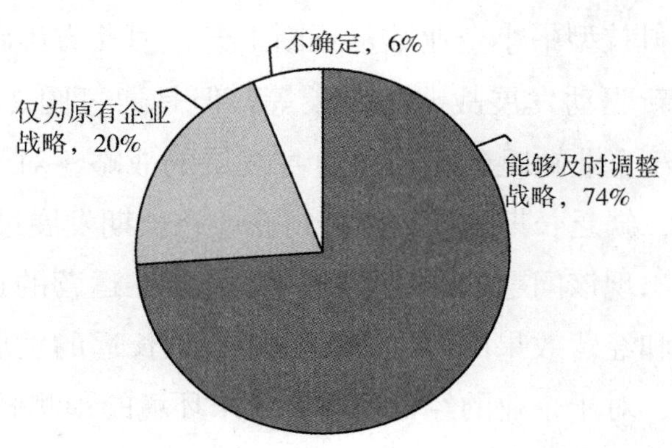

图2－2 河北省科技型中小企业整体发展战略弹性

（四）整体战略执行能力

在分析企业的战略执行能力方面，根据调研结果显示，87%的企业认为能够针对本企业实际提出合理的发展方向与战略目标；63%的企业认为能够针对自身实际制定具体的经营策略与实施方案；42%的企业认为能够向部门和员工准确传达企业的战略和任务（见图2－3）。由此可以看出，河北省科技型中小企业在后期布置和执行战略时表现一般。

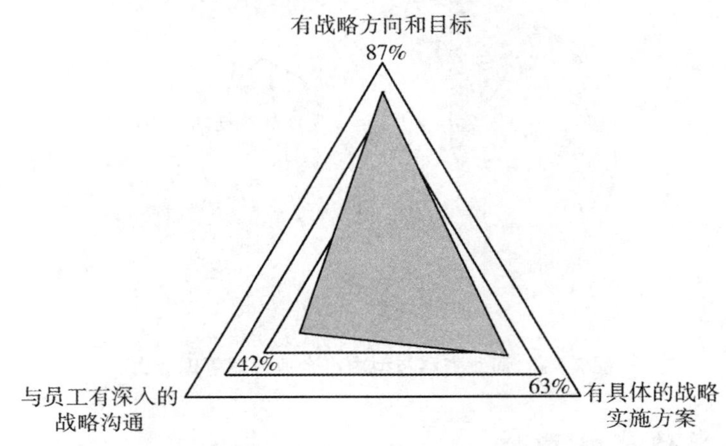

图2－3　河北省科技型中小企业战略执行力

二、整体战略规划实施中存在的问题

（一）战略管理意识不强

随着河北省科技型中小企业数量不断上升，河北省出台了一系列的长期发展计划和创新驱动发展战略、政策等，但是通过图2－1显示，仍有20%的科技型中小企业缺乏建立适合自身发展的战略，对于未来发展战略的重视程度不够，缺乏长期的规划，使得企业在长期发展过程中出现问题。根据调查分析，出现该问题的最主要原因是企业在运营的过程中，只注重了当前眼下利益和经营效果的体现，没有能够从长远的发展战略角度更多地考虑企业问题，对于企业的经营环境及未来环境的预测做得并不到位。

（二）战略弹性小，与当前大形势不匹配

目前河北省出台了一系列政策，贯彻落实京津冀协同发展的战略主

旨。但是，在京津冀协同发展的开局之年，部分河北省科技型中小企业尚未针对政策和市场的变化做出战略应对，处于被动顺应和追随当前的发展环境与政策的情况，即只是在政府政策的扶持下从而采取一系列的行动。如图2－2显示，有将近30%的企业仍然遵循企业原有战略和旧观念，没有更新对自身的定位和发展目标。这种情况不利于企业在现有市场环境下更加稳定和长远发展，以及全方面发掘资源、自立自强。而部分企业发展战略弹性小，一方面是由于企业对当前的宏观背景和市场缺乏充分认识，以至于难以构建与当前经济和市场运行相匹配的发展战略；另一方面，河北省科技型中小企业分布较为集中，约70%的企业分布在石家庄、保定、唐山以及廊坊等地区，由于这些地区靠近京津地区，容易受到当地发展的辐射带动作用，而其他地区的科技型中小企业数量也在急剧增加，但是成长后劲不足，发展水平相对落后，缺乏对政策、环境、资源和信息等因素的准确把握，没有创新自身发展战略，更快适应市场变化。

（三）战略执行力度较弱

企业要想稳定的生存和发展下去，不仅需要明确的发展战略，更重要的是需要强大的战略执行力做保障，这样才能让企业的战略规划得以落实。图2－3显示，87%的企业有明确的战略目标和方向；63%的企业有具体的战略实施方案；仅42%的企业能够与部门员工有较为深入的战略沟通。由此可见，阶段性目标不明确、后期管理和执行力不强、细节处理不到位等是部分河北省科技型中小企业存在的战略问题。其原因主要有以下几点：第一，京津冀协同发展规划刚起步不久，处于逐渐推进的过程，并且河北省许多政策方针也在逐步出台和实施，企业没有完全适应新的市场环境，做好进一步的管理和运营；第二，在河北省不断承接和转化京津产业和科研成果的进程中，科技型中小企业也在充分吸收和利用所有有利资源，但是部分企业由于自身资金实力弱、科技创新能力不足、信息不畅通以及缺乏对技术人才的储备和培养等，使得企业的战略执行力较弱，也在一定程度上造成企业发展短期见效的局面，不利于企业持久发展；第三，科技创新人才的高流动性以及缺乏对企业文化的塑造也影响了企业的战略执行力。因此，除了制定相关的发展战略以外，企业如何运用各种资源、如何在发展各阶段都能够有力实施和执行战略就显得尤为关键，只有执行好、落实好战略才能从根本上提高企业的竞争能力，使科技型中小企业走出省内，走向全国乃至国际。

第二节　市场营销战略

科技型中小企业在发展的过程中，往往过于看重技术优势，将更多的精力和资金投入到技术研发和高科技产品中，而忽略了对市场营销战略和管理的研究与运用，不利于企业经营和赚取利润。因此，通过调研河北省科技型中小企业市场营销战略的实施情况，发现其存在的问题，对科技型中小企业制定特有的市场营销战略、加强其在营销管理中的风险控制有着参考价值。

一、河北省科技型中小企业的市场分析

为了解河北省科技型中小企业市场营销战略的制定和实施效果，首先需要对企业所处市场环境进行分析和研究，从而观察企业的营销战略是否满足市场需求。其中，顾客分析是营销战略分析的重要环节，需要满足企业自身利益最大化和外部消费者及其他参与者效用的双重标准，顾客分析需要对顾客的需求及其行为进行分析以发现新的市场机会。科技型中小企业只有对客户的需求进行深入了解，才能对应市场需求将市场进一步细分。而市场细分就是把整体性的市场分割成许多具有一定相似度、可辨别的、有意义的不同客户群。一个细分市场就是一个这样的客户群。影响市场细分的变量主要有地理、人口、心理、行为四个方面。下面从四个方面分别对河北省科技型中小企业面临的产品销售市场情况进行分析，以便确定科技型中小企业的市场定位。

（一）顾客个性化需求分析

只有了解客户的个性化需求，同时分析出不同客户需求对企业效益的不同影响，才能使企业作出正确的营销决策。

根据数据分析可知，28%的客户对产品的独创性有特殊要求，39%

的顾客对产品附加值有特殊要求（见图2－4），这就意味着超过60%的市场是来自于领先的产品研发能力，研发经费的投入产出比以及企业对产品换代升级的态度在抢占这一市场份额中格外重要。

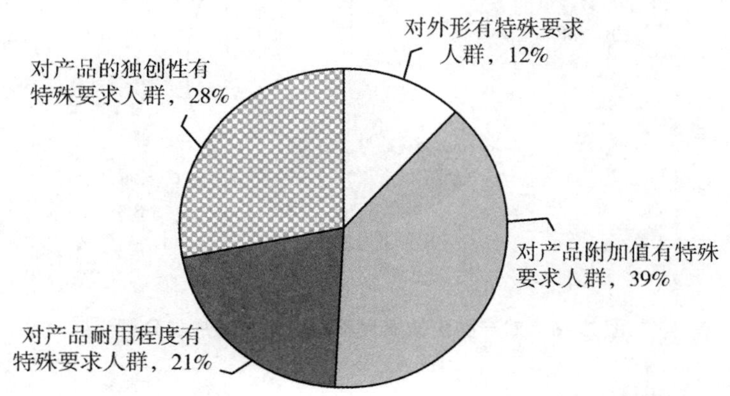

图2－4　河北省科技型中小企业顾客个性化程度分析

（二）客户行为分析

客户行为分析是指根据客户购买记录识别客户对产品价值的认知，根据产品价值来对客户进行分类（见图2－5）。通过不同的客户对各种产品所提出的意见，以及其对当各种新产品或服务推出时的不同态度来确定客户对新事物的接受程度。

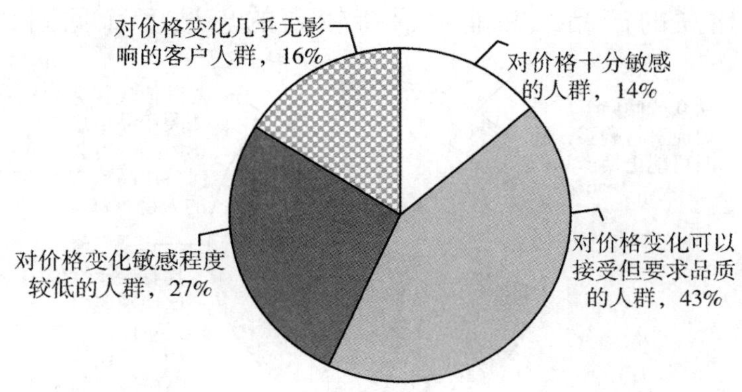

图2－5　对价格变化不同反应程度的客户群分析

数据显示高品质的产品体验、实用性的性价观感是大众选择科技型中小企业产品的首要因素，而相反价格的变动并不会带来大量原有客户或潜在客户的流失，高品质、新体验、实用性以及合理的性价比就成为了现阶段河北省科技型中小企业需要面对的主要市场氛围（见图2－6）。

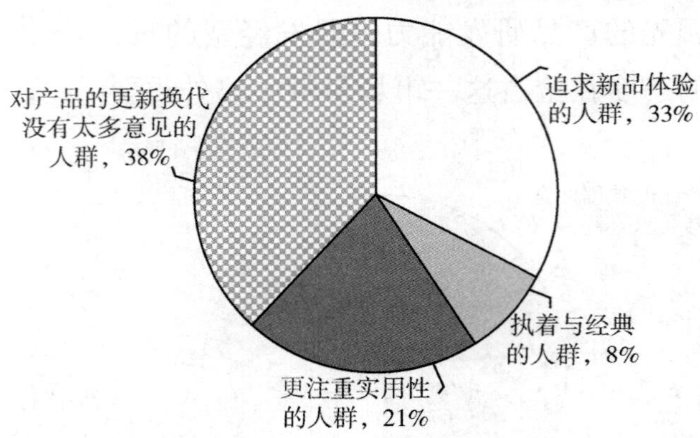

图2－6　对产品更新换代不同意见的客户群分析

（三）客户忠诚度分析

客户忠诚度分析是指通过交易数据来判断客户是否准备结束商业关系，或正在转向另外一个竞争者。其目的在于对那些已经被识别结束了交易的客户进行评价，寻找他们结束交易过程的原因。

通过统计结果发现，24%的客户群能够长期购买同种产品，忠诚度较高；但是约一半的客户对产品的忠诚度较低，容易较快改变目标产品；29%的客户的购买心理主要受到广告效应的影响；还有4%的客户倾向于性价比高的产品，并能够保持较高的忠诚度（见图2－7）。因

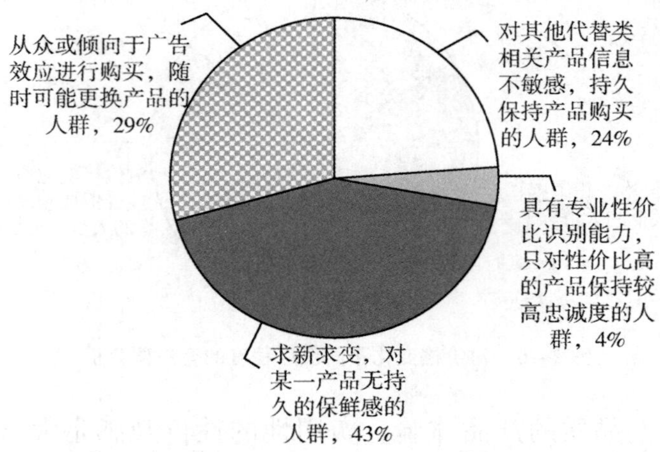

图2－7　河北省科技型中小企业客户忠诚度分析

此，河北省科技型中小企业需要重视产品的及时更新换代以及广告经费投入。

（四）客户收益率分析

客户收益率分析是指对每一个客户的成本和收益进行分析，可以判断出哪些客户是为企业带来利润的。通过分析不同客户在不同地区、不同时段所购买的不同类型的产品数量，可以获取当前营销系统的状态、各个地区的市场状况以及客户的运转情况。

由图2-8可知，产品收益率高的客户主要集中在河北省东北部和中部地区，是河北省科技型中小企业的主要销售市场，南部地区产品收益率高的人群占比26%，西北部地区仅占7%，其市场有待进一步开拓。

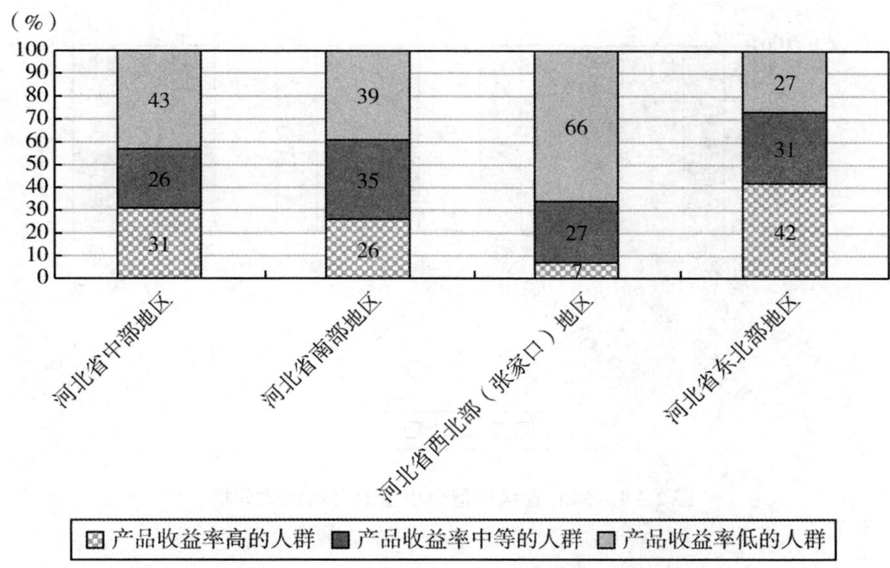

图2-8 河北省科技型中小企业客户收益率分析

二、市场营销战略的实施情况

（一）市场定位情况

在了解了行业的基本情况以及河北省科技型中小企业的自身发展优势和劣势后，就要在市场细分的基础上选择目标市场，即在考虑了产品市场的成熟度、行业结构、偏好的差异度等因素后将最为合适的细分市场作为目标市场的过程。在选择目标市场的同时也要树立市场定位，其实质是在目标市场取得相对的竞争优势，确定产品在消费者心中的合理位置。通过对河北省科技型中小企业市场定位进行分析，了解其产品的研发和销售方式是否能够较好地满足市场需求，吸引最大的潜在消费者。

根据调查结果显示（见图2－9），从对科技型中小企业的市场定位角度来看，约一半的企业对广告营销、产品研发、价格优惠、价格变化频率及企业产品寿命的重视程度较低；42%的企业非常重视对产品的专利保护，仅有33%的企业非常重视对产品研发的经费投入。

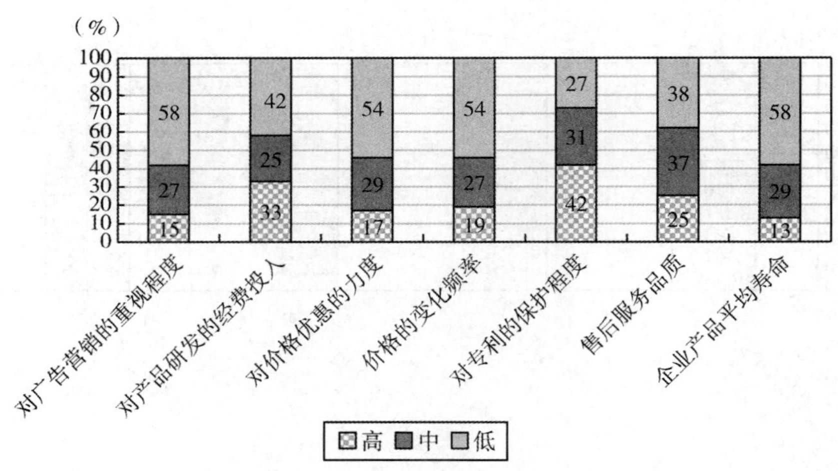

图2－9　河北省科技型中小企业市场定位分析

（二）整体销售概况

从调研结果来看，在企业销售情况方面，仅有36.3%的河北省科技型中小企业所生产的产品处于畅销状态；1.2%的企业所生产的产品处于脱销状态；而52.4%的企业销售情况一般；分别有4.2%和5.9%的企业所生产的产品甚至处于滞销或亏销状态（见图2－10）。由此可见，河北省科技型中小企业的产品营销情况不容乐观。

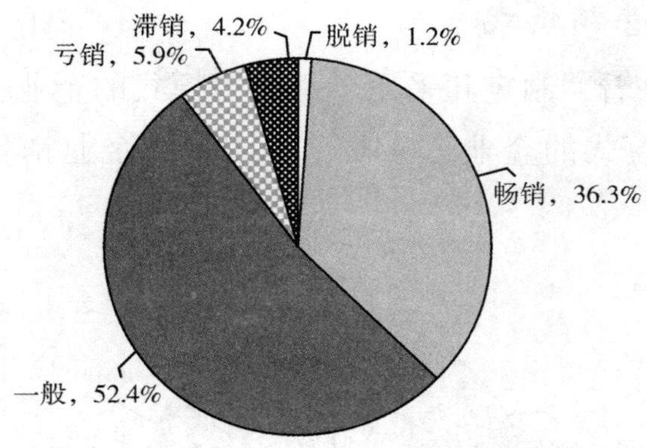

图 2-10 河北省科技型中小企业销售情况

（三）市场营销渠道策略

在销售渠道的选择方面，根据调研结果显示，50.6%的企业选择了直接渠道；24.1%的企业选择了间接渠道；仅有11.5%的企业选择了网络渠道；其中，水平渠道作为一种较为新型的营销渠道，是指两家或两家以上的渠道成员通过某种合作或结成销售联盟的方式，共同开拓市场，可以弥补自身缺陷从而实现自身经营所达不到的销售业绩，而有10.5%的企业选择了水平渠道；还有3%的企业仍然使用传统渠道进行销售，0.3%选择了其他方式（见图2-11）。因此，河北省科技型中小企业在渠道策略采用方面，以直接渠道和间接渠道为主。

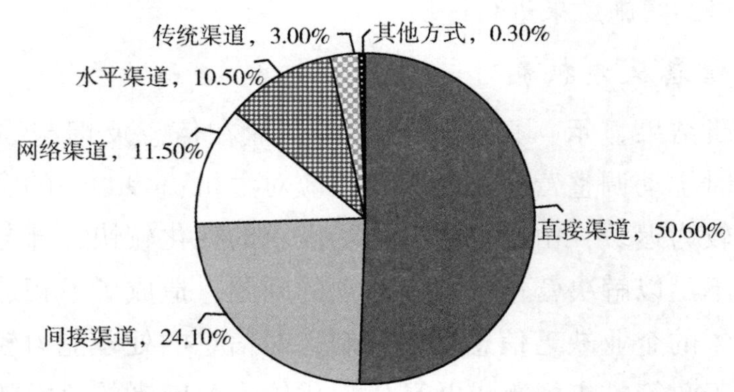

图 2-11 河北省科技型中小企业销售渠道情况

（四）市场营销模式

从调查结果来看，制定和采用单一销售模式的企业占49%；制定和采用多元化销售模式的企业占44%；有7%的企业销售模式尚不明确（见图2－12）。

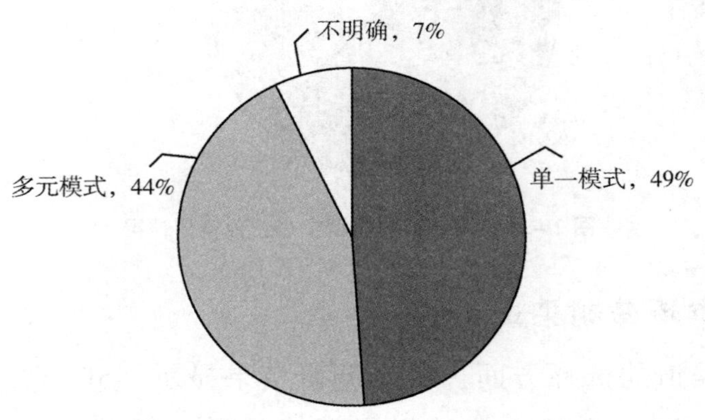

图2－12　河北省科技型中小企业销售模式

三、河北省科技型中小企业营销战略问题的控制

营销战略控制是指管理者通过规范性的行动，如信息反馈、规划修正等，使得营销战略与具体实施情况相一致。因此，无论是环境变化还是产品的升级换代，营销战略的效率应该随之提高。通过调查和统计河北省科技型中小企业在这一阶段的情况，对其后续信息反馈的回应结果以及营销战略的实施效果进行评估。

（一）信息反馈机制

根据调研结果显示，只有17.3%的企业在信息反馈与当前营销战略发生冲突时主动调整营销战略，积极应对危机；49.8%的企业对信息反馈的表现较为迟缓，由于近年来市场需求的变化较快，部分企业的应对速度明显不足以解决营销过程中出现的问题，造成了不相适应的延时效应；32.9%的企业缺乏信息反应机制，对信息的处理能力较弱，不能很好适应由于政策、市场需求及环境变化给企业带来的负面效应，使得信息反馈成为影响河北省科技型中小企业长期发展的敏感环节（见图2－13）。

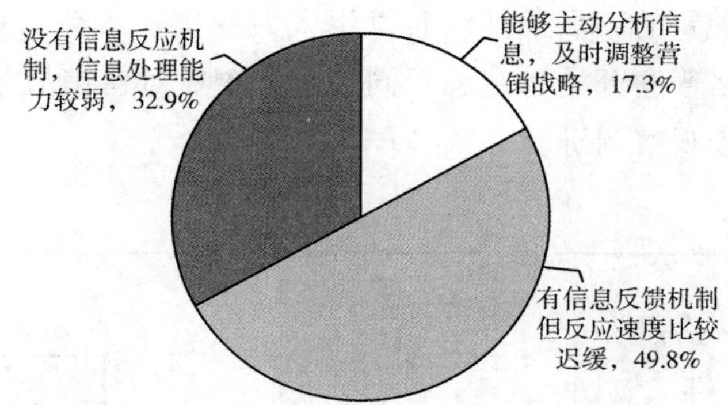

图 2-13　河北省科技型中小企业营销战略信息反馈机制分析

（二）变化应对机制

由统计数据显示（见图 2-14），有 29.3% 的企业融资能力强，营销遇到问题时能够及时筹资解决；有 25.7% 的企业能够对产品的变化做出及时的回应和调整；有 34.5% 的企业认为能够在轻微战略失误的情况下，承担并挽回损失；有 39.8% 的企业能够弥补单一项目失利所造成的损失。

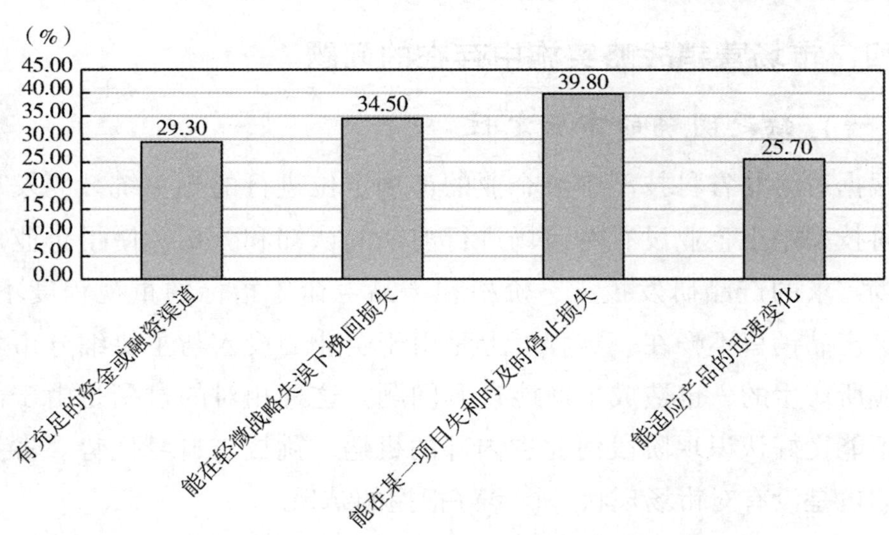

图 2-14　河北省科技型中小企业营销战略变化应对机制分析

（三）控制效果情况

从图 2-15 中各项指标的数据显示，能够良好进行营销战略控制的企业超过一半，控制效果良好，但是这是基于河北省近年来政策环境，消费者习惯等重要的市场条件没有发生太大变化。并且，河北省科技型中小企业的战略普遍开始稳定趋于同一化，企业对营销战略的控制能力如何还需进一步观察调研。

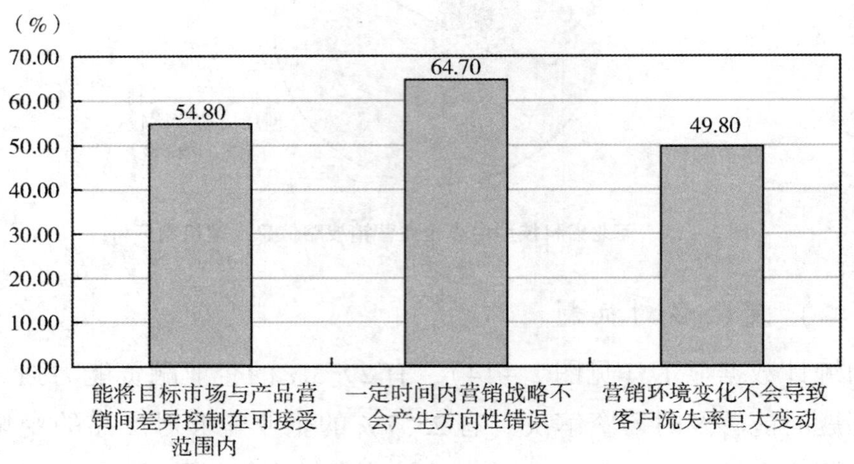

图 2－15　河北省科技型中小企业营销战略控制效果分析

四、市场营销战略实施中存在的问题

（一）缺乏明确的市场定位

根据对河北省科技型中小企业的市场定位进行的相关统计，发现大部分科技型中小企业没有对市场进行前期的认知和分析，使得企业对符合市场需求的产品研发投入、价格和产品寿命等指标的重视程度不够，反映了产品销售不畅在一定程度上是由于企业的投入与主要细分市场不相对应所产生的，也造成了产能过剩问题，这种相对的过剩是由于部分企业不能良好认识现阶段河北省内部的机遇、挑战与自身优势、劣势的结果，也是没有对市场现状进行良好把握的结果。

（二）营销战略的控制和调整不足

营销战略是指企业在现代市场营销观念下，为实现其经营目标，对一定时期内市场营销发展的总体设想和规划。通过前面对营销战略问题控制的分析来看，大多数的科技型中小企业对市场营销战略和产品后期销售环节不重视，在产品销售出现问题时，没有进行调查和解决，并及时调整营销战略。此外，也存在着国家和政府对一些新型产业扶持力度不足的问题，导致部分企业的产品无法完全进入相应的消费市场，缺乏销售产品的积极性，甚至不愿意承担后期销售产品的风险。

（三）销售渠道建设不完善，销售模式选择单一

销售渠道就是商品和服务从生产者向消费者转移的过程，若不能建立有效的销售模式和销售渠道，则会直接影响企业经营目标的实现。图2－11的数据表明，在销售渠道的选择上，大部分河北省科技型中小企业以直接销售为主，中间环节较少，降低了渠道成本。而通过网络渠道销售产品的企业只占11.5%，很多企业仍在探索中。此外，采用水平渠道的企业仅占10.5%。这些调查数据，在一定程度上反映了企业缺乏使用多种新型的销售渠道，需要进行更多的渠道探索和调研，完善渠道建设。

图2－12数据显示，约50%的企业采用单一的销售模式，44%的企业制度多元化的销售模式。这说明了一半以上数量的河北省科技型中小企业的销售模式仍然较为单一，模式规划缺乏科学性和分散性，存在一定的营销风险。企业应该根据本企业产品的特点以及市场的需求变化，及时调整和管理渠道，采取不同的销售策略。

（四）对市场环境变化不能作出有效的判断和处理

当今时代，互联网发展十分迅猛，电子商务在市场中的地位日益提高，但大多数的科技型中小企业未能认识到电子商务的重要性，如图2－11数据显示，利用互联网渠道进行销售的企业仅占11.5%，企业在营销方式上仍然采用传统的营销方式和市场调查手段，对于大数据等调查方法的使用不多。此外，移动互联网的快速发展，颠覆了互联网世界以网页为核心的应用形态，催生了全新的应用服务体系，并重建了商业模式。但多数河北省的科技型中小企业对利用网络手段进行营销战略创新的能力以及对互联网技术、移动互联网技术进行营销的探索不足，互联网渠道应用度低，这些问题大大制约了企业的发展。并且，在京津冀协同发展的环境下，企业在产品销售环节也缺乏一定的合作共赢意识，不利于企业迅速拓宽产品市场并占领国内乃至国际的市场份额，也不利于企业将高端的科研技术有效地转化为产品成果。

第三节 人才战略

人才是创新的第一推动力，加强人才工作是科技创新的内在要求，更是河北省科技型中小企业创新创业以及在市场中竞争、生存和壮大的必要要求，关系着河北省科技成果转化和产业结构升级问题。随着京津冀协同发展战略的实施，河北省科技型中小企业越来越重视制定和实施多样性、激励性的人才战略，加强与河北省各高校的人才合作，不断应对企业人才问题发展中面临的新情况、新问题，促进区域人才一体化发展。

一、人才战略的实施情况

科技人员作为科技型中小企业的核心员工，是企业的重要发展点，同时，因其具有差异性、知识型、独立性和高流动性的特点，也使得河北省科技型中小企业面临着诸多人才问题。所以，企业在制定发展战略时，往往将以人为本作为企业的核心价值观，制定明确的人力资源目标和人才管理策略。此外，人才战略主要包含两个因素，即人才的数量和质量。由于科技型中小企业属于发展速度快、市场竞争激烈的企业，所以在人才战略的制定和选择上需要兼顾人才数量和质量。河北省科技型中小企业普遍采取掠夺型的人才战略，即通过全面领先于市场的薪酬招聘人才、高代价抢挖人才、高成本开发人才和高奖金高福利激励人才等，不仅吸取大量优秀人才，还追求提高人才的竞争力。下面分别从人才开发策略、人才结构优化策略和人才激励策略三个方面来说明河北省科技型中小企业在人才战略上的具体实施和执行情况。

（一）人才开发策略

根据调研结果显示，河北省科技型中小企业在人才开发策略方面，85%的企业实施了引进人才策略，78%的企业实施了培养人才策略，由此可见，大部分科技型中小企业都会兼顾人才引进和培养两个方面进行人力资源开发；有6%的企业没有明确的人才开发策略。

关于河北省科技型中小企业进行人才开发策略的具体实施方式情况如

下：（1）引进人才策略：主要以定向引进为主，鼓励省内高校、科研所等事业单位和国有企业的科技人员，通过离岗创办科技型中小企业，或采取以资金、非职务科技成果、有效专利入股参股创办科技型企业，以及采取兼职兼薪方式服务于科技型企业的方式。同时，定期举办科技招商引技引智活动，吸引省外人才、海外企业及人才来冀创业。此外，充分利用电视、新媒体等互动方式进行公开招聘，采用短期聘用、技术合作、人才租赁等多种形式吸纳优秀创新型人才。（2）培养人才策略：科技型中小企业员工以知识型、差异型等为主要特点，因此企业应更加注重员工的个性成长和事业发展，除了为员工提供一份与贡献相称的报酬外，还要健全人才培养机制，将培养与发展作为一种内在激励措施。河北省科技型中小企业主要采用定向培养的方式，通过建立完善的创业导师队伍，以及吸引省内外优秀企业家、投资家和行业专家，来组建精干的创业培训队伍，企业从而委托他们代培，让他们采取一对一、个性化辅导方式，辅导创建、带动企业科技创业团队。并且，根据企业成长发展中的共性和个性需求，通过委托创业导师培训，提供政策分析、辅导服务、业务培训，从而提升创业者各方面素质。

（二）人才结构优化策略

从调研结果来看，首先在人才结构优化策略方面，河北省科技型中小企业实施培养并引进管理人才策略的占比34%，其次是实施专业化人才结构策略，占比28%；实施人才年龄优化结构策略的企业仅占10%；而仍有28%的企业没有制定明确的人才结构优化策略（见图2-16）。

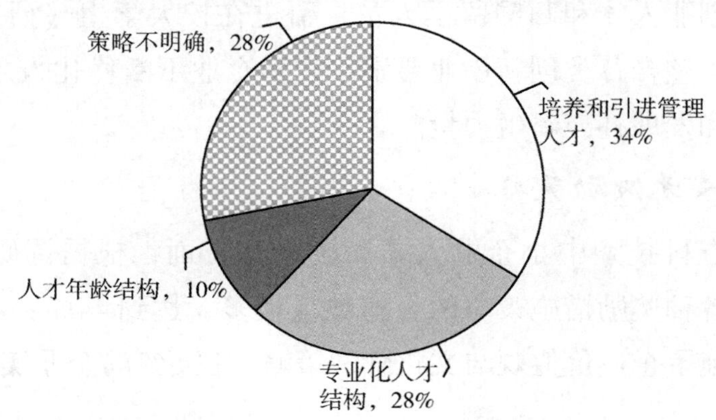

图2-16　河北省科技型中小企业人才结构优化策略

具体实施情况来讲，河北省科技型中小企业正在力图通过以下几个方面来实现人才结构优化策略：（1）企业人才需要合理的比例和结构，尤其是管理人才是企业发展的决定因素，随着科技型中小企业的发展与壮大，高级管理人才缺乏的问题日益突出。一方面，企业要培养和引进管理人才，以提高企业的科学管理水平；另一方面，要努力提高企业家的素质和管理水平。而京津冀高级专家数据库的建立带来了一定的“人才红利”，入选数据库的专家主要包括获得省部级以上荣誉称号或入选省部级以上人才工程、计划、项目的专家，以及以优秀企业家、职业经理人为重点的高水平企业经营管理人才、以农村实用人才带头人为重点的高级农村实用人才及以社工师为重点的专业社会工作人才等，数据库具有信息查询、数据统计、综合分析、决策参考、社会服务等功能，说明河北省科技型中小企业更加注重建设高级管理团队。但是企业缺乏构建适合自身发展的管理团队，需要逐渐完善人才职能结构的意识和战略。（2）在人才专业化结构策略上，河北省科技型中小企业通过企业集聚、产业集群以及建立人才联盟的效果，不断实现人力优势互补、互利合作、协同创新，不仅在一定程度上优化了企业人才智能结构，还进一步加快了区域人才一体化发展。但是，在企业家个人综合素质和能力的培养方面仍然有所欠缺，广大中小企业家应该积极提升自身的内涵及个人魅力，学习现代化的科学管理理论与实践，提高自身的管理水平。① （3）目前，河北省科技型中小企业更加注重通过各种形式吸纳高等院校、科研院所等优秀创新创业人才和归国留学人员，引进在校大学生（研究生）产出的科研成果，整合各类创新创业要素。许多企业不断优化人才年龄结构，为企业创新和发展补充新生力量。

（三）人才激励策略

在河北省科技型中小企业人才激励策略方面，根据调研数据显示，实施薪资及各种奖励措施策略的企业数量最多，达到44%；有13%的企业制定和实施了企业价值观与文化管理策略；仅6%的企业实施人才多样

① 吴迪：《京津冀将开放共享高级专家资源》，载于《北京日报》2016年2月9日。

性需求策略；有37%的企业没有制定明确的人才激励策略，反映了部分科技型中小企业对人才激励策略的重视程度不够，不利于企业保留高科技人才、解决企业人力资源流失问题（见图2-17）。

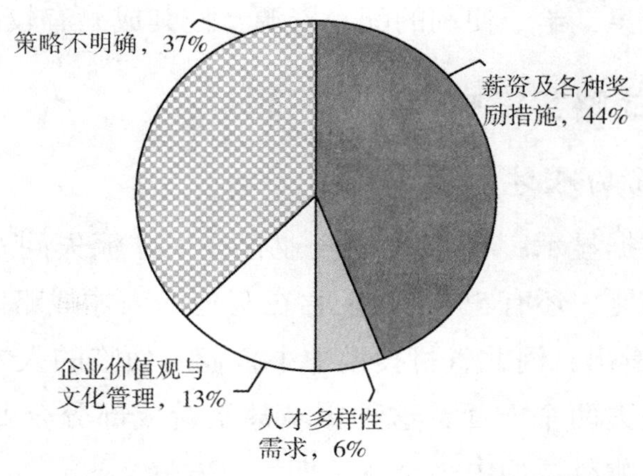

图2-17　河北省科技型中小企业人才激励策略

从目前的河北省科技型中小企业在科技型人才激励策略上的主要做法来看，主要包括以下三种情况：（1）主要通过薪资留人以及建立较为灵活的人才配置来实现。①技术奖励包括一次性奖励和利润提成奖励。一次性奖励即根据科技项目或科技成果的完成情况，对科技人员进行一次性现金或住房等实物奖励。利润提成奖励即对拥有职务技术成果的科技人员，在技术成果实施转化后，从每年产生的税后净利润中，提取一定比例给予奖励。②科技项目承包。即企业与科技人员签订科技开发项目承包合同，企业出课题、出经费、提要求，科技人员按合同规定开发新产品，并获取相应的奖金或利润提成。③技术入股。即技术成果拥有者将技术成果作价，认缴公司的出资额，技术出资者因而成为公司股东，相应的技术成果形成公司法人财产。特别适合于新技术产业的中小企业的技术创新人力资本。（2）越来越多的企业逐渐重视营造良好的创新创业环境，通过弘扬企业的创新创业文化来发掘员工潜能，给予员工创新性、挑战性的工作，站在社会热点和市场需求的角度激发创新热忱。但是还有很多企业仍然缺乏建立有效的企业核心价值观和企业文化来稳定人才的意识，需要加强企业对人才的文化价值理念约束。（3）许多企业忽视了对人才多样性需求的满足，不仅员工的物质需求需要得到满足，还需要得到充分尊重、信任和事业上的适当引导。首先，肯定员工工作的重要性和价值，高度重视他们的意见，其次，帮助他们了解最新的技术信息和市场信息，给予便利的配套资源，使其成果有较高的应用性。

二、人才战略实施中存在的问题

（一）面临的人才困境

根据统计数据显示，有82%的企业存在人才流失问题，13%的企业存在人才难求问题，还有5%的企业存在其他的人才战略问题（见图2－18）。由此可以看出，河北省科技型中小企业所面临的人才困境主要有人才难求和人才流失两个方面，这种困境甚至造成部分企业核心技术泄露的问题，严重影响科技型中小企业长期稳定发展。

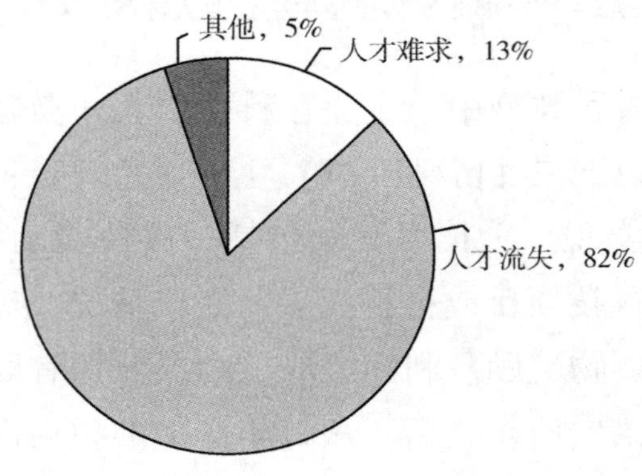

图2－18　河北省科技型中小企业人才战略存在的问题

（二）经营管理人员培养不到位

部分河北省科技型中小企业缺乏高素质、高水平的经营管理人员。企业在引进和培养高科技人才的同时，往往忽略了管理人才的重要性以及企业家的个人能力，不利于强化企业的管理创新，使企业优化自身整体发展战略、与时俱进。造成这一问题的原因主要有内外两个因素。首先，内部因素主要是科技型中小企业成立时间短、规模小，许多企业高层缺乏前沿技术知识和管理经验，对于复杂的市场变化和需求往往来不及作出有效应对。而外部因素是河北省特殊的地理位置，即河北省地处京津冀发展区，首都北京人才济济，且工作待遇、工作机会和工作条件等优越，导致河北省无法吸引优秀的专业化管理人才来为河北服务。

（三）人才激励方式单一

高科技人才作为科技型企业的稀缺资源和核心资源，具有差异性、知识型和独立性等特点，因此，企业必须充分了解人才需求并制定合理且多样化的人才激励策略，才能有效稳定和管理科技人才。而河北省科技型中小企业主要采用薪资报酬和与职位挂钩的奖惩措施来进行人力资源管理，人才激励方式十分单一：一方面，企业忽视为科技人才创建良好的创新创业环境，缺乏明确的企业文化对员工进行引导和约束，没有挖掘员工的创新潜能；另一方面，企业人力资源部门对人才职业生涯的设计管理不科学、对员工职位级别安排不合理，不能满足员工多样性需求，从而导致科技人才看不到发展的空间和潜力，造成人才流失问题得不到解决甚至越来越严重。

第四节　技术创新战略

2015 年，河北省高新技术企业突破 2 000 家，科技型中小企业达到 2. 9 万家，其中年销售额在 1 亿元以上且有自主知识产权的科技小巨人达 1 413 家，比 2014 年翻了一番，井喷式发展态势已经显现。但是，随着科技的快速发展和市场机制的不断深入完善，科技型企业在市场中的竞争也变得越来越激烈。因此，河北省科技型中小企业也在不断完善技术创新战略，通过合作创新与开发、技术引进、加大科研投入等技术创新途径和策略，发展自身核心竞争力，同时响应了京津科技成果在河北落地转化的政策，不断为经济发展做贡献。

一、技术创新战略的实施情况

（一）技术创新战略选择

京津冀协同发展战略实施两年来，河北省各地坚持高端引领、创新驱动，加强与顶级创新资源的融合对接。从调研数据来看，2015 年河北省科技型中小企业在进行技术创新战略选择时，主要采用合作创新的方式，占比达到33%；其次为采用消化吸收再创新的企业占24%；采用集成创新和模仿创新战略的企业占比分别为15%和13%；仅有9%的企业采取原始创新战略（见图2－19）。从具体事例来看，2015年年底，河北省已开展了16个与北京合作、12个与天津合作的重大科技支撑项目。此外，河北省推出5种京津冀三地合作创新模式：共建中关村海淀园、秦皇岛分园、中关村丰台园、保定满城分园等一批科技园区；共建曹妃甸高新技术、渤海新区生物医药等一批高端产业转移合作基地；与科技部、招商集团等合作共建三支成果转化基金；共建中关村保定创新中心、承德中关村京津冀大数据走廊等一批创新创业平台；围绕京津冀三地共同关心的大气污染、生态保护等重大问题，联合启动科技项目合作计划，这都充分表明河北省科技型中小企业通过不断共享省内创出的多个合作对接模式，增强自身的科技创新能力和提高自身竞争力。①

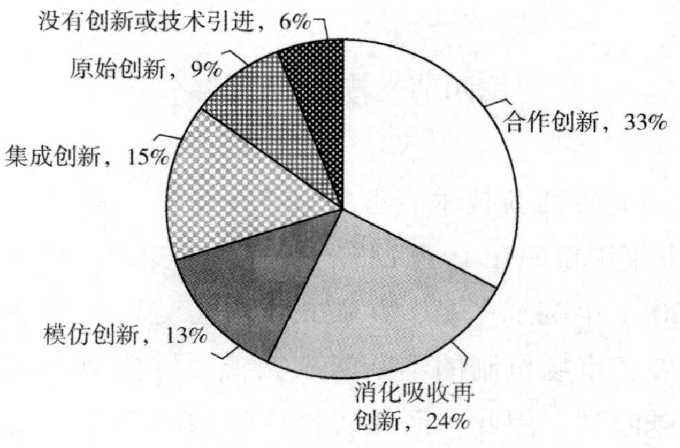

图2－19　河北省科技型中小企业技术创新战略

（二）技术开发方式

在技术开发方面，河北省积极与京津共建技术市场、创新联盟，不断引进技术、促进技术合作。调研数据结果显示，河北省科技型中小企

① 李巍：《产业协作迈向深度融合——推进京津冀协同发展两年间·产业篇》，载于《河北日报》2016年2月27日。

业在进行技术开发时采用最多的是合作开发方式，占比达到35%，其次主要通过引进专有技术、设备进行转化再研发，企业占比为28%；22%的企业选择以自我为主的自主研发，10%的企业采用完全自主研发的战略（见图2－20）。具体事例来看，目前，在钢铁、抗生素、卫星导航、半导体照明、果品等产业领域，京津冀已建立产业技术联盟26家。此外，数据显示，近期河北省科技厅对轻纺、医药卫生、能源与交通技术领域的42个工程技术研究中心运行情况进行了评估：42个工程技术中心3年共开展合资合作研发项目261项，研发经费3.55亿元；引进消化吸收国内外先进技术79项，共开发新产品280项，新产品销售收入131.76亿元、实现利润19.35亿元，新产品利润占企业总利润50%以上；转化应用新技术248项，新技术应用效益88.13亿元。由此也可以看出，企业在技术开发方式选择上更多倾向于技术合作与引进吸收，且成果颇丰。①

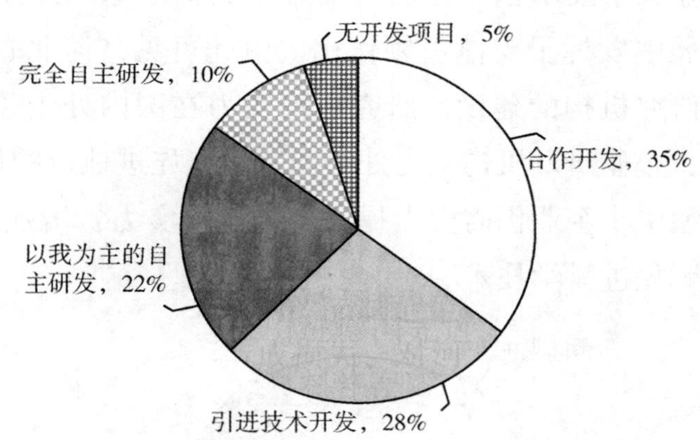

图2－20　河北省科技型中小企业技术开发方式

另外，河北省也不断鼓励科技型中小企业进行自主创新和研发。例如，“十二五”期间，全省山区科技发展进入重要提档加速期，并推进山区八大特色产业不断突破。其中，共研发引进技术400余项，开发新产品100余项，引进培育新品种420余个，制定标准60项，取得综合性科技成果80余项，不断推进山区科技企业的自主创新和研发。

① 赵涛、孙逸桦：《打造创新引擎激发第一动力》，载于《河北日报》2016年7月11日。

（三）研发机构实力

目前，为进一步聚焦对接国家创新战略布局，河北省不断建设和建成省级甚至国家重点研发机构，河北省科技型中小企业的研发机构实力不断提升，领先国内。据调查结果显示，河北省科技型中小企业研发机构实力在省内处于先进地位的有20%，而国内处于先进地位的达到55%（见图2－21）。数据显示，省级以上重点实验室、工程技术研究中心、企业技术中心、工程研究中心和工程实验室、产业技术研究院分别达到105家、231家、481家、122家、28家，省级以上高新区达到29个。研发机构实力处于国内领先的占比12%，其中，国家重点实验室达到9家，燕山大学亚稳材料制备技术与科学国家重点实验室成为第一家材料制备国家重点实验室；新奥集团煤基低碳能源国家重点实验室成为第一家中美合作国家重点实验室；河北农业大学国家北方山区农业工程技术研究中心、河北工业大学技术创新方法与实施工具等5家国家工程技术研究中心在创新发展中发挥了支撑引领作用。由此可见，河北省科技型中小企业非常注重研究机构的建设，研究机构实力在国内处于领先水平的企业居多。此外，企业研发机构实力处于国际领先先进地位的仅占5%，所以河北省科技型中小企业仍需大力提高自身科研实力，增强国际竞争力，进一步借鉴国际先进科学技术。①

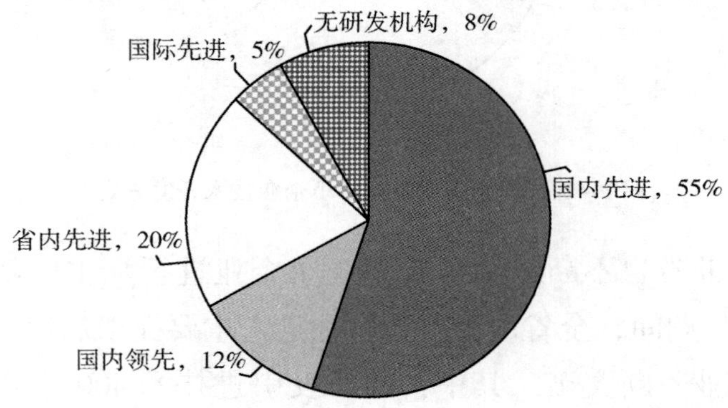

图2－21　河北省科技型中小企业研究机构实力

① 赵涛、孙逸桦：《打造创新引擎激发第一动力》，载于《河北日报》2016年7月11日。

（四）技术领先水平

从统计数据来看，49%的河北省科技型中小企业技术水平处于国内领先，26%的企业技术水平处于省域领先，仅有4%的企业的技术水平处于国际领先，有21%的企业技术水平一般或没有领先优势，技术领先水平有所提升（见图2－22）。据调查显示，全省科技进步贡献率达到46%，科技型中小企业拥有专利3.5万件，企业平均拥有发明专利数是全省企业均值的10倍，越来越多的河北省科技型中小企业的技术水平处于国内领先，已达到一半左右。并且，河北省取得了重大关键技术的标志性突破，攻克了卫星组合导航、高效太阳能电池、高速动车组关键技术、焊接机器人、超薄硅片切割、农业新品种选育等一批关键技术，获得了67项国家科技奖励，并首次获得国家科学技术进步企业技术创新工程奖。长城SUV汽车、石药丁苯酞、东旭液晶玻璃基板、晨光天然色素、张杂谷等一批有市场竞争力的品牌产品不断涌现，"渤海粮仓"等农业示范工程成效显著。由此可见，河北省科技型中小企业的技术水平实现快速发展，但是领先国际水平的企业鲜少，表明技术领先水平仍有待提高。①

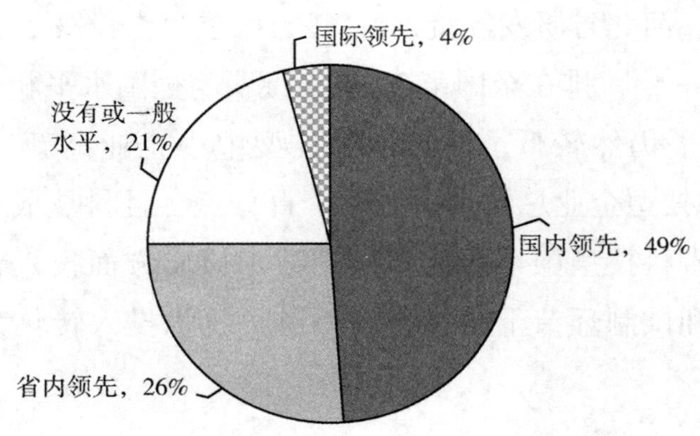

图2－22　河北省科技型中小企业技术领先水平

（五）技术开发投入与转化

在技术开发投入方面，2015年有38%的企业在购置机器设备方面投

① 镡立勇：《我省科技进步贡献率达46%》，载于《河北经济日报》2016年7月7日。

入最多，有30%的企业在研究开发环节投入最多，有12%的企业在人才培训方面投入最多，有8%的企业在购买技术方面投入最多，有6%的企业在新技术新产品试制费用方面投入最多，在市场调研费用投入最多的企业有4%，在其他环节投入最多的企业有2%（见图2－23）。由此可以看出，河北省科技型中小企业在研究开发环节和购置机器设备方面投入较多。

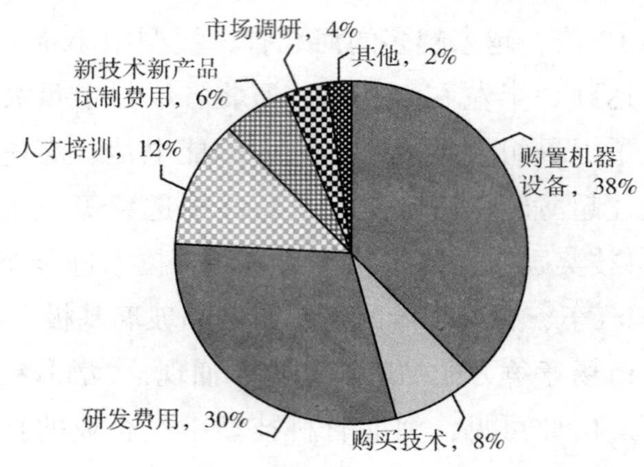

图2－23　河北省科技型中小企业技术创新战略

尽管如此，河北省研发经费占GDP的比重为1.06%，仅为全国平均水平2.05%的一半，排在全国第20位，说明与全国水平相比，河北省技术开发投入水平仍然较低。此外，科技型中小企业高新产品利税率为28.23%，比科技型企业总体水平低七个百分点，且科技成果转化率仍不高，说明河北省科技型中小企业在前期技术研发方面投入较多，但是在科技成果转化和试制环节上重视程度不够，技术投入转化为有效产出的能力较低。

二、技术创新战略实施中存在的问题

（一）自主研发能力薄弱

大部分河北省科技型中小企业的技术创新主要通过合作创新、消化吸收京津地区科技成果以及引进技术进行开发等方式，然而企业自主研发和创新能力不强，缺少核心科技，以及忽视对高端科技人才的引进和培养。从长远来看，不利于企业提高核心竞争力，立足市场。并且，科技型中小企业的发展必须依靠技术创新，而技术创新的关键在高科技型人才，目前从河北省的情况来看，尽管科技型中小企业招聘收到的简历渐渐增多，但是，真正具有专业高技能的人才却寥寥无几。此外，科技型中小企业的培训机制不完善以及企业缺乏价值观和文化价值导向，造成企业专业人才流失、核心技术外泄的风险。

（二）支持技术创新的资金渠道不足

虽然河北省内融资渠道种类多，有资本市场融资、政府注资、银行贷款、金融贷款、风险投资等，但是科技型中小企业在申请资金，进行融资时存在着各种问题，如企业资信评级低、缺乏抵押物担保等，导致科技型中小企业除了自有的有限资金外主要靠银行间接融资，融资渠道单一，融资困难重重。尽管政府加大财政资金支持，但资金不足仍严重制约河北省科技型中小企业的技术创新。

（三）企业费用管理不科学

河北省科技型中小企业由于自身实力较弱，科技水平不高，因此技术创新周期较长，并且企业在新技术新产品试制方面投入较少，再加上得不到政府以及相关服务机构的有效和及时支持，造成企业想获得因技术创新所带来的收益周期会比较长，这也增加了企业的经营困难。甚至导致一些科技型中小企业利用所筹的有限资金直接购买创新产品来装备生产，致使所筹资金使用轨道的偏离，严重影响企业长久发展。

（四）企业研究与开发投入与产出不对称

河北省科技型中小企业研究与发展投入力度较大，但是投入与产出不成正比。据统计数据显示，科技型中小企业技术性收入占总收入比例为83.01%、开发经费占销售额比例为13.97%，均略高于科技型企业的比例水平。但是，科技型中小企业高新产品利税率为28.23%，比科技型企业总体水平低7个百分点，说明河北省科技型中小企业高新技术领域投入转化为有效产出的能力相对比较弱，企业研究与开发投入与产出不对称。

第五节　投融资战略

融资难仍是困扰河北省科技型中小企业的重要问题，尤其在目前转型升级的重要阶段，很多科技型中小企业因资金匮乏而发展受阻。因此，为了更好推动科技创新，资金问题是科技型企业发展中的重要一环。目前，河北省科技型中小企业也逐步形成多元化、多层次、多渠道的科技投融资体系，不断解决投融资困境。[①] 本节通过对河北省七个地区100多家科技型中小企业财务报表数据的分析，说明企业所实施的投融资战略。

一、融资战略

（一）整体融资来源情况

由统计结果显示（见图2－24），河北省科技型中小企业资产负债率基本维持在50%以下，说明河北科技型中小企业在整体融资战略方面，债务资金来源和权益资金来源大致相当，权益资金略多于债务资金，财务杠杆维持在合理的水平，财务风险适中。

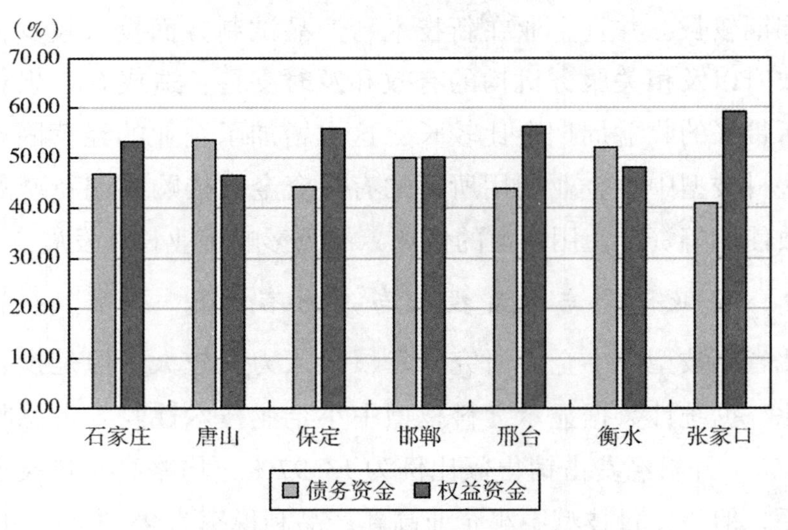

图2－24　河北省科技型中小企业资金整体来源

① 雷汉发：《“科技＋金融”点燃创新引擎》，载于《经济日报》2016年5月9日。

（二）权益资金融资战略

河北省科技型中小企业的权益资金融资战略主要为依靠内部融资，外部融资占比非常少。河北省科技型中小企业的权益资金来源主要为自筹资金，占比约80%，方式包括使用自有资金、向亲朋借款和向员工募集资金等，而且规模越小的企业可获得的外部资金渠道和资金量越少（见图2－25）。此外，企业少部分自有资金来自政府的财政补贴，只有8%左右，其他投资约占12%。但是，随着河北省科技型中小企业发展专项资金的设立以及一系列财政资金奖励和补助支持，财政补贴在河北省科技型中小企业自有资金中占得比重将会有所提高。

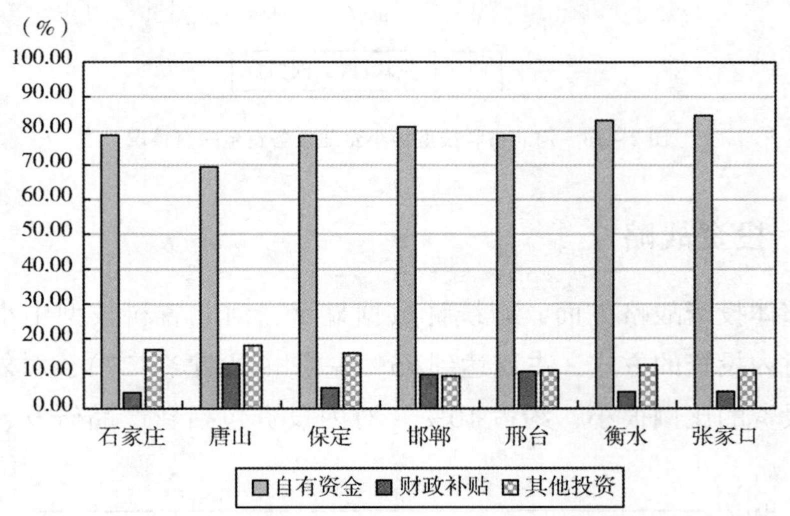

图2－25　河北省科技型中小企业权益资金融资情况

（三）债务资金融资战略

债务资金融资战略方面，河北省科技型中小企业主要通过商业银行贷款和民间借贷两个重要渠道。据调查结果显示，企业债务资金中银行信贷占到50%以上（见图2－26）。民间借贷也约占一半，主要包括向小额贷款公司、典当行及其他投资公司的借款以及向自然人的有息借款等。随着金融机构不断推进知识产权质押贷款、科技保险、科技物业资产证券化等科技金融产品创新，以及融资担保体系的不断健全，拓宽了初创期企业的信贷支持渠道，大部分企业也通过融资成本比较高的民间借贷形式来辅助解决资金问题。

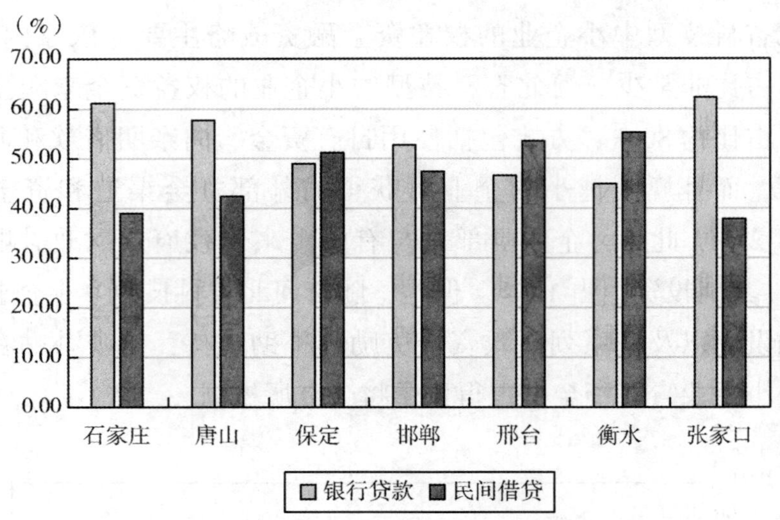

图 2－26　河北省科技型中小企业债务资金融资情况

二、投资战略

在整体投资战略方面，有统计数据显示，河北省科技型中小企业主要采取对内投资的方式，占比达到85%左右（见图 2－27），对外投资占企业总投资的比例很小，约占10%。对内投资包括新产品研发、新建厂

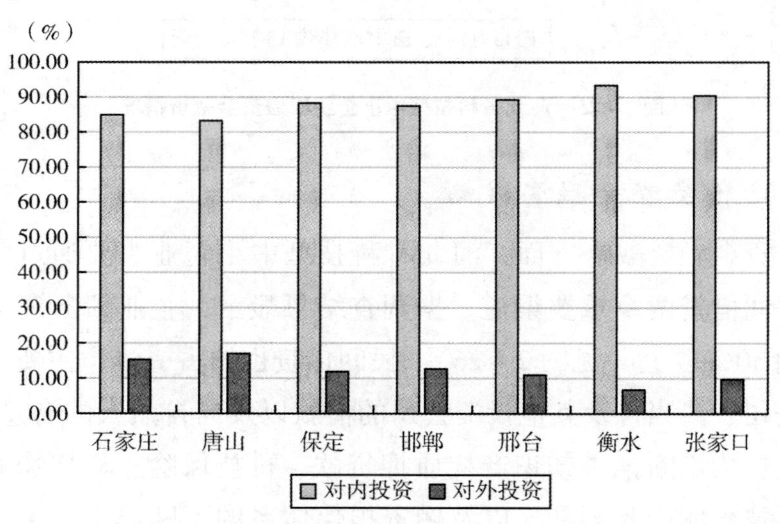

图 2－27　河北省科技型中小企业对内投资与对外投资情况

房、购买新设备、扩大生产规模等，为企业投资战略的重点。对外投资包括股票投资、债券投资等方式。综合来看，我省科技型中小企业的投资战略主要定位于企业自身生产发展和扩大企业规模，很少进行对外投资。这与科技型中小企业大多规模较小，急于迅速通过扩大产品生产规模和市场份额来占领市场，进而在激烈的市场竞争中占有一席之地有关。

三、投融资战略实施中存在的问题

（一）企业缺乏现代融资观念，对新的融资方式缺乏认识

目前，河北省科技型中小企业普遍未能认识到企业做好融资战略工作的重要性，融资缺乏自觉性、主动性和适应性，缺乏资金时间价值、机会成本和信息融资、知识融资、依法融资等新的融资观念。并且，企业的融资方式较为单一，对于新型融资方式不了解，尤其是上市融资作为解决融资难问题的重要途径，大部分企业没有做好调查认知和着手准备，新三板挂牌企业仅有 100 多家。因此，河北省科技型中小企业这些融资观念的缺乏阻碍其融资战略多元化。

（二）企业权益融资有限

河北省科技型中小企业创立者大多缺乏系统的管理认识，没有制定全面的长期企业融资战略。许多科技型中小企业的股东排斥股权融资，不希望股权被分散稀释，导致企业权益资金主要依赖自有资金积累。此外，科技型中小企业需要经历从初创期到成熟期的各个过程，仅靠内部资金积累，阻碍了企业扩大生产规模，存在很大的资金风险。而由于部分企业存在着长期投融资战略欠缺、决策权高度集中、内部控制制度不健全等问题，使得许多投资者不愿意对科技型中小企业进行投资，不利于企业筹集更多资金。

（三）相关财政补贴政策仍有不足

从河北省科技型中小企业融资来源情况来看，财政补贴占比较小，反映了政府补贴力度不够。首先，政府财政对科技型中小企业给予的扶持资金规模仍较小，期限偏短。例如，中央财政每年下发中小企业的资

金不足20亿元，专项资金贴息期限一般不超过2年，无法与科技型中小企业的发展周期相匹配；其次，财政政策单一，以直接投资、信用担保、财政贴息等为主，缺乏对民间资本的动员，无法有效引导社会资金注入科技型中小企业；最后，政府对资金统一调配管理不足，导致资金分散，有些企业获得多次补贴，而有些企业却得不到补贴，降低了融资效率。

（四）金融市场发展不完善，间接影响企业投融资

服务于中小企业的中小金融机构、服务于科技企业的科技银行发展滞后，资本市场发育不完善，股权融资和债权融资无法充分向中小企业开放，投融资担保体系和社会信用制度不健全，在与传统金融的竞争中，互联网金融的地位和监管没有明确的界定和标准。由于利率市场化改革处于审慎的推进过程中，银行无法通过自主制定贷款利率，获得由于承担高风险而应该享有的高收益，降低了银行为科技型中小企业放贷的积极性和金融创新的冲动。这些因素都限制了科技型中小企业制定科学合理的投融资战略。

（五）企业缺乏投资管理意识

河北省科技型中小企业在投资管理方面，缺乏科学指导性的目标以及投资战略规划。由于中小企业在发展初期，往往发展速度较快，企业为了眼前的利益，缺乏对投资项目正确的认识以及评价，导致企业投资战略顾此失彼，得不偿失，还有一些企业不能够做出长远的企业经营管理目标，仅为了短期的利益，忽视存在的风险，阻碍了企业投资的长期发展。此外，一方面企业缺乏严格的投资项目管理，缺少专业的财务管理人才。而在企业经营管理过程中，管理人才不仅能够决定企业的组织管理，还可保障企业投资管理的实施，有效地降低企业投资项目的成本和投资项目存在的风险。另一方面，企业在重大的投资决策上，一般都是经营管理者根据自己的主观经验来决定的，在资金的使用上没有合理的预算，投资具有盲目性，限制企业的发展规划，甚至使企业陷入危机。

第三章 河北省科技型中小企业的经营状况分析

河北省科技型中小企业的数量呈现快速增长态势，但是在经营方面也呈现出了科技型中小企业的特性，即企业的经营状况并不是十分稳定、企业间发展也是不均衡的。河北省从税收减免、资金支持和金融扶持等多方面为中小企业的发展提供助力，从政策环境上积极引导中小企业在“新三板”挂牌，2015 年增容 76 家，增长速度迅猛。其中，“新三板”挂牌的科技型中小企业在河北省科技型中小企业中属于发展较好的，但纵观其经营状况，仍然有不尽如人意的地方。本章概述了河北省“新三板”科技型中小企业的现状后，从中选取了三家具有代表性的科技型、创新型企业，对其财务报表信息进行整理和分析，对科技型中小企业经营管理中出现的问题进行探讨。

第一节 河北省“新三板”科技型中小企业状况概述

“新三板”即经国务院批准设立的全国中小企业股份转让系统，是为未达上市标准而又寻求上市融资的中小企业搭建的过渡性全国性证券交易场所，主要服务于成长性较好的中小微企业。作为多层次资本市场的重要组成部分，“新三板”上市门槛相对较低，是破解民营企业发展“瓶颈”的有效平台。科技型中小企业普遍具有很好的成长性，这将是一个解决融资困难的有力发展契机，既可以实现股权融资，亦有利于企业规范运营。为鼓励更多企业在“新三板”上市，河北省出台了配套补贴政策。2015 年 6 月河北省政府印发《关于发展众创空间推进大众创新创业的实施意见》中，河北省将积极引导和鼓励创业企业在中小板、创业板、新三板、区域股权交易市场等多层次资本市场上市、挂牌融资，对上市、挂牌成功的企业分别给予 150 万元、150 万元、100 万元、30 万元省级奖励。

2014 年开放时，河北省仅有 23 家企业挂牌“新三板”。2015 年，挂牌企业数量激增，河北辖区“新三板”挂牌企业总容量达到 98 家，全国排名 14 位。其中市值小于 3 亿元和 3 亿 ~ 10 亿元的居多，制造业企业数量最多。从行业分布来看，科技型中小企业共有 14 家，占比仅次于排行首位的制造业，但仍有很大的上升空间。

据全国中小企业股份转让系统公司提供的数据显示，目前河北省在“新三板”上市的企业数量在全国位于中等偏上水平，主要集中在装备制造、高新技术以及现代服务业等领域，资产规模、营业收入高于上市企业的平均水平。在众多中小企业中，科技型中小企业，作为掌握研发高新技术的一个群体，无疑具有很强的引领作用。其中代表性较强的鑫航科技作为“新三板”全国第一家挂牌的金属结构制品企业，2013 ~ 2015 年营收复合增长率 215%，净利润较 2014 年增长 187.24%。但其财务管理方面，仍不可避免地暴露出中小企业中普遍存在的问题。

第二节　某节能企业经营状况分析

一、企业概况

某节能企业于 2007 年建成投产，是一家致力于第四代节能照明产品“无极灯”的研发、生产与销售为一体的高新技术企业。主要产品与服务项目是以无极灯镇流器的研发、生产、销售以及无极灯整灯组装与销售。其无极灯是一种高效节能、寿命长、显色指数高、光线柔和、无眩光频闪的新型光源，与普通灯相比，节能率达 60% 以上，主要应用于厂矿车间、隧道、大型商场、道路等大功率节能照明领域。在该领域里，无极灯的技术和质量相对而言存在明显优势。目前，公司的专利技术达 10

项，产品在行业中属于领先地位，通过国家质量认证中心认证，是无极灯安全标准制定单位之一，PICC 首家无极灯承保单位。

公司自成立以来始终专注于无极灯市场，采取直销和渠道销售的方式，通过销售无极灯镇流器（电源）部分及无极灯整灯实现盈利。供应方面，企业根据生产按需采购，合作伙伴长期稳定，信誉良好。销售方面，企业公司借助产品质量、技术和服务优势，提供 3 ~ 5 年的质保和售后服务，为赢得客户提供了保障。

企业同时与政府合作，为政府免费提供无极灯的使用权，每年为改造地区节省的电费作为收入，既节省了政府采购成本，同时满足了政府节能减排的目标，保障了公司长期稳定的发展，为国家节能减排、实现绿色发展贡献着一份力量。

二、财务状况分析

通过对 2013 年、2014 年及 2015 年的资产负债表及利润表相关财务比率的计算，对该企业的短期偿债能力、长期偿债能力、资产管理能力及盈利能力进行分析。

（一）偿债能力

短期偿债能力常用流动比率和速动比率予以衡量。

流动比率为流动资产/流动负债，企业的短期债务是由流动资产来保证偿还的。该企业的流动比率与行业平均水平相比，略高于行业平均值，2013 年和 2014 年基本维持在 5.3 左右（见图 3－1）。从理论上讲，中小型科技企业流动比率一般在 2∶1 为宜，保证有足够的流动资产用于偿还流动负债。从这个角度上看，前两年该企业流动比率水平高于理论值，表明该企业的短期偿债风险不高，企业变现能力较为理想。

速动比率为企业速动资产/流动负债，其中速动资产为流动资产扣减去存货。一般认为，速动比率维持在 1∶1 为宜，如果低于 1，往往意味着企业财务风险较高，短期偿债能力不足。从指标上看，2013 年和 2014 年某公司的速动比率维持在 3.9 左右，可以满足企业的短期偿债需求。

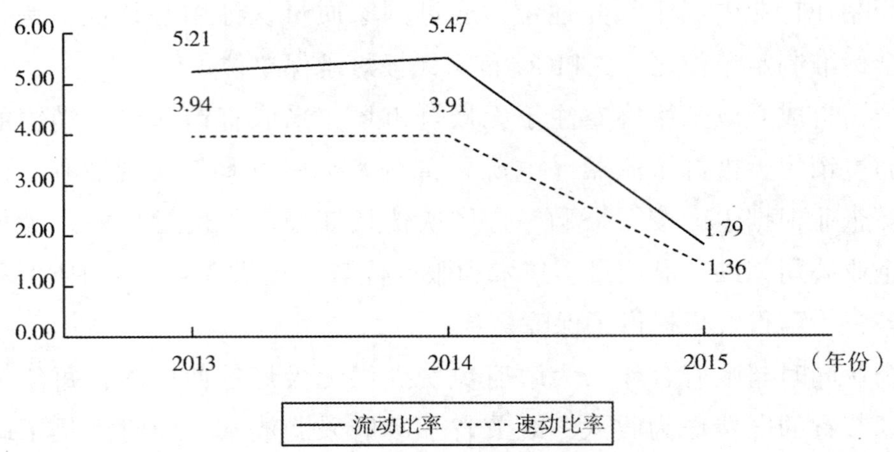

图3－1　2013～2015年某节能企业短期偿债能力

该公司的流动、速动比率在2015年发生了显著地下降，从资产负债表来看（见表3－1），企业流动负债2014年为286.87万元，2015年大幅上升为1 089.46万元，较上年增长279.77%。2015年年报显示，为扩大经营规模，公司2015年12月与中国银行股份有限公司保定分行签订流动资金借款合同，短期借款项目增加300.00万元。

表3－1　　2013～2015年某节能企业负债规模　　单位：万元

年份	2013	2014	2015
流动负债	322.63	286.87	1 089.46
非流动负债	0	0	0
负债合计	322.63	286.87	1 089.46

资料来源：Wind资讯。

企业的经营面临的短期流动性风险增加，可能会因资金的短缺而遭遇财务危机。

资产负债率是指企业负债在全部资产中所占的比重，即企业拥有的资源中有多大比例是通过借债形成的，理论上认为50%左右为宜。该企业近三年这项指标平均为23.91%，略低于调研中了解的同行业中的其他企业。

2015年，该节能企业资产负债率、产权比率均大幅增长，企业长期偿债能力风险增高。结合其资产负债表，变动原因在于企业2015年负债规模增长279.77%。总体来看，企业债务负担位于正常范围内，需要稳定的销售收入现金保证一年内到期的短期贷款利息偿付。

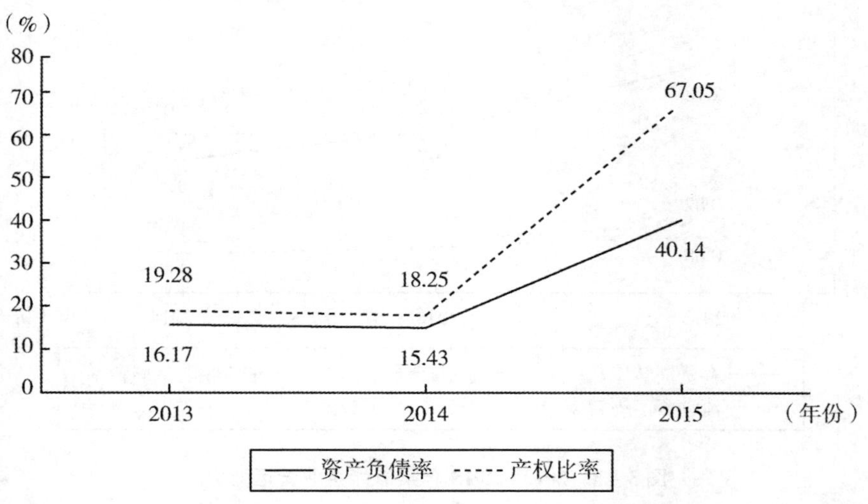

图3-2 2013~2015年某节能企业长期偿债能力

资料来源：Wind资讯。

综上所述，由于扩大经营规模，企业债务风险在2015年有明显变动，但短期、长期偿债能力仍较强。

（二）营运能力

资产管理能力又称营运能力，主要是指企业营运资产的效率和效益。常用指标为总资产周转率、固定资产周转率、存货周转率以及应收账款周转率。

该节能企业的流动资产周转率2013~2015年逐年减少，表明其流动资产的利用效率和资产的流动性都出现下降。具体结合存货、应收账款来看，存货周转速度反映存货管理水平，资产中存货流动性和占用水平决定其转化为现金或应收账款的速度。应收账款周转率反映营运资金回笼速度，影响着企业的资金周转和偿债能力。该企业存货、应收账款周转率在2013年在参考值3左右，但随后两年明显下降至1.9左右（见图3-3）。利润表显示企业2014年营业总收入同比下降15.39%，企业出现亏损，可能是2014年企业挂牌上市，扩大生产规模所致。

近三年该节能企业总资产周转率由0.68下降到0.47，2014年、2015年分别同比下降19.45%和14.25%，即总资产周转速度下降。总资产周

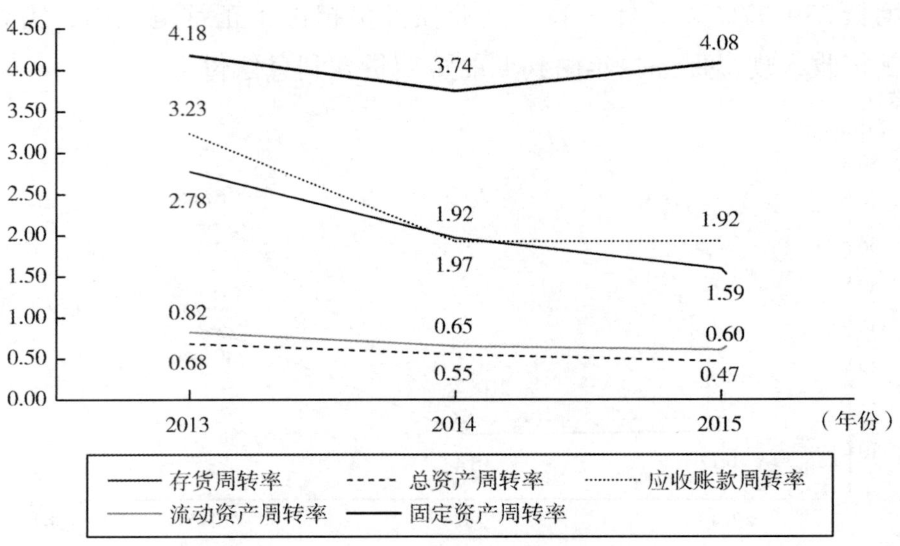

图3－3　2013～2015年某节能企业营运能力

资料来源：Wind资讯。

转率三年均值在0.5左右，低于行业标准值0.8。结合固定资产周转率先降后升维持在4.0上下的情况，可以判断出该企业产能未充分发挥，存在资产不合理利用或者浪费，可能2014年股权融资建设新厂房，投入新产能有关。

综上所述，该节能企业营运能力近两年明显下降，在扩大生产规模的同时应注意可能面对的营运风险。

（三）盈利能力

衡量盈利能力的常用指标为净资产收益率、总资产净利率、销售净利率和销售毛利率。从这四项指标可知，该企业2014年出现亏损，2015年又恢复正常盈利水平（见图3－4）。

结合该节能企业2014年年报来看，2014年企业营业收入比上年减少15.39%，营业成本没有相应减少基本持平，导致销售毛利率下降。由于企业净利润亏损101.19万元，销售净利率、总资产净利率、净资产收益率均为负值。对此该节能企业事先披露了2014年预亏损公告，有两方面原因：一是公司1月在中小企业板挂牌支付费用29万元，二是扩大生产经营规模，支付厂房租金37万元。

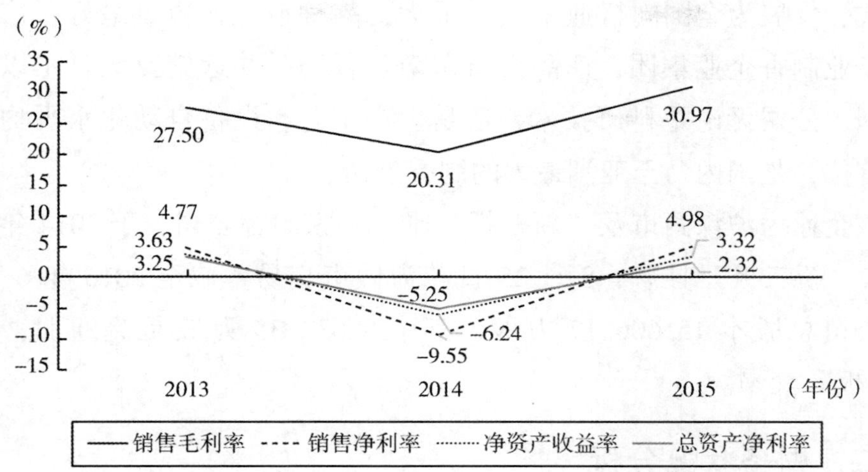

图3-4　2013~2015年节能企业盈利能力

资料来源：Wind资讯。

2015年，该节能企业营业利润较上年同期增长了156.92%，年报表示原因是其管理团队变化，压缩成本减少开支，使企业扭亏为盈。上市后，该企业在无其他重大变动，维持正常经营情况下，销售毛利率表现出稳定增长的趋势。权益报酬率处于行业领先水平，高于参考值0.08。

综上所述，该企业盈利能力比较乐观，获利水平具有较好的发展前景。

第三节　某香系列产品制造企业经营状况分析

一、企业概况

某香系列产品股份有限公司是一家专业研制、生产和销售卫生香系列产品的科技型中小企业。该公司创建于1982年，公司主营业务为空气清新香、空气卫生香、熏香（含香道、香文化用香、礼品香）、传统用香的研发、生产与销售，目前拥有以上四大类产品共计2 000多个品种，注册资本7 208万元。其产品主要用于香化环境，净化空气，养生保健，缓解精神疲劳的人群，同时用于宗教、祭祀等民族习俗活动的广大用户。公司在全国拥有500多家代理商，20万家终端销售店，经营范围覆盖了从原料生产到成品销售的整个产业链，采用线上、经销、商超、外销四种模式，发展为全国同行业中规模最大、品种最全、质量最好、信誉最高的专业制香企业集团，产品出口东南亚各国，并远销亚洲日本以及欧美各国。公司无论是科研技术，还是生产工艺、设备自动化水平均位居全国首位，是国内乃至亚洲最大的制香公司。

该企业为沪深两市及“新三板”唯一一家制香公司，于 2014 年 7 月 8 日在“新三板”挂牌，8 月 25 日转为做市交易。截至 2016 年 6 月 30 日，公司总股本 15 606.17 万股，其中 8 632.35 万股是流通股，均在“新三板”交易。

二、财务状况分析

（一）偿债能力

短期偿债能力一般也称为支付能力，主要通过对流动资产的变现，来偿还到期的短期债务。短期偿债能力的高低对企业的生产经营活动和财务状况有重要影响。

该企业营运资本逐年增长，流动资产中可以立即变现偿付流动负债的能力及直接偿付能力保持良好（见图 3－5）。流动比率和速动比率均于 2014 年明显上升后，2015 年仍保持较高水平。流动比率大于 2，速动比率大于 1。从以上指标来看，公司的短期偿债能力较好，且在不断

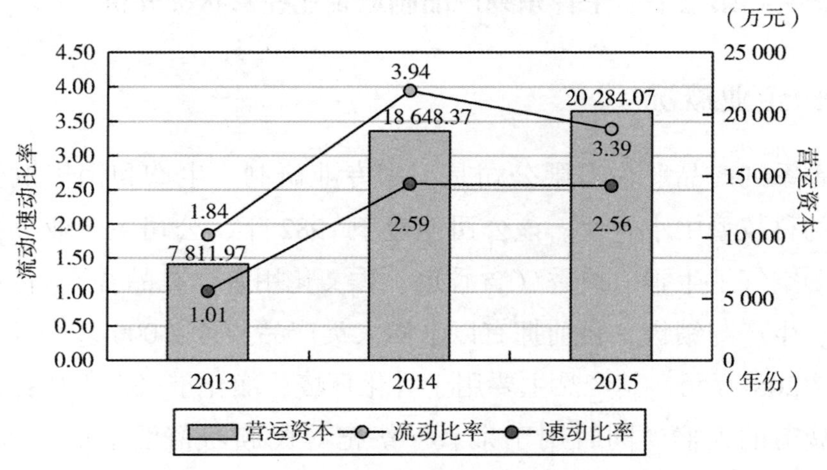

图 3－5　2013～2015 年某香企业短期偿债能力

资料来源：Wind 资讯。

上升，表明企业的短期偿付能力连年较好，没有明显的短期流动性风险。

资产负债率、产权比率用来衡量财务支持能力的指标。2013～2015年，该企业两者有小幅度的同步变动，总体趋于下降（见图3－6），但均低于行业平均水平。表明目前企业债务负担较低，有较强的偿债能力。

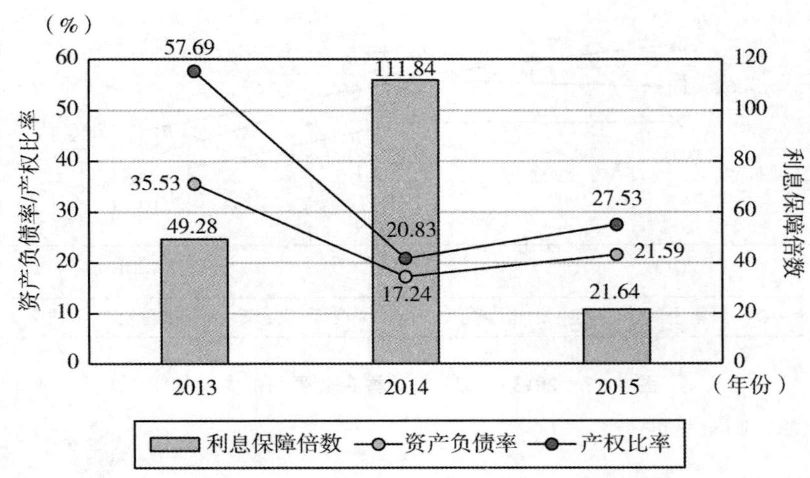

图3－6　2013～2015年某香企业长期偿债能力

利息保障倍数从企业经营活动的盈利能力分析其长期偿债能力。近三年，公司的利息保障倍数发生了显著变化，2014年大幅上升，2015年大幅下降。原因与企业前两年无长期负债（见表3－2），营运资本连年上升有关。长期偿债压力较小。

表3－2　2013～2015年某香企业负债规模　单位：万元

年份	2013	2014	2015
流动负债	9 323.78	6 334.04	8 492.94
非流动负债	0	0	758.52
负债合计	9 323.78	6 334.04	9 251.46

资料来源：Wind资讯。

综上所述，某香企业的短期偿债能力、长期偿债能力都很强，可以更多关注资产利用效率。

（二）盈利能力

企业近三年销售毛利率一直保持稳定水平（见图3－7），表明每单位收入形成盈利能力没有发生变化。

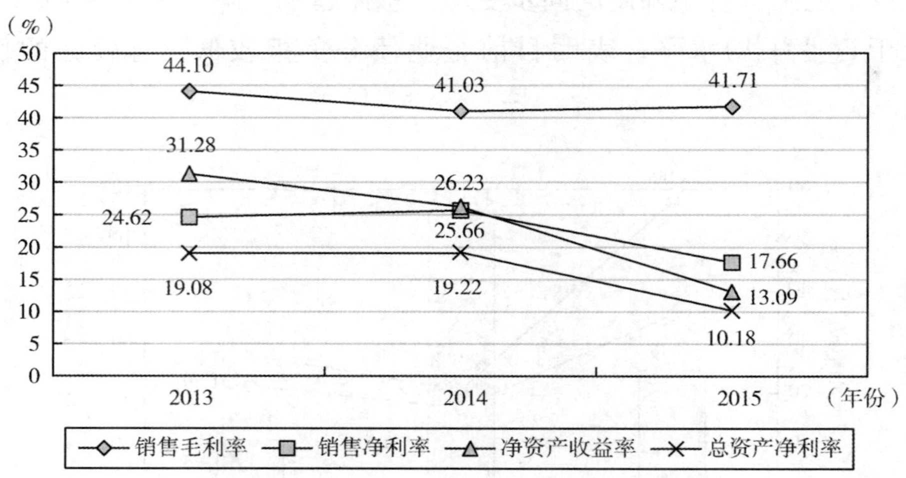

图3－7　2013～2015年某香企业盈利能力指标

资料来源：Wind资讯。

销售净利率表示销售收入的盈利水平，总资产净利率表示企业资产的综合获利能力。两者2015年明显下降。其年报显示，2015年营业利润为4 688.54万元，较上年减少22.66%，营业收入比上年减少2.72%，而营业总成本同比增长4.88%，主要是营业外收入中本年政府补助减少所致。

净资产收益率是反映企业盈利能力的核心指标，从公司的该项指标来说，该公司2014年为26.23%，比2013年减少了5.05%，2015年比2014年减少了13.14%。其变化除与近三年净利润波动有关，还与企业2014年挂牌上市，股东权益增加有关。

（三）营运能力

总资产周转率反映的是企业运用资产赚取利润的能力，该公司三年的总资产周转率呈下降趋势（见图3－8），周转速度有所下降，由行业平均水平变得偏慢。说明公司自挂牌上市后资产管理效率不高，资产闲置状况严重。

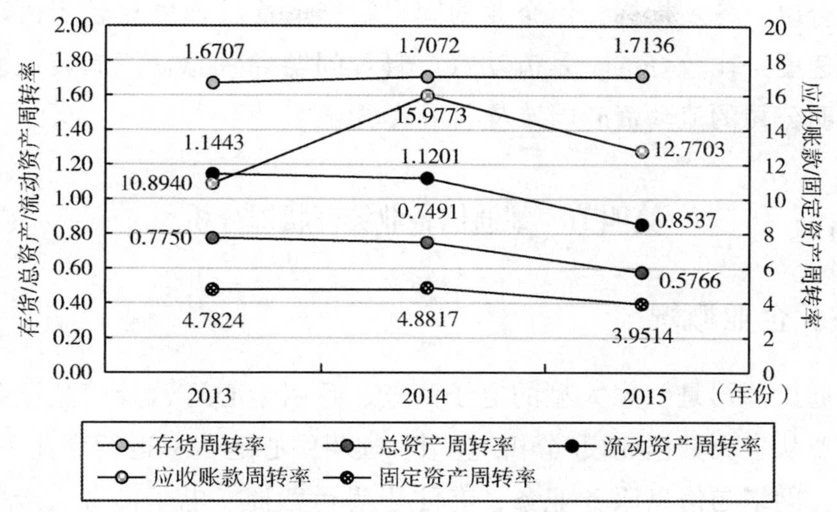

图 3－8　2013～2015 年某企业营运能力

资料来源：Wind 资讯。

存货周转率是衡量企业生产经营环节、存货运营率的一个综合性指标。2013 年至 2015 年公司的存款周转率有所提高，但是都维持在 1. 67～1. 72，速度并不是特别的高，对公司的销售贡献率并没有很高，表明公司在生产经营各环节中运用和管理存货的工作水平有待提高。

应收账款周转率越高，说明其应收账款收回越快，能反映企业的营运资金周转和偿债能力。从应收账款周转率来看，企业近三年先增后减，但总体周转速度一直处于高水平。结合企业流动资产中有 28. 35% 的货币资金，可见其有严格的赊销管理制度，符合该企业先款后货的传统渠道代理经销模式。

流动资产周转率主要用来评价企业流动资产的利用效率，其周转速度越快，越有利于增强企业的盈利能力。公司近三年的流动资产周转率该项指标呈下降趋势，其周转速度在 2015 年降到标准值 1 以下，公司的流动资产的利用效率有进一步提升空间，避免形成资产的浪费。

固定资产周转率是衡量固定资产利用效率的一项指标，从图 3－8 分析可见，企业的固定资产周转率较平稳，增减变化幅度不大，但其周转速度处于正常水平，与流动资产的周转速度相比是较高的，在一定程度上说明固定资产利用比较充分。

综合以上各项指标，该企业的固定资产的周转速度相较于流动资产的周转速度是比较好的，是流动资产管理问题导致总资产周转速度放慢的，说明公司的流动资产周转及利用效率偏低。

第四节　某通信企业经营状况分析

一、企业概况

某通信公司是一家大型的电子商务、呼叫中心运营及信息服务供应商，主要从事大数据建模/分析/应用、呼叫中心运营、运营商业务渠道、云服务、网络与信息服务业务，专注于为运营商、电子商务、金融、互联网企业和中小企业提供端到端的运营及服务解决方案。在大数据应用和呼叫中心运营领域，该公司与全国十几个省市通信运营商客户进行了全面合作，主要服务于通信运营商、金融、电商及互联网企业，服务用户超过5亿户。

该企业主营业务分为三大板块：呼叫中心业务为全国众多客服热线提供呼入服务，业务类型涵盖移动业务咨询、查询、办理、投诉解释、派单处理、客户挽留、产品推荐及电子渠道宣传引导等服务宣传和营销工作。网络服务及系统集成业务可为客户提供综合维护、无线网、第三方测试评估、系统集成、传输线路施工等网络通信服务产品。电子商务业务承接了多家大型互联网企业的运营支撑及客服工作。

作为河北省高科技中小企业，某通信公司各项业务发展良好，整体处于上升期，于2016年3月份成功挂牌“新三板”。

二、财务状况分析

（一）偿债能力

从财务指标来看，2013～2015年企业流动资产平均占比90%左右，企业短期偿债指标均在合理水平，营运资本也正常增长，没有明显的短期偿债压力，并且有充裕的资金进行银行理财（见图3－9，图3－10）。但仍可能会面临现金流紧张产生的经营性风险。公司作为民营企业，融资渠道有限，主要依靠业务滚动发展获得资金。公司市场开拓和业务发展以及进行研发等均需要大量资金，一旦资金出现短缺，将会对公司经营造成一定的负面影响。因此需要与当地银行和金融机构建立联系，一旦资金出现短缺，能及时取得银行、投资公司的资金支持。

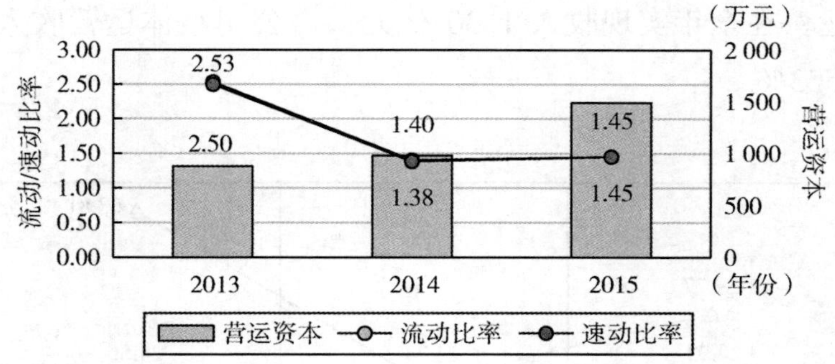

图 3-9　2013~2015 年某通信企业短期偿债能力

资料来源：Wind 资讯。

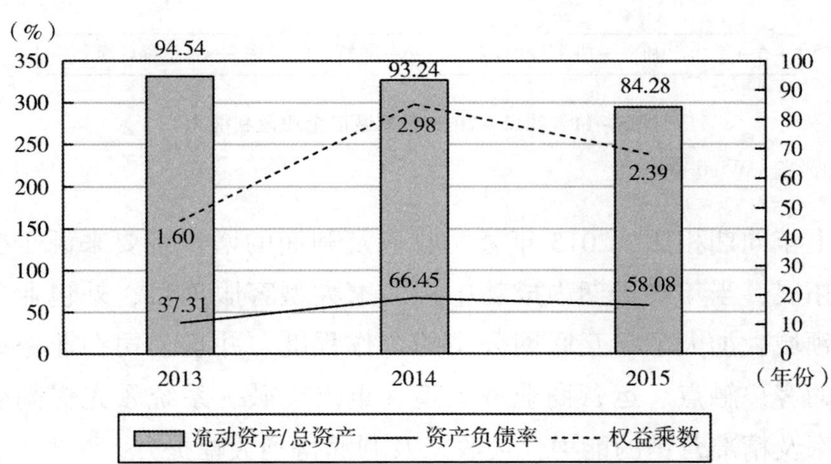

图 3-10　2013~2015 年某通信企业资本结构

资料来源：Wind 资讯。

企业目前无长期负债，流动负债即为全部债务，所以没有长期借贷的利息负担。由于 2016 年刚刚在“新三板”上市，企业权益乘数出现小幅变动，其长期偿债能力还有待进一步观察。

（二）盈利能力

作为一家通信服务科技型企业，该企业销售毛利率、净利率将一直保持在同期水平不会出现较大变动（见图3－11）。2015年净资产收益率大幅提升得益于其当年实现净利润1 151.74万元，较上年同期增长344%。据财报可知，其中公司主营业务——互联网及金融、云客服、运营商客服运营在全年实现收入1.30亿元，占公司整体运营收入的88%，同比增加553%。

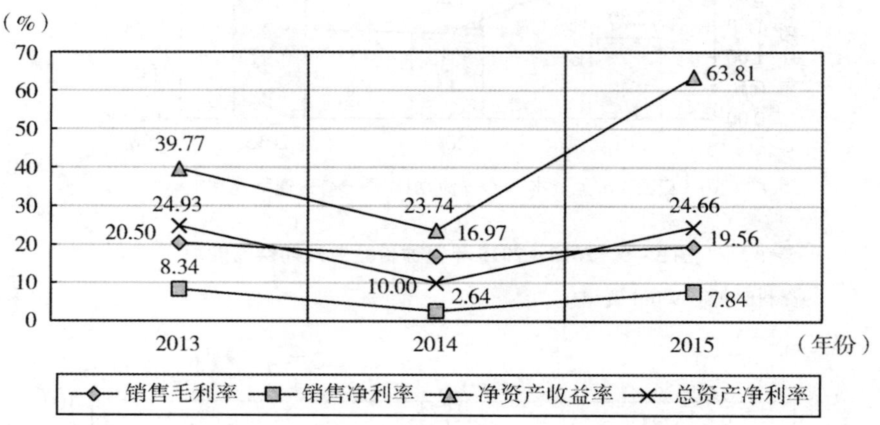

图3－11　2013～2015年某通信企业盈利能力

资料来源：Wind资讯。

与上年同期相比，2015年公司收入及利润的增长主要来源于公司新项目的拓展，当年报告期内成功中标多家大型客服项目，外包业务进一步拓宽领域，加大了与互联网公司的合作程度。并且公司在业务中基于大数据的客户触点、运营商业务渠道、重点突破、系统领先提高公司人员复用率及精准营销的能力，使收入及利润得到大幅提升。

（三）营运能力

该通信企业的流动资产和负债近三年连年上升，但营运资本却在2015年有巨大提升，比2014年增多了510.52万元，同比增长52.15%（见图3－12）。

2014～2015年企业经营性现金流有了明显改善，由于企业为上市加强了合同管理，实施应收账款动态管理，控制每一个新项目的付款周期

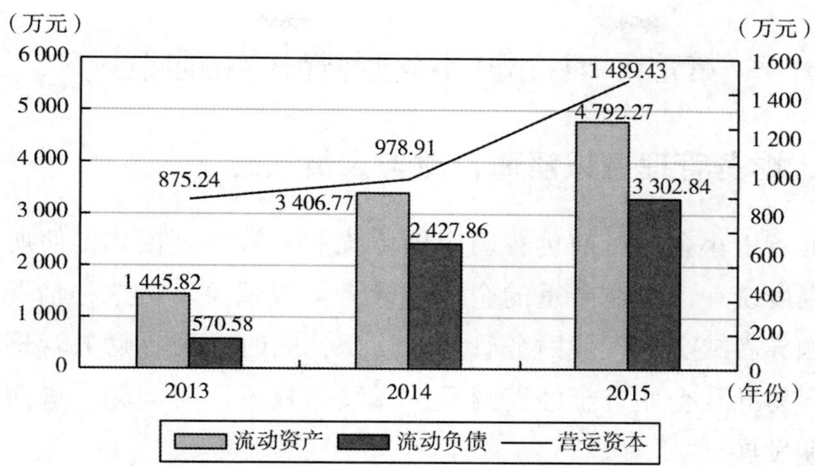

图 3－12　2013～2015 年某通信企业营运资本

资料来源：Wind 资讯。

和确定具体回款责任人，整体上缩短了应收账款账期（见图 3－13）。近三年筹资现金流均为 0，一方面可能由于中小企业融资渠道有限，很难获得优惠债权融资；另一方面可能由于企业近期已筹得足量短期发展资金，目前没有急性资金需求。近三年投资活动现金流也有了明显变化，其投资项目主要是将公司闲置资金用于银行短期理财，随着公司经营性现金流量的增加，通过提高资金收支预算的准确度，公司用于投资理财的资金也随之增长。

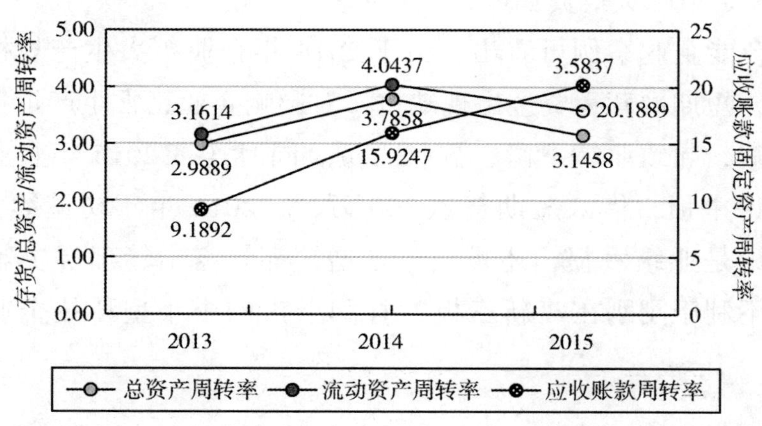

图 3－13　2013～2015 年某通信企业营运能力

资料来源：Wind 资讯。

第五节 科技型中小企业经营中存在的问题

一、财务管理意识淡薄，财务人员缺乏

河北省中小企业目前仍普遍应用传统的家族管理模式，使所有权与经营权高度统一，存在严重的企业领导者集权现象。在这种情况下，如果企业领导者缺少对现代财务管理的认识，同时又没有财务管理专职人士，很容易导致企业资金经营混乱，风险监控不严等问题，进而影响企业的长期发展。

河北省科技型中小企业属于小规模企业，经营中往往存在安排亲属代为处理财务相关工作，具体账目外包服务记账公司的情况，也存在只有经历了几个月短期培训就上岗任职的财务人员。造成这种情况的主要原因是企业负责人对财务管理没有足够的重视，认为销售量才是企业发展的关键，主要精力都投放在对外承包项目、招揽客户、提高业务量上，从而使公司整体的财务管理基础比较薄弱。公司的在职财会人员只是忙于记录性、事务性工作，没有科学系统地学习实践投资项目可行性论证、资产有效管理等高级财务知识，缺乏对公司财务工作的总体规划和有效控制，无法给企业管理者提供投资决策的数据支撑和管理决策的依据，这些都容易造成融资投资管理决策失误。

从某节能企业案例可看出，由于2014年企业扩大生产规模，购入厂房设备，短期内营运资金出现缺口，对影响企业正常生产销售活动造成负面影响，导致业绩下滑，盈收为负。同时连带2015年企业不得不向银行担保举债，借入短期贷款300万元，2016年年初继续贷入200万元。无论是业绩亏损，还是债务剧增，都暴露出管理层决策中的问题，非常不利于刚刚在“新三板”挂牌上市的中小型科技企业的长期发展。

二、资产管理能力弱化，无法有效利用财务杠杆

中小企业要想长足发展，离不开企业的长远战略规划和布局，更离

不开强大资金链的支撑。为了保障源源不断的现金流，科技型中小企业除了可以提高销售量、利润率外，还应该提高对资产管理的认识，积极通过各种渠道灵活管理资产为企业发展注入动力。

从案例中企业的长期偿债能力指标来看，其资产负债率、产权比率虽然变动有升有降，但都在标准值以下水平，说明企业没有充分合理利用财务杠杆来实现更好的发展。

结合实际，案例中某香企业和某节能企业均2014年实现了挂牌上市，运用股权融资工具赢得大量发展资金，但三家企业的长期负债数值基本为0，负债水平不高且均为要求资产流动性的短期负债，该情况可能与中小企业间接融资困难有关，其资信水平难以达到银行信贷的考核标准。

另一个资产管理值得注意的问题是营运周转率。案例二的某香企业的短期偿债能力指标都在标准值以上水平，具有良好的流动性。而企业规模的扩大却使其流动资产周转率开始降低，营运能力出现下滑趋势。对货币资金管理不到位，导致资金处于闲置状态，间接升高了企业的机会成本。而案例三通信企业则有富余的流动性可供投资短期银行理财产品，得益于企业加强了对应收账款的动态管理。

三、项目投资盲目，风险控制难

从以上三个代表企业中看出，河北省科技型中小企业投资时缺乏科学的财务预测、决策、预算、分析，盲目投资，投资方向难以把握。

一个问题是确定投资目标时，中小企业的项目投资往往是以眼前的投资收益大小、回收资金速度作为主要的取舍标准，对短期收益的过度追求导致企业缺少长远的发展规划。这与企业主的投资短视紧密相关，很多企业老板缺少对市场的有效研判，对投资回报、财务与经营风险、资金筹集等可行性问题关注较少。在没有投资决策顾问的情况，可能会感性多于理性盲目上马。投资行为的随意性将导致企业筹措资金的活动不顺畅，进而影响经济效益。

另一个问题是与大企业不同，中小企业规模小，资金实力不强，在投资时不能进行多种投资组合以分散投资风险，只能专注于某一项投资。由于受资金的限制，中小企业在投资项目建设、投产期间的自我调节能力较弱，加剧了中小企业的风险，在投资决策项目出现失误后往往濒临破产。这种情况与融资渠道单一，间接融资困难，导致科技型中小企业的企业主选择投资项目时总是要考虑到资金回收期，尽可能地加快速度回收资金有关。

第四章 河北省科技型中小企业的人力资源分析

人才对于企业至关重要，百度、腾讯、阿里巴巴等企业的成功都离不开高新技术人才的贡献。作为知识密集型企业，科技型中小企业对于知识、人才、技术的需求甚高。但从另一方面来说，人力资源的分布和工业分布特征是趋于一致的。然而科技型中小企业由于规模小、市场竞争力相对较弱，吸引人才的强度就受到一定的影响。要想使企业在激烈的竞争环境中，就要重视人才的作用。本章通过对河北省科技型中小企业进行分析，发现相较 2014 年，2015 年并未发生大的变化，在人力资源方面呈现以下特点：第一，企业家队伍仍以“70 后”为主，且男性居多；第二，企业家思维创新能力有所提高；第三，企业家人才培养和管理理念有待进一步提升；第四，管理人员多数为创一代，目前急需培养接班人；第五，科技创新人员占比不高，对企业的贡献率较低。

第一节　企业家的基本情况分析

一、企业家的队伍构成

从河北省科技型中小企业的情况来看，企业家队伍仍以“70 后”为主，且男性居多。具体构成为：40 岁以下的企业家占 34. 1%；40 ~ 50 岁的企业家占 46. 8%；50 ~ 60 岁的占 19. 1%。在国家创新创业政策引导下，大学生毕业进行创业的占比提高，为企业家队伍注入新鲜活力。在学历构成中，大专学历的占32%；本科学历的占49.8%；研究生学历的占14.6%。从性别构成看，男性81%；女性占19%（见图4-1）。

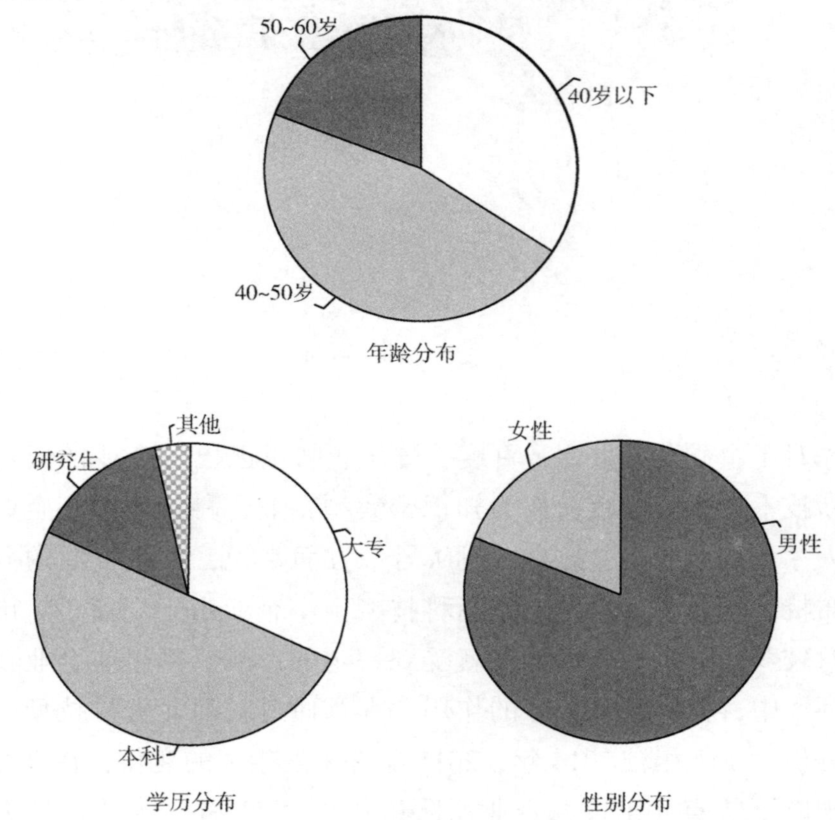

图4-1 企业家队伍结构

这些企业家们不仅拥有较高的学历，还具备现代企业管理及政策阅读能力，善于和政府进行沟通，能够准确提出企业的实际政策需求来为企业的未来发展奠定政策基础，他们富有激情和进取心，对核心业务保持专注的态度，愿意通过学习扩大人脉关系，喜欢结交朋友，经常和朋友间互通信息，交流企业管理和技术开发问题，对企业未来发展方向非常明确。

二、企业家的个人素质

经济学家熊彼特、管理大师德鲁克等都认为企业家的个人素质对企业的发展有着很大的影响，从某种意义上说，企业家的素质直接决定了企业的兴衰，对于经济转型期的企业，尤其是科技型中小企业，企业家的素质对企业的发展就更为重要（见图 4 – 2）。我们特针对河北科技型中小企业企业家四个最重要的能力进行了调研，这四个重要能力是思维创新能力、战略管理能力、日常管理能力和社会交往能力。根据数据分析，认为具备思维创新能力的占 80. 1%；认为具备战略管理能力的占 82. 5%；认为具备日常管理能力的占 89%；认为具备社会交往能力的占 82. 8%。河北科技型中小企业家对个人具备的素质能力是非常自信的，他们视野开阔，思维敏锐，具有较强的大局观和前瞻性。在快速变化的国际、国内环境中善于发现和捕捉机会，能够洞察到行业发展方向并建立新的商业和盈利模式。在企业经营和管理中，能够制定有效的经营策略和实施方案，合理配置企业资金、技术、人才、信息等各种资源，优化企业的组织结构和业务流程，善于团结高管团队成员，有效建设高绩效的高管团队，能够听取多方意见，同时有效地指挥和监督下级及时完成工作，充分地将责任和权利授权给胜任的下属，有效地激励下属主动完成工作。在社会交往中，能够与政府相关职能部门建立良好的交流与

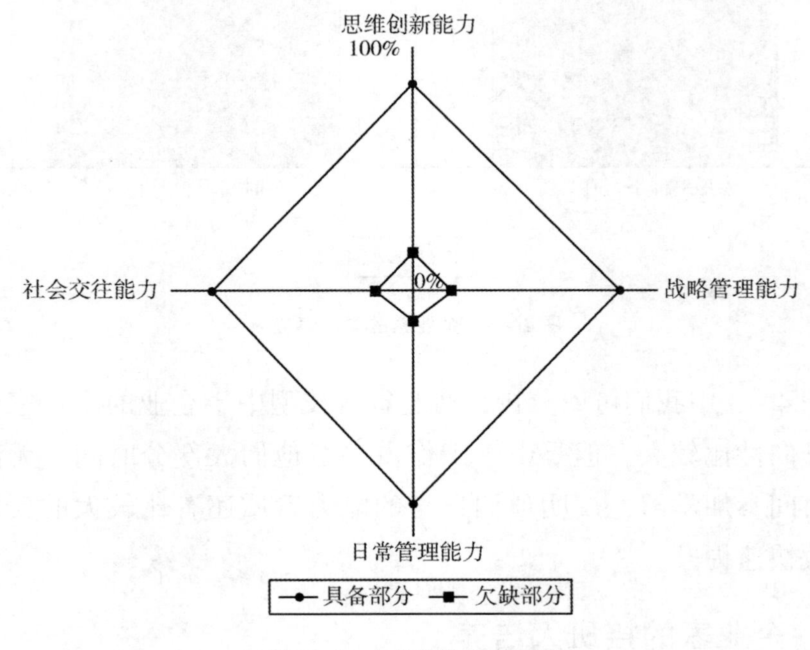

图 4 – 2　企业家的个人素质

合作关系，同时善于和金融机构、科研机构、商会、媒体及客户建立并保持良好的合作关系。

三、企业家的自我提升

随着企业在发展过程中遇到的问题日趋严峻化，很多企业家希望能有更多的培训和学习的机会。调查数据表明，河北省科技型中小企业的企业家们认为参加培训是十分必要的，但是由于时间的限制，常常不能如愿，更不用说到大学进行全面系统的学习。河北科技型中小企业的企业家们认为参加培训有收获且十分必要的占75%；认为自己工作比较忙，即使有时候想多学习也实在没时间的占45%（见图4－3）。

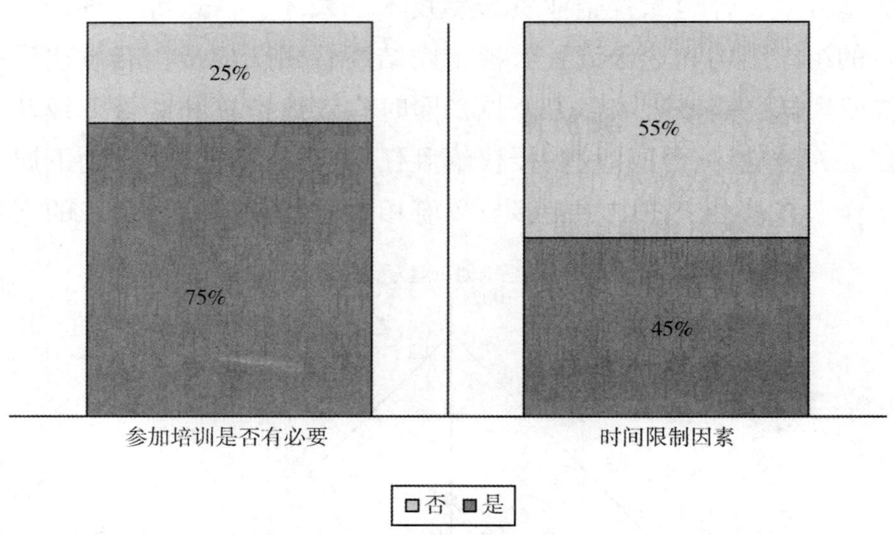

图4－3 企业家的学习倾向

从图4－3中我们可以分析，河北省科技型中小企业的企业家们总体的学习倾向性比较大，但是由于工作占去了他们大部分时间，无法挤出有效的时间参加学习，说明他们自身的能力素质还有比较大的欠缺，且无法有效快速提升。

四、企业家的接班人培养

现代企业制度要求企业具有产权清晰、权责明确、政企分开、管理科学的特征，可以规范化管理企业，促进企业发展壮大，提高企业经济效益。河北省科技型中小企业的企业家也认识到了这一重要性，他们积极推进现代企业制度的建设，建设优秀的职业经理人团队来化解企业未来接班人危机，但企业大部分为民营企业，具有民营企业管理的弊端。如公司治理体系不科学、尚未建立现代化企业管理制度等。据此我们进行了调研，数据分析表明，河北省科技型中小企业中民营企业占95%，其中绝大部分以家族式企业管理模式为主，希望企业由儿女直接继承的占40%，希望按市场经济规律产生接班人的占28.9%，希望由职业经理人管理企业的占31.1%。

图4－4说明，子女继承企业仍然是河北省科技型中小企业主要的接班人培养方式。科技型民营企业家在接班人计划和培养上投入不够，一方面是培养接班人的成本较大，另一方面是在培养接班人方面缺少信心，尤其在打造职业经理人团队上信心不足，既担心投入的人力、物力、财力没有回报，又担心培养的人才忠诚度不够，不能长期为企业服务，最后落得“人财两空”。另外，作为创业者为长期留住、使用高效职业经理人团队，赠与或转移部分所有权给职业经理人团队是大多数企业的通常做法，而河北省大多数科技型民营中小企业家对此还无法接受，恐惧所有权的转移会使其失去对企业的控制，而宁可让子女继承家族产业。

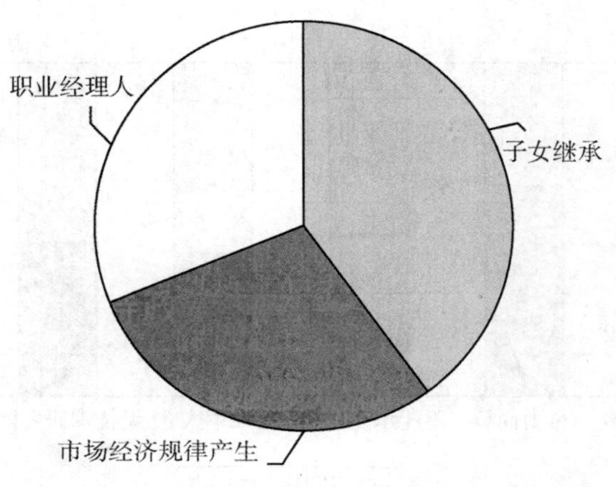

图4－4　河北科技型企业家的接班人培养

五、企业家的自主创新意愿

自主创新是科技发展的灵魂，也是企业实现更快更好发展的动力源泉。河北省科技型中小企业的企业家也认识到了自主创新的重要性。企业家主观愿意投入大量的个人时间及经历，提升企业运转效率，改良企业经营模式，领导整个企业发展新思路，开拓新市场，能够获取更大利润空间。从获取的数据得出，企业家认为虽然自主创新是国家战略，但本企业还没能力自主创新的占44.2%；认为自主创新不是想不想，而是能不能的问题，应量力而行的占60.6%；认为即使实施自主创新，也承受不起持续科研投入压力的占47.5%；认为即使想实施自主创新，也没有或不能聘请到领军负责人的占41.4%；认为即使实施自主创新，也不具备相应的技术研发团队的占43.7%；认为能拉到外部资金进来才考虑自主创新，靠自己肯定不行的占45%。

图4－5说明，作为企业创新活动的组织者，企业家会根据国家出台创新政策引导作出相应的创新决策。人才、资金作为企业发展的重要因素也是我国创新政策对企业家创新意愿培育的主要政策要素，从根本上推动企业快速发展。与之前年份相比，国家创新创业政策支持力度加大，企业家也已认识到自主创新的重要性，但是资金、人才方面的压力并没有减轻。

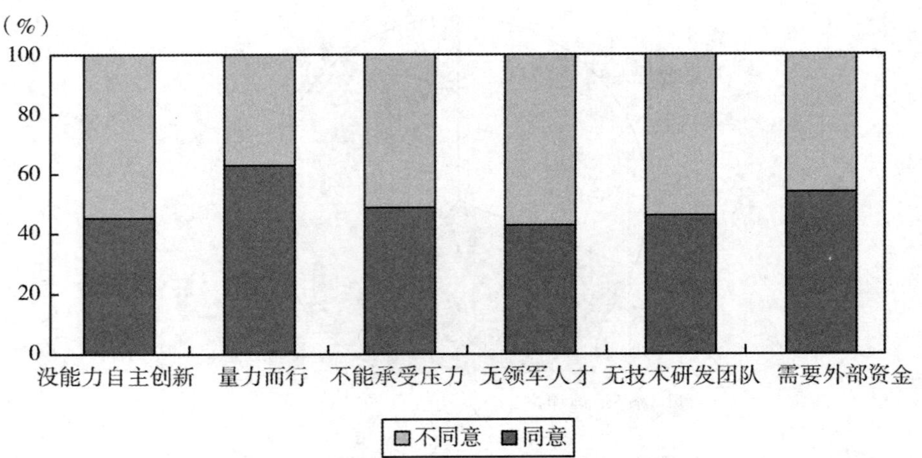

图4－5　企业家自主创新意愿

第二节 管理人员及技术人员情况分析

一、高级管理人员的来源分析

高级管理人员对于公司的经营管理和业绩效益负有重要的责任，一般是指公司的经理、副经理、财务负责人、上市公司董事会秘书和公司章程规定的其他人员。科技型中小企业的高级管理人员主要包括总经理、副经理和财务及技术部门的负责人等。企业总经理的来源方面，企业创办人个人兼任的占35%，领导家族成员产生的占11%，企业内部非家族人员产生的占35%，上级部门任命的占9%，完全由外部聘请的占10%（见图4－6）。企业所聘用的其他管理干部中，领导家族成员的占19.5%，企业内部产生的非家族人员的占55%，企业外聘人员的占25.5%（见图4－7）。

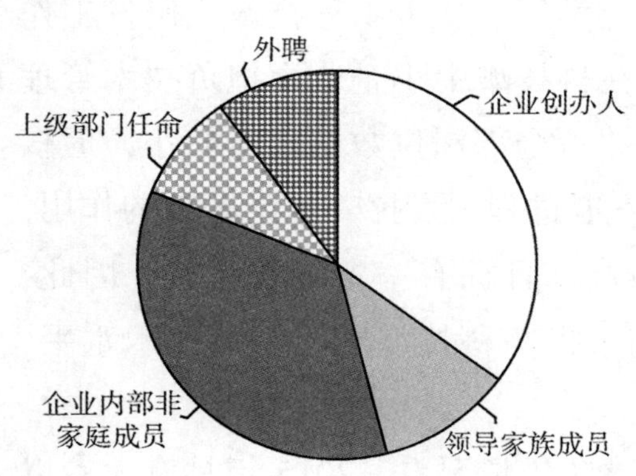

图4－6 总经理来源结构

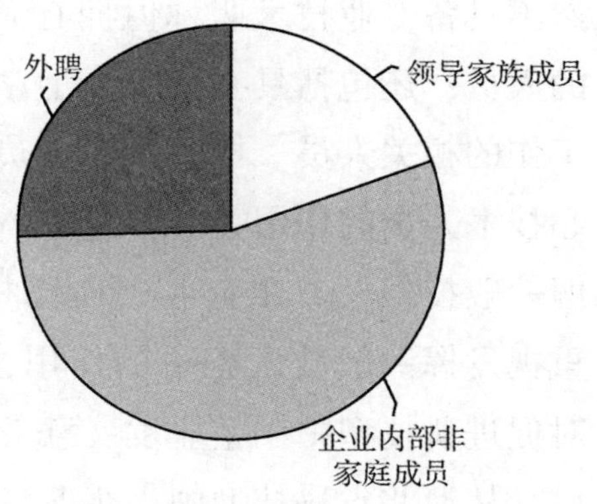

图4－7 核心中层管理干部来源结构

数据表明，河北省科技型中小企业的总经理由企业创办人兼任的占到调查企业总数的比例较高，说明这些企业在公司治理结构上还有待完善，企业的经营权和所有权还未完全分离，监督机制并未建立，经营决策科学化程度不高，决策风险较大。由企业内部非家族成员产生总经理的占比超过三成，说明企业在完善公司治理结构时，更愿意聘请熟悉企业文化、经营管理、市场营销、财务管理、领导方式等情况的内部人员，这些人对企业认同感强，对企业工作绩效、领导班子能力和人员非常了解，容易团结领导班子成员，利于企业稳定经营，企业用人风险较小。企业在聘用其他管理干部中，企业领导家族成员和企业内部产生的占比接近3/4，说明河北省还有较多科技型中小企业尚未建立现代化的用人制度，用人观念比较陈旧，传统的家族成员经营思想较为严重，对外部人员缺乏信任，愿意将更多的发展机会留给“内部人才”。

二、技术人员来源分析

科技型企业的技术人员分为两种，一种为核心技术人员，即在企业中拥有不可替代的专业技术技能，在从事领域具有丰富的从业经验，拥有的技能与经验需要通过系统的教育和培训才能获得。一种为一般技术人员，即在科技型中小企业内部从事专业技术工作并具有一定的学历或专业技术职称的人员，包括已经取得相应专业技术职称，也包括那些虽然不具备专业技术职称但拥有大专以上学历、从事工程技术或研发工作的人员；还包括具有大专以上学历，在科技型中小企业中担负技术管理工作的相关人员。核心技术人员岗位数占全部岗位数的比重较小，但核心技术人员的作用突出，在中小企业发展过程中发挥着举足轻重的作用。但一般技术人员在企业中占比相对较高，且拥有一定的自主性，因此，重视发挥一般技术人员的作用，有利于提高科技型中小企业技术水平，对促进科技型中小企业发展意义重大。

从河北省科技型中小企业科技人员队伍情况看，2015年具有大专以上学历的科技人员人数占到了职工总人数的32.5%，其中直接从事研发的科技人员数占到了职工总人数的10.8%。而2013年具有大专以上学历的科技人员人数仅占职工总人数的24.41%，其中直接从事研发的科技人员占职工总人数的8.90%。这是国家政策引导的结果，更是科技型中小企业的企业家转变经营理念，重视科技创新、自主创新人才的表现。调研中我们了解到，诸多科技型中小企业每年都会走进省内外高校开展校园招聘，从高校引进高学历科技型人才，并对到企业工作的高校毕业生给予发展的优惠政策，搭建科研发展的良好平台并取得了良好的效果。

从河北省科技型中小企业技术人员来源情况来看，无论是核心技术人员还是一般技术人员，绝大多数都是企业自行培养或通过外部招聘的。核心技术人员来源情况看，46.2%的科技型中小企业选择了自己培养，所占比例最大，但较2014年有所下降；44.4%的科技型中小企业选择外部招聘，所占比例居第二位，较2014年有所上升；2.8%的科技型中小企业选择兼职，3%的企业选择人事外包，3.6%的企业选择同行挖人（见图4-8）。表明，河北省科技型中小企业重视发挥核心技术人员的作用，希望通过自身培育或者外部招聘核心技术人员为本公司服务，提高核心技术人员的忠诚度。从河北省科技型中小企业一般技术人员来源倾向看，选择外部招聘和自己培养所占比例仍然最高，分别达到45.2%和46.1%；其他选择总和不到10%。从来源倾向可以看出，河北省科技型中小企业重视自身培育企业发展所需的一般技术人员，这样有利于提高一般技术人员对本企业的忠诚度。

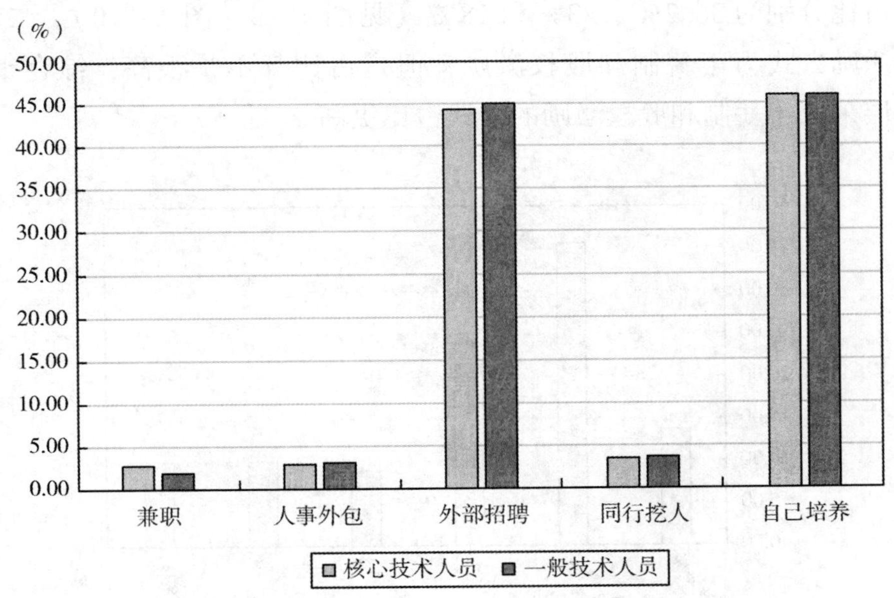

图4-8 技术人员来源倾向

三、企业物质激励方式分析

水不激不扬，人不激不奋。为有效调动企业员工，必须给予一定的激励，然而不可否认的是物质激励是当前最有效的一种方式。河北省科技型中小企业针对中高层以上人员物质激励方面，主要采取基本工资+绩效工资和企业业绩分红两个方面，其他还有底薪+提成、奖金、年薪制及股权奖励等方式。针对科技人员的物质激励方式主要有提高工资待遇、给予一次性项目奖励或者技术成果奖励、改善福利及年薪制或股权激励等。核心技术人员是科技型中小企业产品创新和开发的主体，能否有效激励起核心技术人员的积极性是科技型中小企业在发展中能否取得竞争优势的关键。而科技型中小企业通过合理的奖酬设计，配以必要的行为规范和惩罚性措施，可以有效规范和引导核心技术人员的行为。

数据表明，目前河北省科技型中小企业中高层人员的物质激励方式主要为工资+绩效及业绩分红，占比分别为36%和24%；而科技人员的主要物质激励方式为提高工资待遇、给予一次性项目奖励和技术成果奖励，占比分别为36.2%、23%和18%（见图4－9、图4－10）。二者共同的激励方式为年薪制和股权激励，但是占比都不是很高，综合来看，中高层采取年薪制和股权激励的方式占比更高。

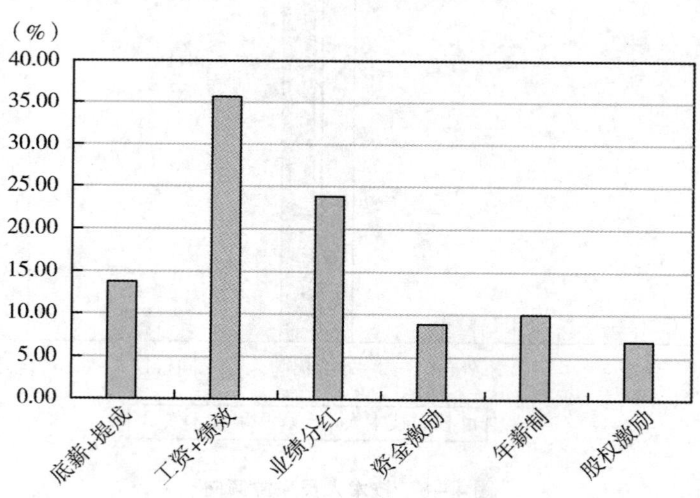

图4－9　中高层的激励方式

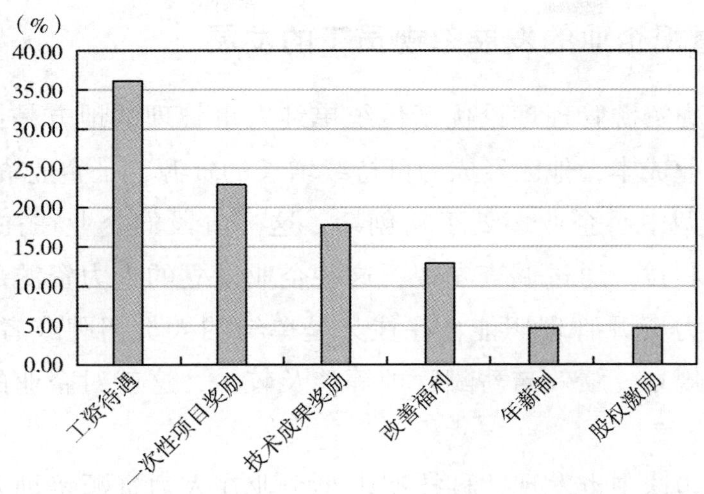

图 4-10　科技人员的物质激励方式

在调查过程中，我们也与河北省科技型中小企业的核心技术人员进行了面对面的实地访谈，访谈中我们了解到全省科技型中小企业普遍重视发挥核心技术人员在项目开发中的作用，并建立了相对完善的激励机制。核心技术人员对于成功开发项目后获得的物质激励普遍表示满意。但同时有一些核心技术人员在激励机制方面提出了自己的建议，这些建议主要集中在企业应加强非物质激励，提高归属感激励、重视沟通氛围以及营造良好的工作环境和条件。这也从侧面反映出，河北省科技型中小企业在重视物质激励的同时，要加强非物质方面的激励。河北省科技型中小企业不仅仅要付给核心技术员工成开发项目后的报酬，更重要的是要在满足物质基本需求后，着重关注核心技术人员的精神需求。

第三节　科技型中小企业人力资源管理存在的问题

在肯定河北省科技型中小企业引进研发人才取得成绩的同时，在调查过程我们还发现部分企业人才意识淡薄，对研发人才的引进力度不够，对于已经引进的研发人才不能为其发展搭建很好的发展平台，导致研发人员工作积极性不高，部分研发人员因此从企业跳槽。对于这类企业，普遍创新成果较少，企业发展后劲不走，严重制约了企业的发展壮大。

一、重视企业的发展忽视员工的发展

现代人力资源管理理论优于传统单纯人事管理的地方是：员工不再被看做是企业成本，他已经成为可持续增长的资源，是企业资本的一种。河北省科技型中小企业多处于初创期，这一阶段的企业往往目标短浅，只注重眼前利益。通过调查发现，这些企业设立的人力资源部门并不具备完善的人力资源管理职能，往往只是单纯的人员招聘或者工资核算，而人力资源规划、绩效与薪酬管理等涉及较少，这就对企业的发展有一定的制约。

在实际访谈中也发现，科技型中小企业在人力资源培训开发方面也有所保留。大部分企业只愿意以较少的资金吸引人才，但不愿意投入人力、物力培养人才，因为人力资源的开发过程过长，企业总是担心血本无归。同样，由于企业的培训等机能不健全，企业员工成长较慢，或者一直没有办法得到提升，对工作缺乏热情，积极性受挫，最终导致企业发展力较低。更不用说科技型中小企业在福利方面不及大型企业，很难真正留住人才。

美国心理学家亚伯拉罕·马斯洛将人的需求由低到高分为了五个层次，分别是：生理需求、安全需求、社交需求、尊重需求和自我实现需求。人们往往首先实现的是生理需求，然后逐步实现其他的需求。对于人力资源管理同样适用马斯洛需求理论，企业管理者要优先考虑员工的物质需求，然后考虑其他方面。当然企业中员工众多，不同的人需求不同，企业要努力满足不同层次人员的需求以此来调动各层次人员的工作积极性。基于河北省科技型中小企业的调查，发现也存在类似的问题，只注重员工的物质需求、只向员工索取，所以企业技术人员流失严重，较高的流失率说明企业文化建设相对落后，不能很好地凝聚员工力量。一个优秀的企业不仅要重视自身的发展，重视“人”的培养，更要将更多的精力投入到员工的发展上，通过全面培训、合理的绩效考核制度、良好的工作环境、优厚的单位福利吸引人才、留住人才，才能真正实现企业持续发展。

二、人才培养上缺乏有效措施

如何吸引高技术人才一直是科技型企业发展面临的最大难题，河北省科技型中小企业也不例外。调查来看，河北省科技型中小企业相较于京津地区企业在人才吸引方面的政策措施仍然有所欠缺，尤其是在引进高科技人才方面缺乏竞争力。河北省政府意识到问题的所在，近年来努力创造条件为引进人才，并为人才的流动提供了便利，但是对于高科技人才、专业技能人才仍然十分欠缺。对于部分人才资源相对较好的企业留住人才也是一大难题，缺乏与市场发展相适应的用人机制。不同发展阶段的企业对于人才的需求也不一样，对于初创期企业来说，需要制定企业人才发展规划，努力吸引人才；对于成熟期的企业，要努力留住人才。解决这一难题需要政府和企业合作，全力培养人才，提升人才素质。政府要搭建人才平台，推进省级中小企业人才培训基地建设，另外要加强同省外尤其是京津地区的合作对接，助力企业引才引智。企业要建立完善的人才培养机制，建立符合公司的人才梯队，为公司的发展提供智力支持。河北省科技型中小企业的发展面临人才“瓶颈”，因此，对于河北省科技型中小企业，需要正确处理好引进人才、留住人才、用好人才的关系，引与用相结合，真正实现人力资源和合理配置。

三、缺乏现代特色企业文化建设

科技型企业之间的竞争不仅是产品创新的竞争，更是企业文化的较量，因为在知识经济时代，企业文化对于企业的发展壮大是至关重要的。河北省科技型中小企业在量上发展迅速，但要想做大做强企业，“质”的发展也不容忽视，这就是企业文化。只有建立了特色企业文化，融合企业文化与企业发展战略，才能凝聚企业员工，提高员工对企业忠诚度，所有员工劲往一处使，使公司迈向更高的层次。通过调研发现，大部分河北省科技型中小企业形成了符合自身企业发展的企业文化，在企业的发展过程中发挥了积极作用，但是仍有大部分企业对于企业文化建设认识不足。一是管理者对企业文化认识不到位，认为企业文化就是穿统一的服装，每天喊喊口号，这种形式上的企业文化并不能完全体现企业文化的内涵，可能还会造成员工对企业一定的反感。二是企业文化不能和企业发展战略相融合。科技型中小企业的发展动力是创新，而很多企业文化并没有创新理念，从而使企业不能顺应时代的发展。三是企业内部缺乏有效的沟通和激励机制，在机构设置、制度建设上不利于员工和管理者有效沟通，造成员工失去工作热情，使企业如同一盘散沙。结合河北省科技型中小企业企业文化发展特点，企业最需要的就是加强组织文化，凝聚员工，坚持以人为本，科学管理，充分调动员工工作热情，让每个员工都能在企业中找到自己合适的定位，变被动为主动，充分营造出一个进取的企业氛围。①

四、行政权力的不当使用，人力资源有一定的浪费

应该说市场经济条件下，人才的调剂也应该是市场调剂的。但是在河北甚至在全国科技型企业的政策驱动性很强。人力资源的分布也与其有一定的一致性，大部分知识密集的企业，如高校、科研院所集中在大城市，中小企业的人力资源库有限。另外，各地都设置了企业园区，负责为园区内的各种企业提供服务，但是根据调研，园区多属行政设置，园区的负责领导人对园区内企业不慎了解，对企业经营状况、技术创新需求不能提供周到服务。在人力方面做了很多工作，如积极引进外来人才。部分企业也存在重科技研发，而忽略人才的现象，导致人才外流。科技型企业应当以科技人才为中心展开工作，优化配置企业的人才结构。企业管理者要抓住前沿科技的关键点，分析企业所需要的关键人才。

① 张妍：《天津市科技型中小企业人力资源管理研究》，天津理工大学，2014 年。

第五章 河北省科技型中小企业的典型案例分析

京津冀协同发展的背景下，河北省一方面承接了来自京津的产业转移，迁建了一批科技型中小企业，许多京津企业看到了河北省的地理优势和政策优势，也纷纷在河北建立分公司或子公司；而河北也有部分企业到京津发展，科技型中小企业在促进三地协同发展方面起到了一定的促进作用。本章选择三家具有代表性的科技型中小企业进行案例分析，以期发现京津冀协同发展战略下科技型中小企业面临的机遇和挑战，以及其真实的生存和发展状态。

第一节 河北 XH 国际货运代理有限公司

一、公司简介

河北 XH 国际货运代理有限公司是一家以为河北当地企业提供外贸出口服务为主要业务的国家一级货运代理公司。该公司在国际货物运输方面有很强的业务能力，主要提供国际货物运输代理及咨询服务、代理货物进出口及货物技术进出口业务和报关业务。

该公司将自身的服务范围分为基础服务、优势服务、延伸服务和代理服务四种。其中公司的优势服务包括报关、报检、拖车、仓储等一系列进出口环节服务，公司充分利用天津港优越的自然条件和绝佳的地理位置，成立了立足于天津港的 XH 物流。天津港是重要的对外贸易口岸，这使得公司在海运、陆运和空运的航线和价格方面具有较大的优势。此外，公司认识到电子商务网络的重要性，与阿里巴巴开展合作，入驻阿里巴巴“一拍档”这种新型的外贸服务合作伙伴模式，为客户提供通关、退税、物流等相关咨询以及办理商检等个性化的服务。公司的代理业务有办理对外贸易经营者备案登记、办理中国电子口岸登记以及领取 IC 卡、办理境内机构经常项目、外汇账户开立和进口（出口）收汇核销登记等。

XH 国际货运代理有限公司的核心业务是集货、大件运输、堆场服务、租船订舱等，虽然公司的经营规模不大，但其经营方式灵活，并且对海关、商检和港口的复杂手续都能较熟练操作，公司的凝聚力强。公司有独立的大型运输车队和长期合作的协议堆场，可以根据客户要求和装箱要求提供具有个性化的服务。公司与 COSCO、CMA 等十几家船务公司以及国航、大韩、新航等航空公司有合作，在服务客户时有绝对的价格优势。另外，公司与阿里巴巴的“一拍档”合作，可以为进出口企业提供便捷的报关和退税服务。

二、国际货运代理行业发展背景

国际货运代理企业是从事国际货运代理业务的代理人，其从事的国际货运代理行业实质上属于服务行业，它是国际运输方式和国际贸易结构不断发展和变革的产物。

国际货运代理企业主营各种运输业务，同时又对相关法律法规有较充分的认识，在整个国际贸易的流通运输环节有广泛的业务关系。货运代理业务使国际贸易的程序更加简化，从而降低了运输的成本。货运代理不仅可以节省外汇，而且一定程度上可以为国家创造外汇来源，这对改善一国的国际收支状况，加快经济的全球化进程有重要的推动作用。从此可以看出，国际货运代理行业是当前各国发展对外经济贸易过程中非常重视的领域之一。放眼全球，世界各国的国际货运代理行业水平存在很大差异。发达国家在该行业普遍拥有大规模企业和高素质的专业人才、行业制度完善、业务范围广泛，代表着全球范围内高层次国际货运代理行业的发展水平，以西欧众多发达国家、美国、日本、韩国等为代表。相比之下，发展中国家在该行业的整体水平较低，大多数的国际货运代理企业规模较小、人员的专业水平低、业务范围窄，在竞争日益激烈的国际货代市场中竞争力弱。

我国的国际货运代理行业发展历史较短，但随着20世纪90年代以来我国市场化改革进程的加快，国家对国际货运代理行业不断给予政策支持。经过多年的发展，国际货运代理行业已经成长为我国对外贸易运输不可或缺的力量。虽然我国的国际货代行业在近几年得到快速发展，但整体实力与世界先进水平还存在较大差距，“少、差、弱、散”的状况没有得到根本的改善。

我国目前的国际货运代理行业主要由外资企业、国有企业和民营企业三者形成。市场经济的发展使该行业内的竞争日益加剧，不论以中外合资形式进入我国市场的外国企业，以政府力量主导的大型国有企业，还是具有强大生命力的新生民营企业，都在尝试由传统的货运代理企业向现代物流企业转型，以此来提高自己在新环境下的市场竞争力。

三、XH国际货运代理有限公司发展状况分析

（一）发展的成功之处

1. 充分发挥中小型货代企业的规模优势。XH国际货运代理有限公司成立于2013年，注册资金人民币500万元。由于成立时间较短，公司正处于发展的上升期，整体规模不大。为了在激烈的货代市场竞争中获得更多的发展优势，XH国际充分发挥了中小型货代企业的优势。相比于大型的货运代理企业而言，中小型货代企业的优势主要体现在以下几个方面。

（1）经营模式灵活，市场适应能力强。中小货运代理企业由于规模不大，各机构数量少，不同职能部门之间的信息传递更及时。这使企业在面对不同客户的多样化需求时，可以及时提供有针对性的服务，根据市场环境的变化第一时间对自身的业务内容做出灵活调整，从而使企业有更强的市场适应能力。

（2）员工数量少，公司凝聚力强。公司作为一家中小型货代企业，其组织机构相对简单，人员比较精简。这种模式下员工之间可以及时地进行信息的沟通，彼此之间分工明确，协作能力更强，公司有更强的凝聚力。在提高了工作效率的同时，企业的内部激励和约束成本较低，从而降低了企业的人力资源成本。

2. 充分利用保定市的外贸市场产业基础和发展潜力。京津冀协同发展上升为国家重大战略以来，XH 国际立足于京津冀一体化进程，着眼于河北省对外贸易的发展，在外贸产业具有较好基础的保定市设立分公司。保定市在河北省属于对外贸易大市，发展外贸经济是保定市促进经济发展的重要途径。近年来，保定市的外贸经济取得了快速发展，进出口的广度和深度都得到了长足的进步，外贸进出口总额增长较快，高阳的纺织和容城的服装等都是保定的外贸出口重点产品。为了促进外贸产业的可持续发展，保定市在做好传统贸易的发展基础上，重点推动高新技术和机电产品的出口上升，光伏和整车及汽车零部件逐渐成为外贸出口的主导产业。

公司的经营规模目前虽然不大，但其认识到保定市在未来外贸经济的可持续发展过程中，政府会提供更多的政策、技术和资金支持，帮助企业做大做强；企业也会在优化产品结构、加强技术研发方面加大力度。整个保定市的外贸结构会得到优化，使整个外贸产业更具发展活力。XH 国际在保定设立分公司，是其在综合考虑保定市的外贸经济发展优势后的正确选择。

3. 预见电子商务的重要性，提前培育市场。全球经济一体化进程的加快，使得国际贸易和电子商务都得到快速发展。在当前环境下，国际货运代理企业要想长足发展，就要不断开拓业务种类，通过电子商务技术开展全球性的服务，满足客户的需求。XH 国际认识到了这一点，于 2015 年与阿里巴巴的“一拍档”展开合作，通过网络渠道为客户提供更便捷的通关、退税、物流的相关服务和咨询。

虽然目前公司对电子商务技术的应用还处于起步阶段，在销售渠道和商务平台利用方面还有待进一步发展，但其在发展的初期阶段就能与著名的电商企业展开合作，提高自己的服务质量，说明XH有较高的发展眼光和定位，对如何在发达的网络环境下提升自身实力有较好的规划。

4. 注重从业人员的专业素养，促进企业专业化发展。国际货运代理业是一个专业性较强的行业，其中的从业人员需要国际货运、国际贸易的专业知识储备，还需要一些必备的技能素养和经验。XH国际的组创人员都参与过大型的涉外或援外项目，具备较高的国际货代专业素养和丰富的工作经验，这为企业的专业化发展和未来向现代物流企业转型都做好了充分的准备。

（二）发展中面临的挑战

1. 企业规模小，市场竞争力弱。国际货运代理企业是一种很典型的规模化经营企业，大型的货运代理企业往往资金雄厚，业务量多。在我国，大型国际货运代理企业一般是国有企业或者中外合资企业，这些企业一般有很强的资金、技术优势和完善的国际销售网络，在我国的货运代理市场中有很强的竞争优势。XH国际是刚成立不久的国际货代企业，企业的整体实力有限，在竞争日益激烈的国内外货代市场中很难短时间内形成规模效应，与大型国际货代企业展开实质性的竞争。

2. 电子商务销售渠道尚不完善，网络营销问题亟待解决。电子商务快速发展的背景下，国际货代企业的各职能部门之间提高了交流沟通的效率，客户对业务种类的要求呈现出更加多元化的发展态势。业务种类的增加对企业的销售渠道提出了更高的要求，货代企业如果想更快地拓展业务种类、打开销路，需要充分利用电子商务平台的作用，通过网络渠道开展市场营销。目前公司由于规模上的限制，在这方面的发展有所欠缺，对电子商务的利用不够充分，需要在未来的发展过程中不断探索尝试，建立适用于自己的电子商务销售模式。

四、XH国际未来的发展方向

（一）做大做强、树立品牌、创新模式

传统的国际货代业务已不适应竞争激烈的市场，作为中间人提供服务从而赚取佣金或者差价的行业模式将会逐渐被淘汰，向现代物流业转

型是国际货代业务发展的大势所趋。国际贸易的发展使货运代理和现代物流成为未来的投资热点，客户对服务质量的高要求也促使货代企业转型采取新的经营方式。我国政府为促进商贸物流的发展，一改小、散、乱的商贸物流行业状况，要求各商务部门重视商贸物流的发展。把企业做大做强，通过加强与其他规模相似企业的合作或者形成发展联盟的方式，着力扩大企业整体规模，提升自身实力。树立品牌意识，注重企业品牌建设。物流工作中将贸易与运输相结合，通过提升服务质量和有特色、有创新性的服务，将自己的品牌做大，吸引更多的客户。提高专业化水平，大力发展电子商务物流，生产资料物流企业加快利用新型商业模式促进转型升级；提高信息化水平和组织化水平，支持物流企业利用信息服务平台实现信息和资源共享，推动技术先进、竞争力强的大型现代物流企业走集约化、规模化发展道路。

（二）立足保定、依靠天津、辐射河北

XH 国际在未来发展中要充分利用保定市外贸发展的优势，在政府宏观调控的基础上，优化产品结构，根据国际市场变化适时改变自身进出口策略；注重对外贸经营人才的培养，打造高素质的人才队伍；加强国际合作，开拓新的对外贸易市场，进行多元化的市场经营。同时，还要充分利用保定·中关村科技创新中心整合的各种创新要素及其带来的先进金融模式和企业模式，通过金融创新和科技创新等，切实解决企业发展过程中的融资问题和技术问题，积极推动自身向现代物流业转型。另外，XH 国际保定分公司在利用好保定市优势资源的基础上，要注重与天津总部的联系交流。天津港有充足的货源量和国际货代物流信息，保定发达的外贸产业应将设施和功能完备的天津港作为其外贸产品进出口的重要口岸。为保证公司在保定地区的可持续发展，保定分公司应建立与天津总部的实时信息沟通渠道，加强彼此的交流合作，确保业务往来的畅通。在做好保定市场的基础上，将视野放到河北省境内，利用“一带一路”倡议中我国与其他国家的贸易关系，将河北省的特色产品、特色企业推荐到国外，带动河北省外向型经济的发展。

第二节 河北LG环保科技有限公司

一、公司简介

公司的前身为河北LG非织造布有限公司，2012年更名为河北LG环保科技有限公司。公司主营汽车内饰环保无纺材料、建筑用聚酯布、土工布，以及军工导弹防护罩、弹药箱等。

2014年LG科技投入5 000万元进行技术改造，通过提升产品档次和水平，使部分产品的质量达到国际先进水平，并在同一年成为河北省科技型中小企业。经过多年的发展，LG科技已经发展成为集纤维复合材料与非织造材料研发、生产、销售为一体的高科技民营企业。现在公司利用先进生产设备、完善的产品检测手段和质量保证体系，形成了规模化生产工业用无纺布、过滤材料，设计、生产各种规格形式的除尘布袋、滤筒等。2015年，公司投资建设的全自动长纤维增强热塑性复合材料（LFT－D）生产项目填补了河北省的产业空白，同年公司被审定为国家高新技术企业，还被评为河北省产学研合作创新示范基地。

国家的“十三五”规划要求转变经济发展方式，调整优化产业结构。为响应国家的号召，公司积极引进德国先进工艺和设备，购置多条不同型号的长纤维增强热塑性复合材料汽车零部件项目来改善自身生产，从而满足新形势下客户的要求。

LG科技作为科技型中小企业面临融资难的问题，但公司积极寻求如股权融资等不同于传统银行贷款的新型融资方式，并在2015年年底在北京“新三板”上市。

二、非织造行业发展背景

非织造布是一种无须纺织纱布而形成的织物，它将纺织短纤维或者长丝进行定向或随机撑列后形成纤网结构，最后用机械、热黏或化学方法将其加固而成。

非织造行业近年来发展速度很快，其中纤维原料的进步和发展是该行业进步的基础。非织造布在发展之初所用的纤维原料多半是天然纤维，随着石油工业和化纤技术的发展进步，纤维复合材料的种类和质量也在不断提升，这为非织造布工业的发展提供了更优质的原料，相关产品的质量和功能也得到了极大提高。

我国在新中国成立初期物质资料生产落后，非织造布工业的发展并未起步。20 世纪 60 年代中期开始，我国逐渐开始发展非织造布工业，但进展比较缓慢。80 年代开始随着改革开放进程的加快，生产技术的进步，我国非织造布工业发展步入正轨。

“十二五”期间我国坚持扩大内需战略，加快建设资源节约型、环境友好型社会，其中战略新兴产业发展迅速，生态环境和生活质量的提高为非织造行业开拓了更广阔的发展空间。虽然我国化纤工业技术的进步促进了功能性和高性能纤维的研究开发，但与世界上非织造工业发达地区的先进水平相比还比较落后。目前，我国缺乏针对非织造工业发展专用纤维的研究开发，行业内相关企业的生产设备老旧，人才和技术不足，行业标准的制定落后于行业发展的速度。诸多因素限制了我国非织造布工业产品性能的提升。非织造行业的发展对提升国家纺织工业实力至关重要，当前国内的非织造行业发展也已经取得了巨大进步，但总体仍处于将规模和价格作为竞争力评判标准的阶段，行业要想取得实质性的进步，从非织造布大国转化为强国，技术进步是关键。

三、LG 环保科技有限公司发展状况分析

（一）发展中的成功经验

1. 积极创新，促进企业转型升级。公司意识到技术创新对新环境下企业发展的重要性，投入大笔资金对公司进行技术改造升级，添置多条技术先进的生产线，努力促进企业的转型。公司加大技术的投入，将自身成功转型为科技型中小企业，在未来的发展过程中必然会得到更多国家优惠政策的支持，为企业长远发展注入更强的动力。

2. 注重学习和引进国内外先进生产技术。公司为弥补自身技术上的不足，在努力进行技术研发的同时，引进国内外先进的生产工艺和设备。购置不同种类的生产线和国外设备，提高产品的种类、质量和层次，在生产过程中不断学习来增强企业的内在实力。

3. 通过多种途径解决企业资金问题。科技型中小企业的融资难问题是普遍难题，LG 科技作为其中一员也难以逃避这一问题，企业转型升级同样需要大量的资金投入。为找到合适的融资途径，公司在银行贷款这一传统融资方式之外，大胆尝试股权融资的新型融资方式，并于 2015 年 12 月在“新三板”上市。

（二）发展中遇到的问题

1. 企业规模小，抗冲击能力弱。公司现在尚处于中小企业范畴，不论规模还是实力都相对较弱。虽然致力于技术改造，但由于科研基础薄弱，技术与生产得不到完美的结合，整体生产规模上升缓慢，难以抵御市场可能出现的大波动。

2. 装备水平和技术含量与国外同行相比还存在较大差距。公司已经投入了大量资金对生产线进行升级改造，引进先进生产设备，但完全自主研发的技术和设备仍占很小的比例。从外部引进的装备与国外先进设备相比，在材料、技术、加工手段等方面还存在差距，要想与国外同行竞争，装备和技术还需进一步的升级改造。

3. 转型升级工作缺乏计划性。公司目前的转型升级工作局限在投入资金改造生产线、引进设备上，有一定的盲目性，创新理念与实际需要的脱节导致改造升级前期缺乏计划性，很多非织造布生产线趋同，对资源造成了浪费，导致公司的生产成本增加。

4. 无法获得银行贷款，股权融资缺少投资者，资金问题得不到解决。公司是目前正在转型升级的科技型中小企业，由于企业规模小，实力弱，当前根本无法从银行取得贷款。公司联系宇通客车作为大客户，但量产缺少资金，转型新产品的生产受到阻碍。为了解决一系列的资金问题，LG 科技采用创新性的股权融资方式，但又受到科技型中小企业自身因素的影响，很少有战略投资者愿意投入资金，导致公司的资金筹集问题迟迟不能得到有效解决。

四、LG科技未来的发展道路

（一）从根本上改变企业发展方式

我国的整个非织造布产业面临发展方式和增长动力的双重改变，LG科技应立足国内全行业的发展现状，转向全面创新驱动模式和依靠技术进步的方向上，走全面可持续的发展道路。

（二）加强非织造布原料的开发应用

非织造布行业中产品的性能与原料的种类和性质息息相关，新型功能性原料、高性能原料等是对经济发展和国防建设有重要作用的关键性材料。对这些高新技术纤维材料的发展在我国还是软肋，包括LG科技在内的众多非织造布企业都应加大技术投入，加强对高新技术纤维材料的研究开发，从而对产品质量提供更可靠的保障，提升市场的竞争力。

（三）提高员工的研发能力和技术水平

企业发展最重要的因素在于人才。非织造工业企业持续健康发展的关键在于提高相关人员的研发创新能力。LG科技一方面要加大引进相关技术研发人员，另一方面也要注重对一线员工的岗位培训和专业技能的提高，以保证企业转型发展的稳定性。

（四）扩大企业规模，创新融资方式

制约LG科技融资问题的一大重要因素在于企业的规模小，市场竞争力弱。要有效解决企业的融资问题，单靠传统的银行贷款远远不够。公司应通过与其他相关企业展开合作，不断提高企业整体规模和实力，并继续寻求和发展包括股权融资在内的多种融资方式，为企业吸引更多的战略投资者。另外，政府通过设立科技支行，为科技型中小企业提供的科技型贷款以及科技担保公司创新推出的知识产权质押融资担保、微企担保等都是LG科技可以尝试并利用的新型融资方式。

第三节 天津 LZ 食品有限公司

一、公司简介

天津 LZ 食品有限公司是于 2011 年成立的 YL 集团旗下的子公司。YL 集团是全球光伏行业的领军企业，目前的经营范围涉及新能源、房地产、国际贸易和绿色高效农业等多个领域，已经发展成为一家综合性能源企业。“混业经营”是 YL 集团的公司理念，LZ 食品有限公司正是 YL 集团为实现这一目标在天津东疆港保税区建设的橄榄油分装项目，LZ 从橄榄盛地地中海地区直接进口橄榄油原材料进行加工生产。

虽然公司凭借 YL 集团的良好形象和采购渠道，直接从地中海进口原材料进行生产，保证了橄榄油原材料的高质量，但我国目前橄榄油市场很混乱，并且国内消费者相对更加认可进口橄榄油，这导致公司的橄榄油在国内不能形成很强的竞争力，销售量低、生产成本较高且无法创造高收益，最终迫使公司转型做进口贸易商。

转型后的公司主要从事进口直营业务，以食品和日用品的直营作为主要业务。作为天津东疆自贸区经批准的四家进口商之一，LZ 的商品较齐全且具有明显的价格优势。随着经营规模的扩大，LZ 开始准备进军保定等河北省城市，在当地开直营分店或为其他的直营店供货。

二、我国橄榄油市场发展背景

橄榄油是从新鲜油橄榄果实中利用冷榨方法加工提取的一种天然、营养型高档食用植物油。油橄榄原产地是地中海沿岸的国家。

我国橄榄油市场的发展起步于 20 世纪 90 年代，当时国外橄榄油逐渐开始拓展我国市场，从 2003 年开始我国橄榄油的进口量逐年迅速增长。我国市场上比较著名的橄榄油品牌多来自国外，进口橄榄油相比国产橄榄油有很强的优势且比较受国内消费者的青睐。我国的消费者对白叶、乐家、欧蕾等橄榄油品牌的认知度较高，这些著名品牌的橄榄油主要来自西班牙、意大利和希腊等地中海沿岸国家。该地区是油橄榄的原产地，生产橄榄油的历史悠久，上述几个国家的油橄榄种植规模、橄榄油的品质、生产工艺技术以及质量管理等水平都属于世界一流，它们生产出的橄榄油无论在国际市场还是我国国内市场，都占有绝对的市场份额。反观国内的橄榄油市场，与世界先进的橄榄油生产地区相比存在很大差距，主要表现在以下几个方面。

（一）国内粮油生产企业的生产工艺落后，橄榄油产品品质较低

地中海沿岸地区是油橄榄的原产地，特殊的地中海气候为油橄榄的生长提供了良好的自然环境。沿岸国家有上百年生产橄榄油的历史，其生产工艺、橄榄油的品质等都处于世界领先地位。虽然我国的四川广元、甘肃陇南等地区也广泛种植橄榄树，但由于缺乏地中海气候下的自然环境，其种植的油橄榄品质较地中海原产地的油橄榄还有一定差距。另外，我国的橄榄油多年来以进口为主，国内粮油企业生产橄榄油的工艺技术较落后，其生产出的产品品质尚无法与国外进口的橄榄油媲美，市场竞争力弱。所以从事生产成本较高的橄榄油生产在一定时间内无法形成可观的收益。

（二）我国的橄榄油市场混乱，缺少与橄榄油相关的国家行业标准

橄榄油的生产成本较高，而我国的橄榄油绝大部分依靠进口，国内生产的橄榄油数量很少且销售量低，这就导致国产橄榄油在市场竞争中缺少价格优势。近几年，我国对橄榄油的消费增速很快，但政府还没有出台与橄榄油相关的国家行业标准，缺少制度的约束使我国的橄榄油市场很混乱，不利于市场的稳定发展。

三、LZ 企业转型的原因分析

（一）母公司的多元化经营战略有失专业性

LZ 食品有限公司是 YL 集团的子公司，YL 集团作为综合性的能源企业集团，生产规模大，业务种类多。为了提升企业的整体实力，YL 集团坚持混业经营，除了光伏制造这一核心产业，还在电力投资、农业生产、

房地产和食品加工等领域开设子公司。多样化的经营扩大了企业的规模，也为企业开拓出更广的发展空间。但每个行业都有自身的特点，投资于多个行业在获得更多利润空间的同时也需要承担多样的风险，而且失去了经营的专业基础。YL集团在混业经营过程中由于缺乏对相关行业的全面认识，在投资和决策过程中出现失误，这导致企业的资金运转出现困难，连年亏损使企业背负高额的负债，对企业的长远发展受到严重影响。

（二）受母公司影响难以获得流动资金贷款

YL集团在作出建立专营橄榄油的食品公司决策之前明显未对我国的橄榄油市场现状进行充分的分析论证，没有对该行业的发展环境和发展前景作出合理的评估和预测，导致企业投产后虽然橄榄油的质量较高，但同时生产成本和罐装成本都高于直接原瓶进口，使得企业利润低下。因此，LZ考虑直接转型从事进口商品经营业务，对流动性资金的需求较大。但作为YL集团的子公司，LZ公司也受到影响，无法得到银行的贷款。这一情况导致LZ的流动资金愈加缺乏，需要开拓其他资金来源和渠道以满足日常经营运转。

LZ公司作为从河北走出并发展壮大的企业，在京津冀协同发展的背景下，应时刻关注国家的政策导向，充分利用京津两地的优势资源促进自身的发展。在投资于新领域之前应立足自身实际情况，对拟投资的行业进行充分的了解后再作出决策，确保在人力、财力和物力允许的范围内，避免出现盲目投资和决策失误。

金融篇

第六章 河北省科技型中小企业的金融需求

融资难是科技型中小企业发展过程中的一大“瓶颈”。为解决这一问题，河北省政府出台了专门支持科技型中小企业发展的金融政策，加大组织各类金融和投资机构为科技型中小企业提供金融服务。本章将继续利用第二章中的调研数据对河北省科技型中小企业金融需求的现状作出分析，主要涉及科技型中小企业的基本融资形式、融资现状及存在问题等三个方面，旨在发现河北省科技型中小企业的融资现状对其金融需求的满足程度，以针对性地提出对策建议。

第一节 基本融资形式

资金作为科技型中小企业发展壮大的重要条件之一，对于其生存和发展起到至关重要的作用。科技型中小企业在扩大生产和技术研发等领域的资金需求占到全部资金需求的 75% 以上，能否顺利融到资金成为科技型中小企业发展壮大的关键。科技型中小企业主要资金来源包括内源融资和外源融资两个方面。

一、科技型中小企业的内源融资

内源融资主要是科技型中小企业通过自身的内部积累获得资金储备，并再次利用该储备进行投资。对于科技型中小企业而言，由于其自身规模限制，内源融资通常都放在首位。这类资金一般是通过自身积累，包括留存收益、折旧资金等筹集，以及内部集资、亲友借款等形式筹集到的，企业对于该项融资使用成本较低，与外部融资相比成本较低，而且不易产生其他的问题。特别是针对初创期的企业而言，由于其缺乏相应的抵押资产，经营风险较高，故内源融资往往是其主要的融资渠道。另外，对于企业的内源性融资，由于受到企业规模的限制，特别是针对科技型中小企业较多还处于企业发展的初级阶段，虽然依靠其自身的经营收益可以获得一部分的资金积累，满足一定的资金需求，但是毕竟通过内源融资获得的资金数量有限，难以满足企业发展的资金需求。

二、科技型中小企业的外源融资

对于科技型中小企业而言，其内源性融资是远远不能满足其发展需要的，故为了进一步促进其发展，还需要多渠道的外源融资，其中就包括通过企业自身进行直接融资、间接融资以及通过政府部门的助力支持所带来的政策性融资。

（一）科技型中小企业的直接融资

科技型中小企业的直接融资具体可分为三个渠道：风险投资、企业债券融资和股票融资。第一，对于风险投资而言，这是科技型中小企业获得直接融资的主要资金来源，特别是针对处于种子期和成长期的科技型中小企业。第二，对于进行企业债券融资，因为我国相关法律规定对企业发行债券的抵押担保以及利率要求都有严格规定，而科技型中小企业在发展初期往往存在缺乏抵押物，故大多数科技型中小企业不能通过债券获得融资。第三，股票融资，股票融资要求企业必须通过上市才能达到融资目的，但就目前情况而言只有极少部分企业能够通过股票上市来实现融资目的。河北省在全国中小企业股份转让系统（俗称“新三板”）挂牌的企业共有152家，其中创新层企业21家。河北省目前正通过多项政策鼓励和支持科技型中小企业通过“新三板”上市，计划2017年实现科技型中小企业通过“新三板”上市企业数量达到100家。

（二）科技型中小企业的间接融资

目前，我国科技型中小企业的间接融资仍旧是解决科技型中小企业资金不足的主要的外部融资手段。科技型中小企业进行外部融资主要是通过银行提供的各类贷款来解决其资金需求问题。但是大型商业银行更倾向于向资金实力雄厚的大型企业特别是国有企业发放贷款，科技型中小企业由于其自身经营存在较大风险，并且通常缺乏不动产抵押物，因此就限制了科技型中小企业通过银行进行融资的能力。为了更好地促进科技型中小企业的发展，解决其融资困境。河北省陆续成立的多家科技支行助力科技型中小企业发展。2015 年，全省 11 家科技支行共对 1 074 家科技型中小企业、高新技术企业发放贷款，贷款余额达到 279. 1 亿元。科技支行的推出打破了传统商业银行贷款对抵押物的严格要求，着重关注企业的技术实力、技术发展水平和企业发展潜力等方面，为众多科技型中小企业发展带来了福音。近几年，民间借贷发展非常快，典当行、小额信贷公司的数量呈现出爆发性增长。截至 2015 年年底，河北省拥有小额贷款公司 480 家，数量位于全国第三位，遍布全省 11 个地级市，平均每个地级市为 44 家。民间借贷由于其融资速度快、资金调动方便、门槛低等特点，很多科技型中小企业可以通过民间借贷作为企业的间接融资的一种手段。这在一定程度上弥补了科技型中小企业资金不足的现实问题。但是，我们也应该看到，目前仅有的几类间接融资的方式在面对众多科技型中小企业资金不足困境时还是杯水车薪。

（三）科技型中小企业的政策性融资

政府提供的政策性融资往往是通过政府信用为担保，实际上是兼具直接融资与间接融资的混合特征。政策性融资的种类主要分为：科技型中小企业创新基金、中小企业贷款担保、中小企业发展专项资金、财政支持等。科技型中小企业创新基金由国务院批准设立的，面向全国科技型中小企业的融资机构，主要通过贷款贴息和提供无偿资助两种方式来为科技型中小企业融资提供支持。中小企业贷款担保和发展科技企业贷款风险补偿专项资金，主要为企业提供贷款担保和专项资金，便利企业融资，并且降低科技型中小企业的融资风险。财政支持主要是发挥政府对企业发展的调控作用，河北省政府设立天使投资引导基金，从而有效缓解科技型中小企业融资不足问题。另外，河北省政府还从减税、担保、技术支持等方面助力科技型中小企业发展，从而缓解企业融资困境并且为企业的发展提供技术保障。除此之外，河北省相关政府部门还出台以“十项措施”为代表的一系列的财税扶持政策来为科技型中小企业发展提供便利。政府主导的政策性融资对于解决科技型中小企业的融资困境发挥了重大作用，也成为科技型中小企业融资的重要渠道之一。

三、不同生命周期科技型中小企业有效融资模式及风险分析

（一）科技型中小企业不同生命周期的融资模式

根据韦斯顿和布里格姆提出的金融成长周期理论随着科技型中小企业所处生命周期的变化，其信息约束条件、资产状况、资金需求、风险、预期投资收益率等会随之改变，其所适合的有效融资模式也会发生变化（见表6-1）。

表6-1　科技型中小企业融资模式

	风险特征	主要融资来源
初创期	高	科技型中小企业技术创新基金、天使投资基金
成长期	较高	创业风险投资基金、私募股权投资基金、银行贷款、公开发行股票并在创业板上市
成熟期	较低	公开发行债券、股票、银行贷款

1. 科技型中小企业初创期的有效融资模式。处于初创期的科技型中小企业，信息透明度低，投资者能够获得的信息非常少，无资产或轻资产，资金需求量较大。生命周期三个阶段中，该阶段企业的风险最高。虽然已经取得成功的实验结果，但是尚未将实验结果转化为产品，存在技术风险；尚未检验是否具有商业可行性，存在市场风险；尚未形成企业管理制度，存在管理风险。处于这一阶段的企业，资金主要用于研究

开发、小试和中试[①]以及营销，没有收入，企业的净现金量为负，存在财务风险。此外，由于企业处于初创期，投资回收周期较长，进一步加剧了上述风险，预期投资收益率较低。

这一阶段，企业所需的资金量日趋增大，内源性融资已经难以满足，必须寻求外源性融资弥补资金缺口。由于高风险、无资产或轻资产、投资周期长的特征，通过银行贷款、公开发行证券融资的难度较大；创业风险投资基金对该阶段企业的投资意愿较低，投资额不超过其风险投资总额的10%。天使投资基金以及由财政直接出资设立的国家、地方科技型中小企业技术创新基金是该阶段企业的主要外源融资来源。

2. 科技型中小企业成长期的有效融资模式。处于成长期的科技型中小企业，已经将实验室结果转化为产品，并投放市场销售，管理制度逐步形成。信息逐步透明化，初步形成可以用于抵押或质押的资产，资金需求量进一步扩大。相对于初创期企业而言，该阶段企业的风险减小了，但是，仍然需要进一步拓展市场，存在市场风险；管理制度尚需打磨，存在管理风险；虽然有了销售收入，但是由于需要进一步拓展市场、提升市场占有率，资金需求进一步扩大，大部分企业的净现金流量仍然为负，存在财务风险。预期投资收益率是三个阶段中最高的。

这一阶段，企业的资金需求进一步扩大，融资难度降低，融资渠道增加。产品销售积累的利润是该阶段内源融资的主要来源。随着企业生产规模的扩大、风险的降低、可供抵押资产的增加，还可以通过创业风险投资基金、私募股权投资基金、银行贷款、公开发行股票并在创业板上市等外源融资方式筹集资金。

3. 科技型中小企业成熟期的有效融资模式。处于成熟期的科技型中小企业，产品完全得到市场的认可，经营状况稳定，信息透明度高，管理规范，净现金流量为正，风险大幅度降低，预期投资收益率降低。资

① 小试：将实验室结果进行放大以验证可行性，如实验室成果为0.5L，小试放大到5～10L。中试：将实验室结果进一步放大，达到量产水平。

金需求主要用于进一步扩大生产、实现规模效益，以及新产品的研发。由于前期积累了大量利润，内源融资是其重要资金来源。此外，还可以通过公开发行债券、股票的外源融资形式获取充足的资金。该阶段企业的投资回报率开始降低，成长期进入企业的创业风险投资基金、私募股权投资基金开始逐步退出。

（二）科技型中小企业存在信息不对称融资风险

科技型中小企业寻求外部融资过程中，信息不对称现象普遍存在。所谓的信息不对称是因为科技型中小企业的整体状况都处于信息不透明的状态，科技型中小企业没有一个有效的信息公开平台，这就造成了资金提供者很难获得科技型中小企业相关的有效的融资需求信息。另外，由于缺乏有效透明的信息获取平台，资金提供者很难判断信息的真实性，这就加大对科技型中小企业的融资风险，并可能导致两类问题的发生：资金的无效使用和道德风险。事前的信息不对称导致资金提供者在选择企业的过程中错误选择了经营状况较差的企业，而经营情况良好的企业却不能得到有效资助，而由于获得融资的企业自身经营不良可能导致资金提供者不能获得利润甚至无法收回投资，这就使其之后会减少或停止对科技型中小企业进行融资，可能造成整个科技型中小企业融资体系的状况越来越糟，最终导致整个融资市场的崩溃。由于缺乏有效的监管机制和风险防控措施，事后信息的不对称导致道德风险使得资金提供者不能对获得融资后的科技型中小企业的履约行为进行监督，对有可能发生的改变资金用途或恶意逃避债务等行为缺乏有效的约束措施。

由于信息不对称导致道德风险和资金的无效使用，造成科技型中小企业的融资风险上升，使得其融资更加困难。同时科技型企业往往具有独特的高科技背景，由于这一特性使得其投资项目对于一般的投资者而言存在更多的信息不对称问题，降低由科技型中小企业信息不对称所带来的投资风险就需要政府加入对科技型中小企业融资中来。政府可以利用行政管理职能使科技型中小企业融资信息透明化。

第二节　融资现状

2015 年以来，河北省进一步推动科技型中小企业的发展，科技型中小企业从数量快速增加，规模上进一步增大。科技型中小企业在发展过程中和其他中小企业一样面临资金缺乏的窘境，需要大量的资金支持，但由于科技型中小企业往往与科技研发技术等因素紧密相连，存在较大不确定性和高风险性，故融资问题显得更为突出。

为了更好了解河北省科技型中小企业的融资情况，通过发放问卷的形式，对科技型中小企业的融资情况进行了调研，用以分析科技型中小企业的融资现状。在选取调查对象时，我们针对不同地区多行业分类通过抽样调查的方式发放问卷进行调研并得到数据，所得数据具有一定的代表性。

一、样本企业的基本情况

（一）企业建立时间短，大多处于种子期和成长期阶段

在收回的 168 份有效调查问卷中，从企业注册时间看（见表 6－2），其主要集中在 2005 年至今的这段时间，占 74.3%。可以看出，大多数的企业成立时间不超过 10 年，规模有待进一步扩大。

表 6－2　　企业注册时间

注册时间（年）	2000 以前	2000～2005	2005～2010	2010～2015
所占比重（%）	6.07	19.63	36.45	37.85

（二）行业业务范围分布广

科技型中小企业所处的行业类型分布广，区分度高，科技含量高，主要为新材料和新能源产业占比 19.1%，核应用技术占比 15.4%，农林牧副渔和金属冶炼产业分别占比 8.7%，光电一体化产业占比 6.9%，化工相关产业占比 6.8%，电子信息产业占比 3.6%，还包含食品保健、生物医药等相关产业，均占比不足 1%，产业占比份额相对较少，由调研对

象的业务范围来看较为分散，行业区分较明显，但都涉及高科技领域，产品差异化大。

二、样本企业的资金需求分析

（一）资金需求情况分析

对于科技型中小企业而言其正处于亟须发展的关键时期，需要较多的资金来支持自身发展。而我国现阶段的单一依靠银行融资体制基本不能满足企业的需求，存在较大的资金缺口。由调查数据可以看出（见图6-1），科技型中小企业目前资金紧张的企业比重为69.91%，而资金充裕和很充裕的比重相加仅为12.43%，企业融资现状不容乐观，绝大多数企业仍需要融资来解决其现实困境。

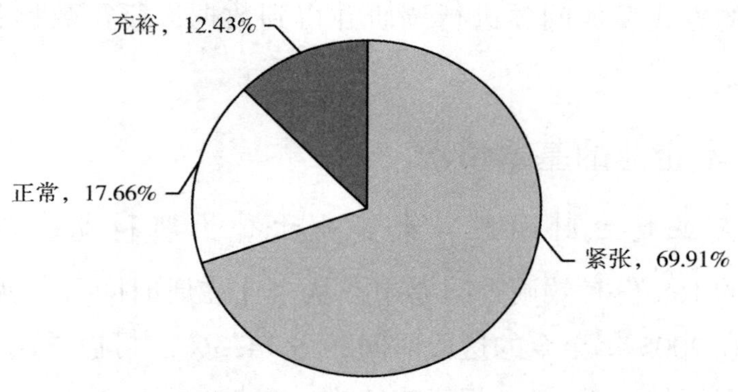

图6-1 科技型中小企业资金需求情况

（二）资金缺口数量分析

在116家有融资需求的企业中，融资需求在100万元以下较少占比4.7%，资金需求在100万~500万元的占比18%，资金需求在500万~1 000万元的占比20.3%，资金需求在1 000万~2 000万元最多，占比23%，资金需求在2 000万~5 000万元的占比17.3%，资金需求在5 000万~1亿元占比12%，需求在1亿元以上较少只有4.7%。所以通过调研数据可以显示科技型中小企业从融资规模来看，融资需求主要集中在100万~5 000万元之间（见图6-2）。

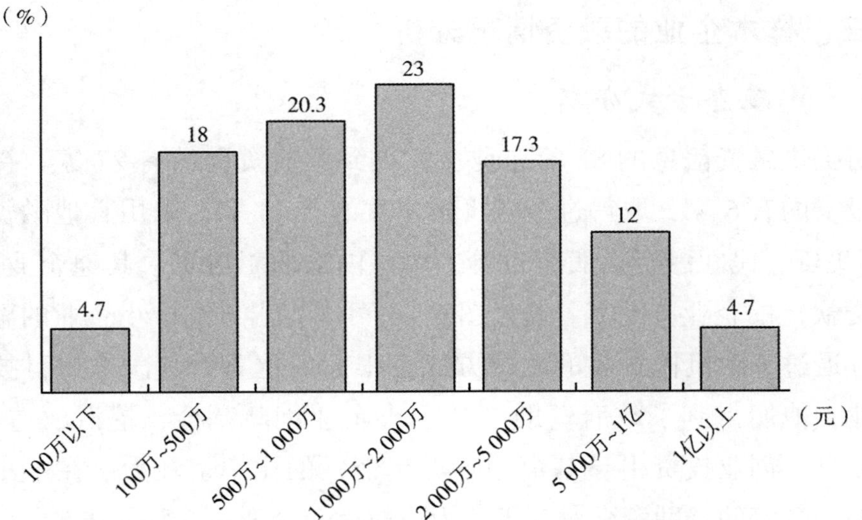

图 6－2　科技型中小企业的融资规模分布

(三) 资金短缺原因分析

通过问卷调查显示（如图 6－3），造成资金短缺的原因集中在流动资产短缺（占 45. 33%）、生产经营扩大需要资金（占 32. 71%）、偿还贷款（占 24. 30%）等方面。大多数的科技型中小企业处于产业周期初始阶段或发展阶段，发展不完善、不成熟，故资金需求量较大，通过内源融资不能够有效补充其资金需求。

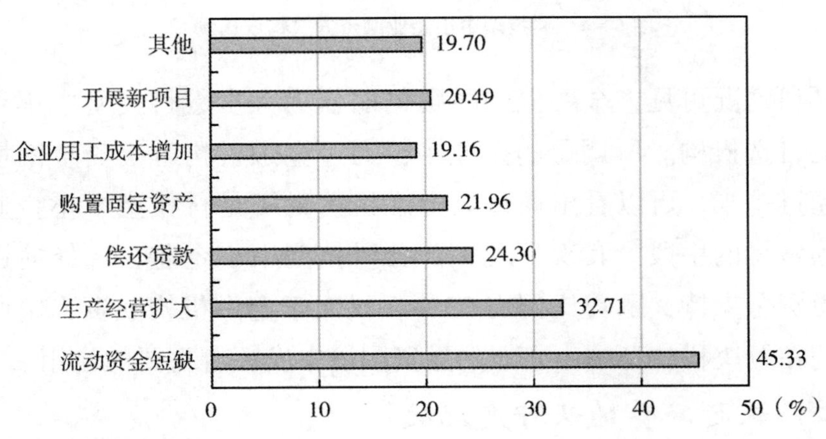

图 6－3　科技型中小企业的资金短缺原因

三、样本企业的融资情况分析

（一）融资方式分析

对提供融资信息的82家企业中，得到政府资助的有27家，接受过风险投资的有6家，取得过金融机构贷款的有44家，采用其他融资方式（包括集资、民间融资、股东自筹、单位内部职工融资、其他企业融资、小额贷款）的企业有5家。通过图6－4可以看出，在中小企业的融资过程中，通过金融机构贷款的融资方式占很大的比重，其次作为科技型中小企业，他们得到了政府资助（如中小企业创新基金、挖潜改造基金、节能贴息、创业投资引导基金等各类基金）的比率也较大。在中小企业发展中，政府的资助资金对其吸引力也较大，企业也会积极申请。

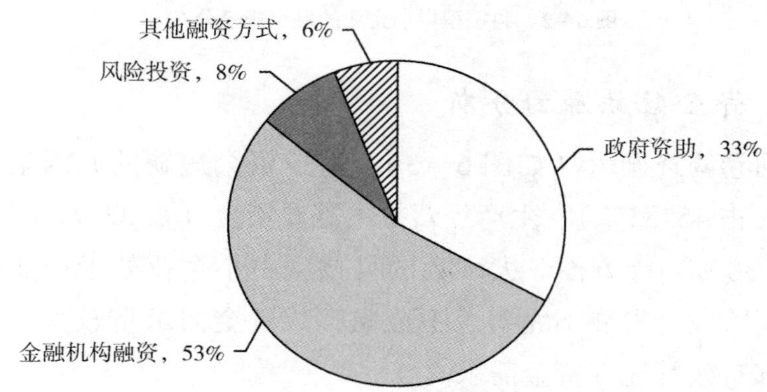

图6－4　科技型中小企业融资方式构成比例

由调研情况可见，金融机构融资仍旧作为大多数科技型中小企业融资贷款的首选机构。所调研的企业中，通过金融机构解决资金困境的占53%，超过一半。可以看出通过向金融机构融资是科技型中小企业筹资融资最为常见的手段。其次发现大部分科技型中小企业会选择通过政府部门获得资金支持，融资比例占33%，仅次于金融机构融资，由此可见政府部门在解决科技型中小企业的融资困境中发挥着重要的作用。

（二）银行融资的认可度比较

通过调研数据表明（见图6－5），绝大多数科技型中小企业在认为通过银行融资是困难的，其中占比达到73.26%，其中46.62%的科技型中小企业认为从银行融资的困难程度较大，26.64%的调查对象表示非常困难，仅有6.07%的企业觉得比较容易。

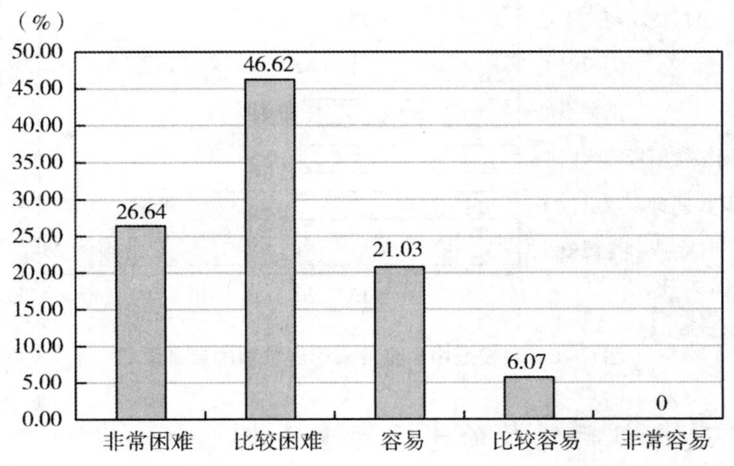

图6－5　科技型中小企业对银行融资的认可度

和图6－4相比较，银行融资是大多数科技型中小企业的首选，但是在企业通过银行进行融资过程中仍然存在着较多困难。伴随经济发展，科技型中小企业在数量上呈急剧增加的态势，并且都在规模上呈现扩张趋势，存在资金缺口的企业也愈发增多，银行的信贷资金远不能满足科技型中小企业的资金需求。另外，由于科技型中小企业欠缺融资议价能力，存在较高的风险，银行会给其较高的风险评估，因此一般会要求高于平常的资金价格来有效抵御风险，故科技型中小企融资可能会承担更高的融资成本。

（三）未获得银行贷款原因分析

科技型中小企业中一部分企业由于成立时间较短，规模不大，底子薄弱，信用等级不高，各项配套设施不完善，信息不透明，抗风险性较差，生产经营存在较大风险，故不容易获批银行贷款。在通过问卷调研企业不能获得贷款最大的阻碍就是企业自身规模太小，占到39.25%。由于缺乏足够的担保和抵押而致使小微企业贷款失败的情况不在少数，占35.04%。综上种种原因，导致科技型中小企业不易从银行获得贷款（见图6－6）。

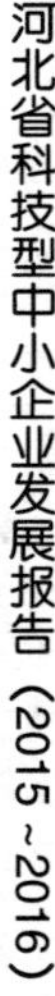

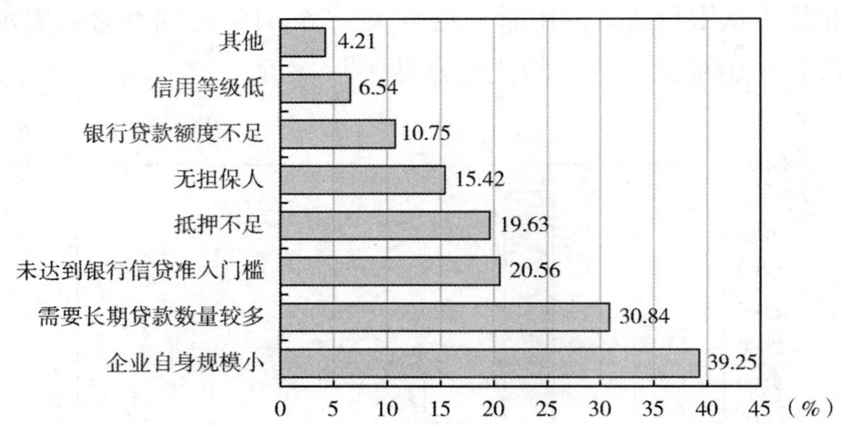

图 6－6　科技型中小企业未得到款项的自身原因

（四）选择银行贷款的考虑因素分析

由图 6－7 知，科技型中小企业如果选择向银行贷款，最为看重的因素是审批速度，占调查总数的 52. 85%，其他选择银行贷款的考虑因素依次为合理担保方式（36. 59%）、利率的高低（28. 46%）、获批贷款金额大小（16. 26%）。通过调查问卷体现，科技型中小企业在选择银行贷款的是首先会关注银行对中小企业发放贷款过程中的中间环节是否过多，贷款的时间长短，是否会造成资金无法及时到位，资金流动不够顺畅等问题。同时也反映了科技型中小企业财务管理能力相对较低，缺乏相对长期的资金管理计划，企业的资金需求多为临时性需求，主要为解决流

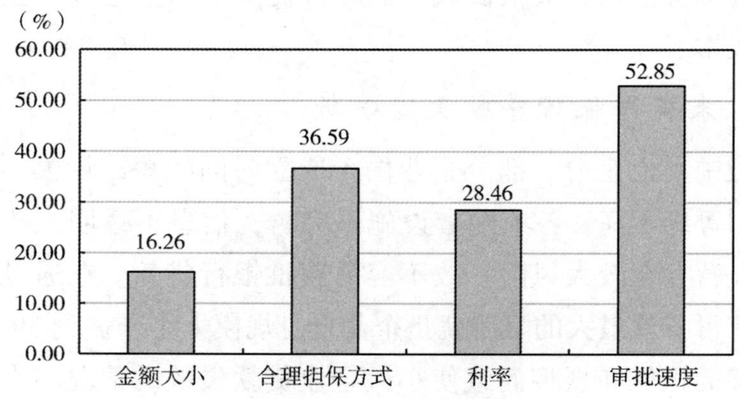

图 6－7　科技型中小企业选择银行贷款的考虑因素

动性不足问题。另外，对于处于种子期和成长期的科技性中小企业往往缺乏充足的抵押物，故如果银行要求抵押物过高，可能造成企业不能获得目标金额的资金。利率作为国家宏观调控的重要手段，对科技型中小企业融资也有着重要的影响，利率水平的高低影响着企业的融资成本，一旦国家紧缩银根，提高利率，势必会限制科技性中小企业从银行获得的资金数量。

（五）融资困难的原因分析

由图6-8可以看出，科技型中小企业认为融资困难的原因主要是由于金融机构支持力度不够和政府扶持不够，分别占调查总数的52.85%和45.53%，之后分别是由于企业自身条件限制造成融资不足占比36.59%，相关融资担保机构不到位占比29.27%。这说明对于大部分科技型中小企业而言，他们认为政府和金融机构的扶持其发展解决其资金不足问题发挥着举足轻重的作用。

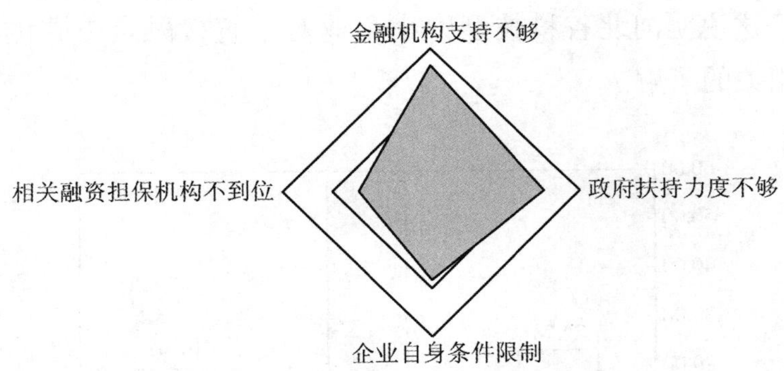

图6-8　科技型中小企业认为融资困难的原因

（六）融资方式了解程度分析

资金作为企业发展的重要推动力，对企业的正常运行与发展创新起到了重要的作用。科技型中小企业作为融资的主体，但其对融资方式了解相对匮乏，选取的融资渠道过于单一，选择太少，往往是通过银行融资、政府支持和内部融资解决，对于融资渠道和程序的了解也不乐观，对融资途径和程序不太了解的企业占到67.78%，融资渠道不了解，办理过程不顺利，这成为了制约小微企业融资的另一大原因，进一步制约了小微企业的发展（见图6－9）。

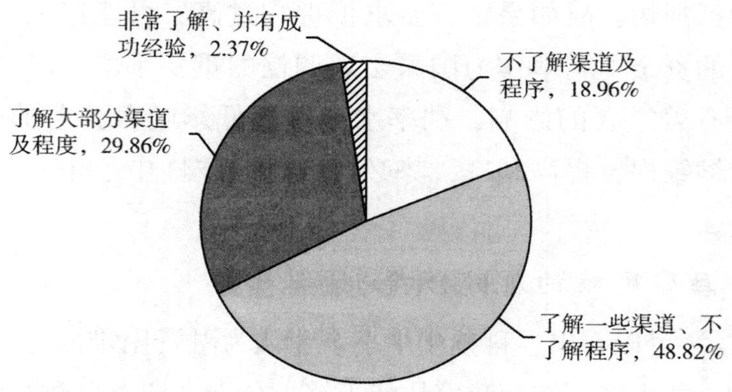

图6－9　企业对融资问题的了解程度

从图6－10可以看到，科技型中小企业对于进行产权债券进行融资，缺乏了解。其中十分了解的企业只占到调查总数的19.50%，而一般了解和不了解的比例合计已经占到调查总数的80.50%（分别是57.72%和22.78%）。这说明河北省科技型中小企业对于直接融资方式的关注比较少，缺乏相关的了解。

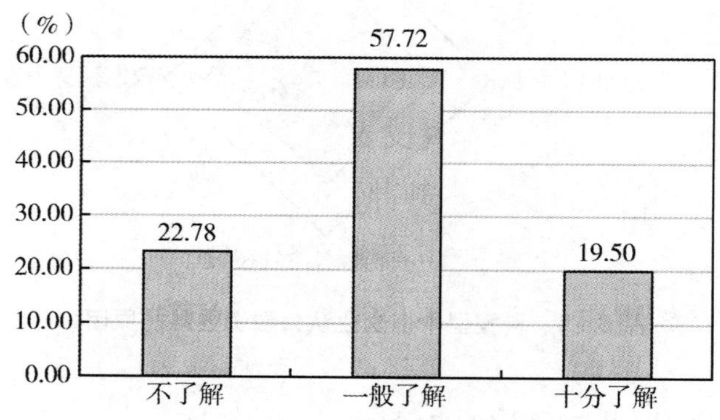

图6－10　科技型中小企业对产权债券等融资方式的了解程度

（七）金融机构融资存在的问题

大多数存在资金问题的企业首先都选择从金融机构借款作为解决途径，从而导致从金融机构的借贷数量和金额日益增加。通过调研数据可知，企业贷款存在较大的问题，分别是57.48%的样本企业认为金融机构贷款手续繁冗，时限长；49.53%的认为贷款利率和费用高（如图6－

11）。对于科技型中小企业而言，利率和费用高也是一项不小的开支。

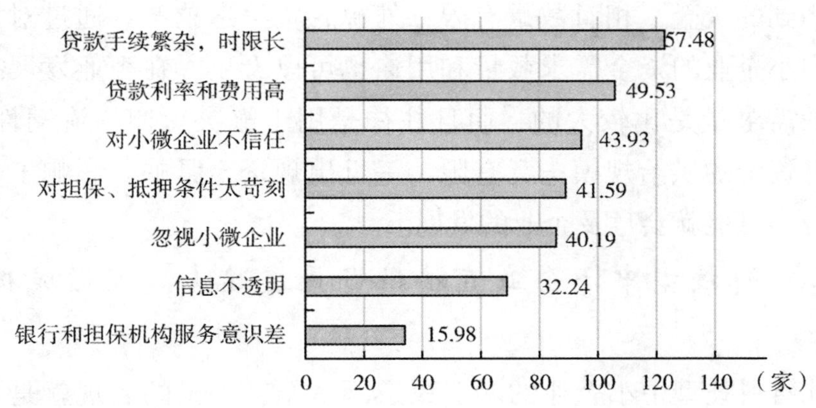

图 6－11　金融机构存在的问题

四、河北省科技型中小企业融资中存在的问题

（一）科技型中小企业经营尚缺乏整体战略意识及长期规划

科技型中小企业在一定程度上要较其他同等规模的中小企业相比在技术含量等方面有所提高，但是仍存在资金缺乏、融资渠道单一、经营风险较高等问题。并且科技型中小企业较多都是私营企业，相对人员素质较低，抗风险能力较弱，只注重眼前利益，缺乏对经营业务的长远规划，由调研就反映出企业融资需求多用于处理临时性的流动性不足。特别是处于发展初期的科技型中小企业，在起步阶段相对发展较快，对于公司的管理层而言，有时候发展速度可能会超过预期，在这种情况下，可能管理层对企业未来的发展把控不足，风险防范措施不够，只体现了一个粗略的增长数字，而缺乏一个详细的长期发展规划，从短期看就可能出现企业流动性不足，从长期看就可能出现对企业研发投入不够，缺乏市场开拓和对员工的培训，而是单纯的扩大生产粗放型增长，而造成企业面临较高的风险。

（二）科技型中小企业发展过度依赖自有资金

目前，河北省科技型中小企业融资来源中绝大部分是依靠自有资金，特别是处于种子期和成长期的企业都过分依赖自有资金。这部分自有资金属于企业的内源性融资，主要是通过企业的自身积累，通过其他亲朋好友筹集到的资金，相对数量有限，外源融资渠道狭窄。通过对河北省科技型中小企业的资金需求数量和用途也可以看出，在企业发展初期对于资金的需求量是比较大的，而且往往是用于解决短期的流动性不足，但是自有资金的供给规模毕竟有限，一旦出现资金紧缺，影响了企业的正常运行，可能就会危及企业的发展。

（三）科技型中小企业直接融资渠道过少，未形成稳定资金来源

河北省科技型中小企业的融资渠道不健全，突出的表现就是直接融资渠道过少。目前，直接融资主要有风险投资、企业债券融资和股票融资三种方式。河北省科技型中小企业用得相对较多的直接融资方式就是风险投资。但是由于大部分科技型中小企业在制度和运营上的限制，通过风险投资筹集到的资金数量较少，并且受融资收益率变化和企业经营风险的影响，风险投资与科技型中小企业合作的期限通常较短，一般在3年以下，而对于企业而言，它的经营年限却远远超过这个时间。为了规避风险，风险投资要求的高收益性使得其更倾向于选择成熟的科技型中小企业来投资，这样成立初期的科技型中小企业引入风险投资就会比较困难。企业债券融资是有相关政策要求的，并且通过对河北省科技型企业调研，其对发行债券方式进行融资了解甚少，故目前通过债券融资方式对河北省大部分科技型中小企业来说是不可能的。通过发行股票筹集资金的方式需要企业满足股票发行的条件，而中小企业的情况往往不具备上市资格，因而也不可能通过发行股票筹集资金。因此，对于科技型中小企业而言，可行的直接融资渠道过少。

（四）科技型中小企业外部融资方式单一，主要通过银行体系融资

对于科技型中小企业而言，在直接融资不足的情况下，唯有通过外部融资解决其资金困境。而目前河北省科技型中小企业的外部融资渠道单一，往往是银行贷款为主，获得信贷支持力度不够。本次调研数据显示，在企业首选银行作为主要融资渠道的情况下，大部分企业通过银行

获得贷款需求都没有得到满足。对于科技型中小企业而言其对资金的需求数额比较大，特别是对于发展初期的科技型中小企业而言，用于员工培养、设备购买、技术研发需要大量资金，企业面临较大融资压力，但是这个阶段也恰恰是企业发展壮大的一个关键时期。企业要进行外部融资，科技型中小企业相对固定资产较少，无形资产比较大但不满足相应抵押条件，而银行更倾向大型企业放款，就造成了科技型中小企业存在较大融资压力。很多企业还会选择民间借贷来进行融资，比如小额贷款公司、典当行以及 P2P 等方式用于借款来缓解资金压力。但是民间借贷的利率远高于银行贷款利率，就使科技型中小企业会面临较高的融资成本。并且这些民间借贷融资方式资金来源不稳定，可能不能持续提供资金，融资的高成本和资金流的不稳定性，使得企业在融资过程中只能以补充形式少部分运用民间借贷来解决临时性融资问题，而不能作为主要的融资渠道。

（五）政府的制度支持不够，政策性融资不到位

虽然政府的政策性融资对解决科技型中小企业的融资困境起到了很大帮助，但是从整体上看，政策性融资还不能满足科技型中小企业的资金需求。由政府提供的资金数量有限，对于满足条件的企业审核非常严格，不能惠及全部的科技型中小企业。河北省设立科技型中小企业创新基金、中小企业贷款担保、中小企业发展专项资金、财政支持等，但尚未取得显著效果。从河北省科技型中小企业资金需求的金额和期限来看，相对金额较大且期限较长，而特别是处于种子期和初创期的企业，由于发展前景不明确，企业自身实力差且需要的资金数额较大，而现有的政策制度、政府的财政支持很难落实到该类企业。对于处于成长期的企业，财政支持往往有严格的限制，往往是一次性的资金支持，而不能形成按照企业所处的行业状况、发展状况提供必要、有效、连续性的资金支持。与前两个阶段相比，处于成熟期的企业获得政府支持比较容易，但是，处于成熟期的企业数量上是少数，故对于科技型中小企业融资而言，政府扮演的角色、发挥的作用亟须进一步加强。

综上所述，通过调查问卷对河北省科技型中小企业的融资状况进行

分析发现企业的融资困境主要体现在：科技型中小企业经营尚缺乏整体战略意识及长期规划、过度依赖自有资金、直接融资渠道过少，未形成稳定资金来源、外部融资方式单一，主要通过银行体系融资、政府的制度支持不够，政策性融资不到位等几个方面。为了解决科技型中小企业的融资困境，进一步促进其发展壮大需要科技型中小企业自身、政府、金融机构多方的共同努力。

第七章 河北省科技金融生态发展情况

近年来，河北省科技金融生态发展取得了长足进步，但与京津两地相比仍存在较大差距。目前，河北省科技型中小企业呈现裂变式增长，正在从经济发展生力军向主力军迈进，但是科技金融生态失衡仍然是制约科技型中小企业发展的主要问题。在京津冀协同发展背景下，河北省应以此为契机，加快科技金融生态建设步伐。本章立足于科技金融生态优化角度，从生态主体和环境两大方面来探讨，分析河北省科技金融生态发展情况，并提出优化对策与建议。

第一节　科技金融生态的内涵解析

一、科技金融生态的提出

2004 年，中国人民银行行长周小川提出金融生态这个概念之后引起了学者和业界的深入讨论和探索。苏宁（2005）认为金融生态环境是指对金融业发展产生各种影响的内部因素和外部因素的结合，它是一个系统性的概念，应该从经济环境、法制环境、信用环境、市场环境、制度环境这五个方面来理解金融生态的基本内涵。辜晓川、杨海燕（2005）从金融业发展的外生机制、内生机制的角度来解读金融生态的内涵，着重指出了金融生态环境作为金融成长内生机制的重要性，并且提出从经济、行政和社会文化三个方面来不断优化金融生态环境。

2015年12月5日，由中国科学技术发展战略研究院、浦发银行和上海科学所共同组织的《中国科技金融生态年度观察报告》在浦江创新论坛上发布，这是“科技金融生态”一词首次在正式报告中进入公众视野。该课题组认为，科技金融生态是指通过金融体系、业态、产品和服务的创新和优化，提升其社会资源配置能力，进而促进科技创新高效转化为物质和精神财富，同时能够反哺和回馈金融业创新发展，推动金融业优化改革并提升竞争力的一种相互促进、相互支撑的状态。这种状态是在政府“有形的手”有条件参与的情况下，由市场“无形的手”自主进化完善的过程。科技金融生态是金融生态的再次细化和延伸，金融机构作为科技金融生态的主体与政府和企业这一外部环境相互影响、相互促进、共同发展。

二、科技金融生态的构成

根据科技金融生态的内涵，生态总体分为两大部分：生态主体和生态环境。生态主体为以银行为代表的金融业，生态环境包含政府和科技型企业，作用机制主要包括政府政策引导和市场竞争调节，这几个方面共同构成相互制约的动态平衡系统（见图7-1）。

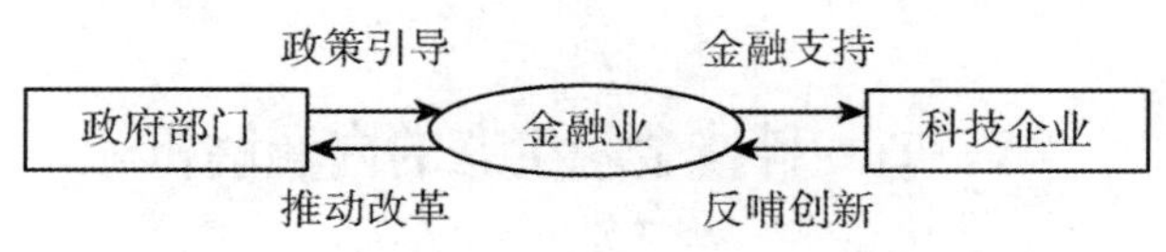

图7-1　科技金融生态具体框架

第一，科技金融生态主体——金融业。

金融业包括传统的金融行业，如银行等，也包括新型金融业态，如互联网金融、小额信贷等，通过提供金融产品和相关系列服务获取盈利。金融业中的金融机构和金融企业（政策性金融机构除外）往往是以盈利最大化为目的的经营性组织，资金作为经营性组织的资本具有逐利性，科技行业是高风险与高收益并存的行业，从理论上应该是追求盈利的金融业的理想服务对象，但事实并非如此，商业银行在追求营利性的同时更注重稳健性，因此，传统的银行信贷业务并不把科技企业作为主要客户；而对于一些新型金融企业来说，正处于大量获取客户的发展初期，但其资金的使用成本比较高，而且大多数自身的经营不规范，往往是科技企业融资时的次要选择或者不得已的融资渠道。在这种情况下，作为科技金融生态系统主体的金融业的选择和准入至关重要。

第二，科技金融生态环境——科技型企业。

科技型企业既是生态环境的重要构成部分也是科技金融生态的一个客体，从客体来讲，科技型企业作为资金需求方是金融业的服务和支持对象，是政府金融政策扶持和落实的对象；从生态环境来讲，科技型企业数量众多，是各地新经济转型的主力军和引领，其整体的发展水平和发展程度，形成了科技金融发展的“沃土”，科技型企业的良好发展能够产生“资金洼地”效应，吸引大量的金融资金和资本流入，促进金融业根据科技型企业的资金需求特点及最新需求创新产品和服务。

第三，科技金融生态环境——政府。

政府也是科技金融生态中的重要构成部分，政府政策是科技金融生态的方向引导和运作机制。政府政策能够为科技金融生态营造良好的经济环境、社会环境、信用环境和法制环境。经济环境是指整体的经济运行态势，经济条件是科技型企业生存和发展的基础，健康的经济运行和良好的运行态势能够带给科技型企业更好的发展机遇和市场。社会环境是整个社会对科技创新的认可态度，只有整个社会都高度重视科技创新、重视科技型企业的情况下，资源才能向科技型企业集聚，有利于科技型企业的发展。信用环境则是现代金融业的基础以及企业降低融资成本的基础，是科技金融生态中金融产品生产者（金融业）与消费者（科技型企业）之间的纽带。法制环境是科技金融生态规范运行的制度保障，无论是金融企业还是科技企业，都必须遵循现有的法律法规，作出违反法律的行为将被逐出生态系统或无法在生态系统中生存。

第二节 科技金融生态发展现状

一、科技金融生态主体现状

科技金融生态主体是包括商业银行、小贷公司、全国中小企业股份转让系统（“新三板”）等在内众多的金融机构，但其中商业银行仍然是科技型中小企业的主要资金来源。近年来，在河北省政府的正确领导下，河北省金融生态主体现状发生了较大变化，众多金融机构都在为促进科技型中小企业融资不断发力。

（一）传统金融主体的发展

传统商业银行的贷款主要通过厂房、机器设备等企业的固定资产抵押获得，贷款手续繁琐，贷款审批时间长。因此，科技型企业往往难以获得传统商业银行贷款。近年来，河北省陆续成立的多家科技支行助力科技型中小企业发展。2015 年，全省 11 家科技支行共对 1074 家科技型中小企业、高新技术企业发放贷款，贷款余额达到 279.1 亿元。在金融产品创新方面，河北银行科技支行推出“科保贷”和差别化、个性化金融服务。此外，科技支行提供资金的效率也优于一般商业银行，基本一周之内就能拿到资金。科技支行的推出打破了传统商业银行贷款对抵押物的严格要求，着重关注企业的技术实力、技术发展水平和企业发展潜力等方面，为众多科技型中小企业发展带来了福音。

（二）新型金融主体的发展

小额贷款公司和“新三板”是新型金融主体的代表。截至 2016 年 7 月，河北小额贷款公司协会的会员单位有共有 617 家，遍布全省 11 个地级市，平均每个地级市为 56 家；北京市小额贷款业协会共计 83 家会员单位，其中包括：小额贷款公司 75 家，服务型中介机构 8 家，涵盖了北京市 16 个行政区和 1 个开发区；天津市小额贷款业协会共计 59 家会员单位，注册资金共计 59.7759 亿元人民币，经营注册地涉及 14 个区县。虽然河北省小额贷款公司数量较多，但是平均每个地级市的数量仍然和京津两地存在差距。

河北省在全国中小企业股份转让系统挂牌的企业共有152家，其中，创新层企业21家，基础层企业131家。北京市企业共有1 199家，其中，创新层企业190家，基础层企业1 009家。天津市企业共有127家，其中，创新层企业14家，基础层企业113家。目前，河北省在全国中小企业股份转让系统挂牌上市的企业数量与天津市基本持平，但是与北京有较大差距。

二、科技金融生态环境现状

（一）政策环境

政府环境即当地政府对于科技金融的管理和支持。近年来，河北省政府多举措促进河北省科技金融生态建设。

第一，财政支持。2015年7月，河北省财政厅印发的《关于财政支持科技型中小企创新发展的十条措施》中提到鼓励科技人员创新创业、吸引省外人才来河北省创业、引导传统产业“有中生新”、强化科技资金聚焦、完善政府采购政策、发展股权投资、拓宽融资渠道、实施风险补偿、减轻税费负担、支持科技服务业加快发展共计10条措施处处体现着河北省政府积极发挥财政作用。2016年7月，《河北省科技型中小企业贷款风险补偿实施细则（试行）》的印发更是从制度层面确定了实施风险补偿的具体实施办法。

第二，资金引导。据统计，截至2016年5月，各地市科技型中小企业专项经费达10亿元，其中项目专项经费2亿元，创投引导基金、贷款风险补偿金等专项基金6.4亿元。此外河北省积极设立基金，通过引导社会资本，联合扩大规模。2009年开始揭牌运作的河北省科技型中小企业创业投资引导基金，已由初始的1亿元发展到如今的6.35亿元，参股设立创业投资子基金11只（其中1只在资金募集期），累计向68家企业投资89 292.44万元，是省科技引导基金出资额的3.16倍。

（二）企业环境

企业环境是指科技型企业的资金和金融服务的需求变化对金融主体

构成影响，影响其金融产品和服务的创新。据河北省科技厅的最新统计显示，截至2016年2月，河北省经认定的科技型中小企业达到2.9万家，“科技小巨人”企业数量为1 413家。虽然河北省科技型中小企业较前几年取得长足发展，但是融资问题依然是摆在众多科技型中小企业面前的一大难关。

第一，河北省科技型中小企业井喷式发展带来的挑战。大量科技型中小企业的出现加剧了融资资源的紧缺度，对于资金和金融服务的需求变得更加迫切，对科技金融生态主体和相关政府部门都提出了严峻的考验。

第二，在京津冀协同发展背景下，河北省在承接京津产业转移过程中存在大量的资金缺口。一方面，河北省需要为承接产业及企业提供必要基础设施，这部分的资金需求巨大；另一方面，新落户的产业和企业面临着在建和扩建的情况，也需要大量资金，同时也产生了多样化的金融产品和服务需求，这些都冲击着河北省的金融生态系统。

三、河北省科技金融生态失衡的表征

（一）生态主体与企业环境之间失衡

1. 科技支行尚处于起步阶段。科技支行的出现为科技型中小企业的融资提供了一种新的融资渠道。在河北，科技支行仍旧处于起步阶段。截至2015年年底，全省新成立的11家科技支行共对1 074家科技型中小企业提供了资金支持，但是仅占全省科技型企业的3.7%。全省平均每家科技支行需要辐射2 636家科技型中小企业，这远远无法满足科技型中小企业的融资需求。

2. 新型金融主体的发展不足。第一，河北省小额贷款公司的发展仍与京津两地存在较大差距。河北省平均每个地级市有56家小额贷款公司，而北京市有75家，天津市有59家。此外，河北省大多数的小额贷款公司注册资金为人民币2 000万～5 000万元，而京津两地的小额贷款公司的注册资金大多为人民币5 000万～1亿元。河北省小额贷款公司无论从数量上还是整体规模上均有待提高。第二，通过全国中小企业股份转让系统融资的河北省企业数量较少。截至2016年7月，河北省挂牌进入全国中小企业股份转让系统的企业为152家，在全省中小企业中占比极低，科技型中小企业中进入全国中小企业股份转让系统的企业更是少之又少。

（二）生态主体与政策环境之间失衡

1. 政策对科技支行支持力度不足。仅仅11家科技支行难以支撑河北省科技型中小企业的融资需求，需要迅速扩大科技支行的总体数量。目前，政策对于科技支行的支持力度不足，科技支行其本身的风险又高于一般性的商业银行，因此各家商业银行在扩展科技支行上均比较谨慎，这就造成了科技支行总体数量增加缓慢，严重影响了科技型中小企业的融资。

2. 资金引导模式创新不足。目前，河北省的资金引导主要通过直接投入、设立专项经费、设立投资基金等方法来优化资源配置，撬动社会资源为科技型中小企业服务。此类方法适用于初创期企业资金需求少，风险高等特点。但在面对目前处于不同生命周期的企业时则稍显不足。此外，在京津冀协同发展背景下，河北省承接京津产业转移比较多，目前的资金引导模式还不能满足产业转移带来的新的金融需求。

（三）政策环境与企业环境之间失衡

1. 财政支持方向有待调整。现有的财政支持方向大多立足于河北省科技型中小企业的发展，较少考虑到京津冀协同发展下河北省的定位。而现在，企业环境已经在发生转变，因此，财政支持必须立即调整。在京津冀协同发展背景下，大多数学者认为河北省应定位于承接京津产业转移，在这一过程中将会存在大量的资金缺口。一方面，河北省需要承接的产业较多，需要多样化的金融产品和服务；另一方面，河北省在承接产业落户时需要的资金量大。这从根本上向河北省的金融生态发出挑战，需要政府在原有财政支持方向上及时调整，与京津两地进行对接。

2. 政策环境滞后于企业环境。政策环境的滞后性是政策环境与企业环境失衡的重要表征。一般情况下，企业环境的变化都先于政策环境，只有当企业环境发生变换时并被相关政府部门所察觉时才会讨论制定相关政策。京津冀协同发展这一概念早在前几年就被提出，并引起广泛讨论，《京津冀协同发展规划纲要》的出炉更是明确了这一重大国家战略，也应该成为相关政府部门及时推出相关政策措施的时间节点。政策环境滞后于企业环境会非常不利于先期积极响应国家发展战略的企业的发展，也会影响其他企业响应国家这一号召的积极性，从而使政策的作用效果大打折扣。

第三节 科技金融生态进一步优化的对策与建议

一、优化生态主体与企业环境之间的关系

（一）加快科技支行发展步伐

加快科技支行的建设步伐，尽可能调动全行业金融资源支持科技型中小企业的发展，扩大科技型中小企业的融资渠道。可借鉴浦发银行天津分行的成功经验：一是明确科技支行的战略定位，专注于科技型中小企业；二是在对科技型中小企业提供金融支持时注意与担保、租赁、风投等金融企业合作，形成全方位的金融创新；三是根据科技型中小企业成长阶段不同，提供差异化的金融服务，进一步细分市场。

（二）加强建设新型金融主体

第一，河北省小额贷款公司发展的数量和整体规模虽然在全国名列前茅，但众多小额贷款公司中为科技型企业提供金融服务的还不多。因此，想要短时间加快该行业的发展最重要的是规范现有市场，从政策上引导和鼓励小额贷款公司为科技型中小企业解决短期资金的周转需求。

第二，河北省科技型中小企业应积极利用全国中小企业股份转让系统获取融资。目前，河北省科技型企业较多，但通过该系统获取融资企业却为数不多，因此存在较大潜力。相关部门可邀请科技型中下企业召开相关专题沙龙，全面介绍全国中小企业股份转让系统的定位与功能，以及挂牌的基本条件、流程和途径。此外，还可以邀请京津两地最新成功上市的企业参加专题沙龙，向广大参会者介绍成熟经验，增强企业在全国中小企业股份转让系统挂牌上市的信心。

二、优化生态主体与政策环境之间的关系

（一）加大对科技支行的政策支持

加大政府部门对科技支行的政策支持力度可以大大促进科技支行的建设。第一，河北省政府可联合银行 + 保险 + 风投 + 财政共同设立科技支行，实现风险分散，解除商业银行的后顾之忧。第二，河北省政府可设立专门的科技支行风险补偿基金，为科技支行的风险提供第一重保障，促使商业银行尽快扩大科技支行的规模。第三，由政府牵头，积极与京津两地科技支行积极进行经验交流，引进京津成熟的科技支行模式和产品。

（二）加大政府资金引导模式创新

河北省可参考北京市设立的首都科技创新券来设立河北省科技创新券，或者联合京津两地设立京津冀科技创新券，整合三地资源，为广大科技企业提供最急需的资源与服务。北京科技创新券的出现开启了科技资源开放共享的“北京模式”，也为科技型中小企业的研发打开了一扇门。科技型中小企业会定期获得由政府发放的创新券，并利用此券租借协议内任何一个部门或者企业的实验室。租借实验室的部门或者企业则可用创新券定期向政府兑换资金以获取收益。

三、优化政策环境与企业环境之间的关系

（一）调整财政支持方向

在京津冀协同发展背景下，河北省应准确定位、积极合作，争取更多的企业落户河北。因此，河北省在财政支持方面必须作出调整。一方面，需要照顾到本地原有科技型中小企业的发展；另一方面，需要做好承接京津产业落户河北的工作。这就要求河北省必须改变原有的财政支持方向，转向与京津两地进行对接，以期更好承接京津产业在河北落户。例如，河北省可联合京津两地对来河北省落户的高科技企业实行双向补贴。第一，由河北省向来河北进行产业落户的企业提供优惠的土地资源和税收等其他补助；第二，若在京津研发机构有产业在河北成功落户，

则在京津两地可以享受更为优厚的政策待遇。

（二）改善政策环境滞后性

政策环境的滞后性是客观存在的，但是企业环境的发展趋势是可以提前进行研究和预判的。河北省相关部门在制定政策是可以参考京津两地政府的先进经验，同时准确把握企业环境变化的方向，提前制定相关政策，最大可能改善政策环境的滞后性。第一，河北省相关部门应加快相关工作的研究，争取尽快发布具体政策。第二，河北省政府的一些专项资金、税收优惠等政策可以适度向京津两地落户河北的企业倾斜，支持京津两地科技型中小企业落户河北。

第八章 河北省科技支行建设情况分析

科技发展是经济增长的重要动力之一，资本与科技的结合能够促进科技迅速转化为现实生产力，促进经济快速发展。科技型中小企业已经成为了我国国民经济发展的引擎，其发展离不开金融尤其是正规金融的支持。日前，中国银监会、科技部、中国人民银行联合下发《关于支持银行业金融机构加大创新力度开展科创企业投贷联动试点的指导意见》，鼓励和指导银行业金融机构加大创新力度，为科创企业提供持续资金支持。科技支行正是以银行为代表的金融机构支持科技型中小企业的创新产物。

在大力扶持科技型中小企业发展的大背景下，对京津保三地的科技型企业融资需求和科技支行发展模式开展调研。一方面，了解科技型企业真实融资需求和融资现状，分析河北省建立科技支行的紧迫性和市场基础；另一方面，研究京津典型科技支行运行的成功经验，为河北省建立科技支行提供模式借鉴。

第一节　调研的基本情况介绍

一、调研背景

由于科技型中小企业自身的特征以及我国金融体系结构等原因，科技型中小企业融资难问题长期存在。各家银行面对以上问题，实现了从理念创新到产品创新到经营定位创新的转变，纷纷成立科技支行为科技型中小企业提供专业和专门的融资渠道，来满足科技型中小企业的融资需求。由于全国各地的经济发达程度和科技型中小企业的发展情况不同，导致各地科技支行的建设和发展也不相同。目前，我国经济比较发达的江苏、浙江和上海等地都是科技型中小企业集中，同时也是科技支行比较密集的地区。

在京津冀协同发展战略中，河北省承接来自京津的产业和企业转移，新建或扩建了许多产业园区，科技型中小企业迅速成长，但面临的融资难问题依然非常严峻。据河北科技厅数据显示，截至2015年年底，河北省拥有科技型中小企业约为2.9万户，而2015年全年，全省获得贷款融资的科技型中小企业、高新技术企业为1 074家，贷款余额为279.1亿元。由以上数据不难发现，全省只有3.7%的科技型中小企业在银行获得了贷款支持。受益于河北省政府的支持，河北银行加大体制机制改革创新力度，设有一个经营管部和11家分行，遍布河北省内各个城市和天津、北京。2014年4月起，在省内相继成立了五家科技支行，河北银行科技支行成立至今，大部分信贷产品均已成型。首先，河北银行针对科技型中小企业的不同的特点，推出不同的信贷产品。针对有优良抵押物且担保人的优质客户，河北银行科技支行推出了超值贷，即客户以房产及其他有效抵押物向银行抵押，银行将按照房产评估价值的100%向客户发放贷款，如果拥有第三方保证，最高可按照房产等抵押物评估价值的150%向客户发放贷款。其次，河北银行科技支行根据客户在银行的业务流水量，推出流水贷，贷款金额按照客户在河北银行的流水量的一定比例发放。河北银行还根据企业经营周期创新的年审贷，石家庄科技支行还结合企业的不动产抵押等强抵押方式和订单等弱抵押方式推出组合贷，主要目的促进企业完成订单，推动企业发展。最后，借鉴其他省份与科技主管部门合作的经验，河北银行充分考虑科技型中小企业的风险特征和需求等因素，各家科技支行分别与支行所在市的科技产业园区以及科技主管部门合作，在整个河北省推广科技型中小企业履约保证保险贷款业务，即“科保贷”。此产品是以科技厅专项资金作为保证金，经河北银行放大数倍，在河北省内构建起科技型中小企业融资平台，通过科技主管部门、河北银行、企业和保险机构合作，解决企业担保物短缺的问题，减少企业担保方式，减轻企业压力，降低了企业融资成本。截至2015年12月，受益于河北银行科技型信贷产品的科技型中小企业为356家，贷款余额50.87亿元。

二、调研过程

由于河北省以及河北银行科技支行的业务相对来说起步较晚，对业务方面的经验积累较少，缺少经验数据的长期积累，所以有必要展开调研，了解河北省建设科技支行的必要性和重要性。为完善科技金融服务模式，破解科技型企业融资难问题，发挥科技支行在京津冀协同发展中的金融支持作用，促进科技型中小企业快速发展，通过走访京津保地区的科技型企业及科技支行，对企业金融需求和科技支行发展模式进行研究分析，提出建设科技支行的方案性建议。

2016年7~8月，河北金融学院与保定市京津冀协同发展推进工作办公室（以下简称协同办）共同确定了科技支行专项调研的选题，并由金院的师生与协同办领导、工作人员组成调研小组，对京津保三地的科技型企业和科技支行进行调研。

企业方面，主要调研了四个园区，包括保定中关村创新中心、高碑店国家建筑节能技术国家创新园、安国现代中药工业园区和天津东疆自贸区，走访了园区内的典型和重点企业，重点了解了企业发展情况、目前的资金需求及满足情况。

银行方面，主要走访了浦发银行天津分行、北京银行、河北银行和保定银行，与银行主要负责人座谈了银行的发展战略、科技支行模式和未来的发展定位。

第二节　调研企业的金融需求及满足情况

本次调研走访了四个园区，包括保定中关村创新中心、高碑店国家建筑节能技术国家创新园、安国现代中药工业园区和天津东疆保税港区，这些园区都具有一定产业特色，在京津冀协同发展中迎来利好形势。调研企业均为园区管委会推荐的园区中典型的、发展势头较好的重点科技型企业，但即使这样，调研企业仍然反映了强烈的资金需求和资金需求难以满足的问题。例如，部分企业技术和产品已经成熟，需要扩大生产建设投入，需求资金在3 000万～5 000万元；部分企业前期技术研发已经完成，市场前景良好或已有大额订单，可以量产，新建厂房或者生产线需要的资金量在5 000万～1亿元；部分贸易、服务型企业需要流动性资金，缺口在500万～1 000万元。

一、企业信贷需求与银行供给不匹配

在调研中发现，无论是大型企业还是中小微企业、无论是新建企业还是扩建企业、无论是生产型企业还是服务型企业，在缺少资金时，企业首要考虑的渠道基本都是银行贷款。调研企业中，95%以上希望通过银行贷款满足目前资金需求，但限于抵押品、贷款额度、贷款期限等条件，难以从银行获得贷款。比如，公司想在新园区扩建厂房，由于缺少抵押品而难以获得银行贷款；想上马新的生产线，由于是民营企业且新产品的生产能力不足难以获得银行贷款；研发产品需要投入量产、建新厂房需要贷款，但目前缺少抵押品难以获得贷款。许多企业也都存在类似的问题，贷款资金需求难以得到满足。

二、政策性资金支持力度不足以弥补资金需求

从国家、各省到各地市，都对科技型企业有一定的政策性资金支持，如创新基金、专利补贴等。在调研中，企业反映政策性资金是每家科技型企业都渴望得到的，体现了国家及地方政府对企业创新及研发工作的认可，也代表了对企业的支持态度。但现实情况是，国家级甚至省级政策性资金申请非常繁琐，需要地方政府的担保和资质证明，而地方政府（尤其是企业所在的县级政府）往往不愿为企业提供担保和证明，因此，企业无法申请政策性资金。而地方性的政策资金虽然获取相对容易，但

下拨的覆盖面大，单个企业支持的资金量少，通常是1万~20万元不等，对于企业来说是杯水车薪，对融资问题的解决起不到实质性的作用。

三、新型资金渠道的融资功能和作用尚待完善

近年来，担保、创投、小额贷款、私募股权、众筹等新型投资机构蓬勃发展，在政府支持下“新三板”挂牌的企业也越来越多。调研企业提到，一方面，企业获取新型投资机构信息的渠道缺乏，双方存在严重的信息不对称，而且许多新型投资机构并不规范，导致企业对这些新型投资机构缺乏信任，不敢通过该途径融资；另一方面，新型投资机构的融资成本过高，小微企业难以接受。对于“新三板”挂牌的企业则表示并没有通过这一途径实现有效的融资，而受到的限制和制约反而比之前多了，希望尽快找到提供资金的战略投资者，可见“新三板”也没能彻底有效解决企业资金短缺的问题。

分析以上调研情况，可以发现，在京津冀协同发展的大战略下，河北省面临着前所未有的大机遇，无论是与北京的产业对接还是与天津的战略合作，加上河北省原有的园区基础以及新建的产业园区，都意味着科技型中小企业是引领河北创新发展的重要抓手，但是与其他科技创新发展迅速的北京、深圳等地相比，河北的科技金融生态环境还是“短板”，而反观其他城市和地区，以科技支行为代表的科技金融主体发展的如火如荼，极大地促进了当地的科技型企业发展及“双创”活动。

第三节　京津两地科技支行发展的成功经验

一般认为，科技型中小企业具有投入资金量大、前景不明确、失败几率高的特点，而银行为了降低不良贷款率，往往是厌恶风险的，因此科技型中小企业不会成为银行的目标客户。但从国内其他地区科技支行的现实情况看，科技支行能够为不同行业、不同发展阶段、不同需求的科技型企业提供个性化的金融服务方案。调研组选取了北京和天津两地最具代表性的科技支行进行调研，重点分析其设立形式、运作模式、产

品创新、风险管控、建设成效等经验模式。

一、北京银行中关村科技支行

北京银行是国内较早为科技型中小微企业提供金融服务的区域性银行，为中关村示范区的发展提供了强有力的金融支持，打造成为服务科技创新的优秀金融品牌。截至2015年年末，北京银行科技金融贷款余额710亿元，累计为上万家科技型小微企业提供信贷资金超过2 500亿元，累计为中关村示范区内8 000余家科技型小微企业提供贷款超过1 200亿元。在中小板、创业板上市及“新三板”挂牌的北京企业中，北京银行提供金融服务的占比分别达到了56%、66%、55%。总结其成功经验如下。

（一）突破传统组织架构，完善科技金融体制机制

2011年，北京银行设立了中关村地区首家分行级金融机构——北京银行中关村分行，并结合重点园区设立经营网点，以进一步支持中关村地区科技产业发展。经过多年发展，建立了完善的总分支三级管理体系。总行层面设立小企业事业部，建立业务、审批、贷后三中心，牵头科技金融推动工作，突出对科技金融业务的前中后集约化管理；中关村分行小企业事业部设立营销中心、产品中心、风控中心，实现全辖科技金融业务的统筹管理；在支行层面建立科技专营支行，并创新推出“信贷工厂”商务模式，通过“批量化营销、标准化审贷、差异化贷后、特色化激励”实现流水作业，大幅提升服务效率，每笔业务的操作时间由三周缩短至三天。

（二）突破传统产品体系，满足多元融资需求

产品创新一直是北京银行坚持的经营理念和服务手段，早在2003年，中关村组委会推出了“瞪羚计划”，北京银行与担保公司共同创新推出“瞪羚计划贷款”“留学人员创业贷款”“软件外包贷款”“集成电路贷款”等四类针对性强的产品；北京银行为支持中关村信用体系建设，2007年开发“信用贷”产品，2009年开发“主动授信”产品，2013年以来推出“科技贷”、专属创业企业的“创业贷”，以股权质押为核心的

"成长贷"等普惠金融产品，降低科技型中小企业融资门槛。

（三）突破传统"银行＋企业"融资模式，探索银政合作新途径

北京银行积极发挥政府的媒介作用，放大银政合作效应，服务中小型科技创新企业。2002年，与中关村科技园区管委会签订长期金融合作协议，向园区开发建设和中小高新技术企业提供300亿元授信额度。2007年，与中关村科技园区管委会签署了战略合作协议，进一步深化战略合作关系。2014年，与北京市科委签署全面战略合作协议，与中关村科技园区管委会签署新一轮战略合作协议，并联合中关村科技租赁公司发布"银租通"产品。同时，针对科技型中小企业贷款额度小、量大、风险高的特点，与科技部门合作建立贷款风险补偿机制，由政府出资设立贷款风险补偿金，对银行出现的贷款损失予以一定比例的补偿，从而降低银行自身的风险。

（四）突破传统合作模式，探索1＋N的全融"大合作"模式

一方面，整合完善内部服务，由单一信贷产品拓展到多元化服务，推出包含授信融资、债券发行、集合票据、并购贷款、私募债等表内外融资方式，以及私人银行、家族信托等个人高端金融服务；另一方面，有机串联外部服务，通过与政府部门、行业协会、社会组织以及各级孵化器、专业投资机构、担保公司、知名券商、专业评估机构等开展战略合作，探索多方协作的N种可能，创新推动知识产权质押、股权质押、投贷联动、私募债、基金托管及理财等全面金融服务，形成外围金融支持网络。

二、浦发银行天津科技支行

浦发银行全力打造科技金融服务网络，其中天津科技支行是浦发银行中总行级的科技金融服务中心，其核心理念是打造服务科技型企业的全方位、专业化、一站式服务平台。2015年，天津科技支行为6 158户科技型企业提供各类金融服务，其中授信客户达1 014户，授信余额达

105.92 亿元。牵头上报科技型企业专属模板 5 项，合作基金管理公司 30 家，合作中介服务机构 22 家，全年举办企业与金融机构对接会议及沙龙论坛场次 65 场。总结其成功经验如下：

（一）聚焦成长，为科技型企业提供全生命周期金融服务

科技支行关注科技型企业初创、成长、壮大等不同发展阶段的金融服务需求，并在每一阶段为企业量身定制不同的解决方案。针对初创期的科技型企业轻资产的特点，探索采取投贷联动、含权贷等业务模式，以“债权 + 股权”的方式予以支持。针对成长、壮大期的企业，另外配套 PE、并购等金融服务。

（二）聚焦创新，全方位创新举措保障科技金融服务

科技支行全面实施创新驱动发展战略，持续鼓励机制创新、产品创新、模式创新。设计专门的产品与服务机制，以债权、股权、期权、金融顾问等多种金融服务方式。根据科技型企业的需求，持续探索组合融资方式，牵头成立“融团”，即“银行 + 基金 + 融资租赁 + 担保公司”的方式共同为企业提供资金。建立股权基金直投机制，满足科技型企业日渐增长的利用多层次资本市场、多渠道融资的需求。

（三）聚焦专业，汇集行内外资源打造科技金融专业服务

着力培养一批“又专又精”的营销、企划、投资、审批等专业科技金融人才。为提高服务科技型企业效率，实施科技金融项目专审机制，对科技型企业项目做到“专人专审专批”。筹划组建投资决策委员会，并聘请行外专家作为委员共同参与投资方案设计、投资决策、项目评价与考核、投资退出方案等。

（四）聚焦服务，联合多家相关机构打造一站式金融服务平台

科技支行与天创资本、达晨创投、软银中国、红杉资本等 22 家国内外著名投资机构以及评估、租赁、担保、法律服务等 16 家中介服务机构建立了长久稳固的合作关系。利用科技型企业开户契机提供多种服务对接，组织各类培训、项目评审及考察活动。

（五）聚焦风险，研究科企特点创新长期风险覆盖机制

科技支行建立了长期收益覆盖长期风险的机制，突破原有信贷业务单户单议、单笔单议的风险管理模式，适度放宽不良率容忍度，结合创新商业模式探索情况和实际经营情况，实施制定新的风险管理政策。

第四节 河北省建设科技支行的可行性分析

结合河北省科技型中小企业的金融需求，以及京津两地科技支行支持科技型中小企业的现实经验，建议省政府全力支持科技支行的建设。本调研组认为可以采用“内培育＋外引进”的模式进行科技支行建设，即河北省内的以河北银行为代表的城商行组建科技支行与引进北京银行、浦发银行等成熟的科技支行模式双线推进。通过政府引导，形成市场竞争，既能够为河北省科技型企业提供多元化、全方位的金融服务，又有利于促进科技支行乃至河北省银行业整体的长远发展。

一、“内培育”——利用省内银行的本土地域优势

河北银行及省内各地市的城商行作为河北省本土的区域性城商行，具有为当地企业服务的地域优势。从其他城商行看，除北京银行外，南京银行、杭州银行、西安银行等也都是将科技型中小微企业甚至是初创期的企业作为服务重点的典型，因此，河北省内的城商行应该也能够成为为河北省科技型中小微企业提供金融服务的主力军。

省内城商行筹建科技支行需要政府相关部门的支持和自身的努力，因此建议：

（一）政府层面主导的工作

1. 由各城商行、省金融办及各市金融办、各市银监局及各市科技局共同组成科技支行建设筹备小组，提供相关必要支持和数据资料。

2. 积极联络，向北京、天津、南京、杭州等已成熟运作的科技支行学习经验，详细了解建设科技支行将面临的主要困难，在权限内协调各方力量，为科技支行的设立铺平道路。

3. 省政府及各市政府相关部门出资设立风险补偿基金，引导科技型企业贷款的运行，同时降低银行贷款损失的风险。

4. 设立科技支行后，相关部门之间应建立定期沟通机制，保障政府科技领域政策能够及时、有效贯彻执行，推动科技支行更好地为河北省各地市的科技型中小企业服务。

（二）银行层面着力的工作

1. 最关键、最首要的一点是各城商行科技支行必须明确并贯彻以科技型中小企业为服务对象的战略定位，这直接决定了科技支行的经营理念、资源配置、服务面向等。只有明确了这一战略定位，科技支行才能汇集一切资源全力打造专门、专业、特色的科技金融服务。

2. 与各市科技局形成紧密合作关系。一方面，当前企业信用体系和大数据还不健全；另一方面，对科技型中小企业授信条件的判断需要非财务信息以及其他专业信息。因此，科技支行必须与科技局合作，将科技局作为政策和企业信息的主要来源，双方可共同成立专家小组，在产品创新和项目筛选时发挥作用。

3. 鼓励科技支行进行产品和流程创新，各城商行总行要对下设的科技支行充分授权，尤其是增加产品创新、管理创新、体制创新等方面的宽容度和权力。另外，增强科技支行审批贷款的权限，以授权和增权重塑科技支行的产品体系、服务流程和管理体制。

4. 打造以银行为核心的、便利企业融资的金融生态圈。科技支行不仅是一家为科技型企业贷款的银行，更应成为各市科技金融服务的核心，牵头筛选一批正规、优质的金融机构及中介机构作为合作伙伴，在科技支行内打造全周期、全流程、全方位服务的科技金融服务大厅，营造成为各市的科技金融生态圈，使河北省内各市的科技型中小企业可以放心又便利地享受金融服务。

二、“外引进”——利用省外模式的成熟经验

在目前全国的科技支行中，城商行和股份制银行已经成为建设的主力军，除此之外的中国银行、中国建设银行等也开始试水成立科技支行。

在京津两地，北京银行已将北京地区科技金融服务的成功经验广泛推广，目前在外地成立了西安分行、深圳分行、南京分行、济南分行、石家庄分行等多家分行；浦发银行除了天津科技支行以外，也有上海张江、东莞松山湖、长沙麓谷、中山火炬、兰州高新等30多家科技支行。可见，将北京银行和浦发银行等成熟的科技支行模式以及产品引进河北都是可行的举措，借助现有科技支行的创新资源能够为河北省科技型中小企业提供现成的金融产品，同时也有能力根据河北省企业的特点进一步创新。

（一）政府层面主导的工作

1. 积极与北京银行、浦发银行等具有成功科技支行经验的银行进行洽谈，表达河北省建设科技支行的迫切需求与政府的大力支持，了解北京银行、浦发银行的相关需求，共同探索研究在河北省设立科技支行的可行性。

2. 结合河北省各地市在京津冀协同发展中的定位和发展规划以及产业园区的分布情况，学习借鉴北京银行、浦发银行科技支行直接面向特定园区的服务方式，将其多年成功经验引进河北，在权限内协调各方力量，为北京银行、浦发银行等银行在河北省内设立科技支行铺平道路。

3. 在各家银行的河北省各地市科技支行设立后，建立科技支行、科技局、金融办等相关部门定期沟通的机制，鼓励科技支行创新金融服务，争取吸引更多银行在河北设立科技支行，在已有模式的基础上，创建河北科技金融服务模式。

（二）银行层面着力的工作

1. 有意向在河北省各地市建立科技支行的分支行应向总行汇报河北省科技创新工作的战略前景以及政府的大力支持，力争在河北省重点地市批准设立科技支行。

2. 充分利用与省政府、科技厅以及各地市政府和科技局的定期沟通机制，全面掌握河北省相关地市科技领域相关政策和规划，对河北省科技型中小企业和重点产业园区进行充分调研，了解河北省科技型中小企业和园区的基本情况，锁定目标客户群。

3. 充分借鉴外地科技支行的运营模式与各项金融服务产品，引入成熟的模式和产品，省去开发成本，尽快为河北省重点地市的科技型中小企业提供服务。

4. 汇集优秀人才，组建专业团队，前往外地科技支行进行系统培训。因地制宜，研究制定科技支行建设策略，并为河北省重点地市的科技型中小企业和园区量身设计个性化服务。

第五节　河北银行科技支行创新发展的对策建议

根据对省内科技型中小企业的需求调研，以及京津两地科技支行的成功经验，河北省在引进和设立更多新的科技支行之外，也要努力做好现有科技支行的建设工作。调研中发现，河北银行在科技型信贷产品创新方面遇到的问题主要集中于信贷产品、客户经理、信贷系统三个方面。因此，下一步可以从这三个方面着手实现更好的发展。

一、根据科技型中小企业的人才和知识产权特点设计产品

科技型中小企业主要以科技和人才为主，科技型中小企业中具有大专以上学历的人员占职工总数的比例不低于20%，河北银行科技支行目前所推出的科技型信贷产品主要还是担保贷款，以不动产、流动资产、订单等为主要抵押物，不难看出河北银行没有像江苏省等省份一样注重对人才的扶持，还将贷款的标的集中在企业不动资产等担保物身上，科技型中小企业的生存主要就是靠人才和知识产权专利，河北银行在以后的创新过程中，应当更加注重对人才的支持，包括人才担保，为科技人才办理大额信用卡，但信用卡归企业所有，担保物可有企业和科技主管部门协调处理。只有将人才和知识产权作为贷款的标的，才能激励企业发展，从而也大大降低了企业的贷款成本。

二、根据科技型中小企业客户特点培养专门客户经理

河北银行科技支行成立时间较晚，大多数客户经理熟练掌握了信贷系统，但对于科技型中小企业信贷产品了解不够。河北银行在客户经理

分类方面，只分为小企业和大企业客户经理，没有专业的服务科技型中小企业的客户经理，由于科技型中小企业的贷款相较于普通企业贷款难度更大、风险更高，对于客户经理来说，科技型中小企业贷款与普通企业贷款相比获得的绩效是相同的，但承担的风险大得多，导致客户经理对科技型中小企业漠不关心。针对这一问题，河北银行应设立专门服务于科技型中小企业的客户经理，对这类客户经理进行考核时应采取不同的奖惩制度，对待贷款额度相同、收益相同的专职客户经理，予以超额的资金奖励，例如，上调绩效工资的计算比例，上调绩效工资比例，这样能有效调动客户经理的积极性。河北银行应更加重视这类客户经理，定期对专职客户经理进行培训，及时了解银行的最新产品。

三、根据科技型中小企业特点完善专业信贷系统

河北银行推出了最新的信贷系统中的定价系统，河北银行工作人员可通过定价系统对贷款实行的利率进行计算，对于普通的企业很实用，但面对科技型中小企业来说这项定价系统不够完善，因为科技型中小企业自身的特点导致相对于普通企业来说有明显的不足。一般科技型中小企业在定价系统中形成的贷款利率较高，相对于普通的企业来说利率上调20%左右，这样无形之中增加了科技型中小企业的贷款成本，从而给企业带来更大的压力。如果上调过高甚至会造成企业逆向选择，或者故意违约，这样不仅会对企业造成损失，对河北银行来说也是不小的冲击。因此河北银行应完善信贷系统，首先设置专门的服务系统，采取不同的定价系统以及风险测评，这样不仅有利于解决科技型中小企业的贷款利率，还减轻了客户经理的压力和工作量。

对 策 篇

第九章 省内外科技型中小企业支持政策比较分析

科技型中小企业的发展需要企业自身的合理经营、技术创新和人才培养，同时离不开政府的政策支持。本章对2015年以来中央和河北省出台的各项支持科技型中小企业发展的政策进行了梳理和总结，并通过对河北省与国内几个发达省份和地区的相关政策进行比较分析，发现河北省科技型中小企业在新阶段发展过程中出现的不足和未来发展中需要关注的地方。

第一节 国家出台的支持政策

目前，我国的经济发展正处于转型升级的关键时期，在这样的形势下要重视科技型中小企业的发展，将其放在科技创新工作更加突出的位置。2015年，为更好发挥科技型中小企业在经济社会发展中的引领作用，国家继续出台一些针对科技型中小企业的支持政策，为促进其发展提供良好的环境。

一、国家知识产权评价和保护支持政策

（一）将知识产权作为创新驱动发展评价制度重点

创新是科技型中小企业最重要的生存手段，掌握有自主知识产权，通过技术的投入进行创新是其主要的活动。2015年，国务院发布《国务

院关于新形势下加快知识产权强国建设的若干意见》。该意见指出建立创新驱动发展评价制度应以知识产权为重点。要求完善发展评价体系，国民经济的核算要逐步将知识产权产品纳入其中，同时知识产权指标应纳入国民经济和社会发展规划。按照国家相关规定设置知识产权奖励项目，要加大知识产权评价在各类国家奖励制度中的比重。

知识产权是促进科技型中小企业发展的关键点，国家将知识产权及其产品纳入经济核算的范畴，从而把知识产权放在了经济发展中更重要的位置上。提高知识产权在奖励制度中的权重，为拥有更多自主知识产权的科技型企业提供更强的发展动力和更多的发展空间。

（二）加强新型创新成果知识产权保护

2015 年，国务院发布的《国务院关于新形势下加快知识产权强国建设的若干意见》要求加强新业态新领域创新成果的知识产权保护。注重研究大数据、互联网等领域的知识产权保护规则，完善相关的法律法规。制定众创、众包、众扶、众筹的知识产权保护政策。

在当前互联网高速发展的背景下，大数据时代必将随之而来。大数据是创新驱动的重要因素，它给科技型中小企业的知识服务带来了更多的发展机遇和挑战。在大数据环境下，科技型中小企业的知识服务、知识资源的开发管理、知识资源的交流传播模式和用户的信息行为必将会受到重大影响。国家对大数据领域知识产权保护的重视，为科技型企业在新环境下的发展提供了更可靠的保障。

（三）强化和推进中小企业知识产权金融服务

2015 年，国家知识产权局针对中小微企业的工作任务部署在上一年的基础上继续有序展开。一是深入加强知识产权金融服务，鼓励和支持以银行业为首的金融机构不断开发知识产权质押融资产品，引导担保机构为知识产权质押融资提供担保服务，同时推动设立专利权质押融资风险补偿基金。二是落实有关中小微企业的知识产权政策措施，形成各省、局内单位支持小微企业发展的工作分工。三是要启动知识产权强企工程，根据对各类企业工作情况的调查和情况分析，开展知识产权的强企研究。国家知识产权局在 2015 年发布的《2015 年国家知识产权战略实施推进计划》指出，要支持银行等机构广泛参与知识产权金融服务，鼓励商业银行开发知识产权融资服务产品。支持知识产权评估、担保、交易、法律、信息服务等服务机构进入市场。建立完善专利权质押动态管理系统，鼓励投资机构、担保机构为中小企业专利权质押融资提供服务。推动开展专利执行保险、侵犯专利权责任保险、知识产权综合责任保险等险种业务。另外，要引导鼓励地方政府建立小微企业信贷风险补偿基金，对知识产权质押贷款提供重点支持。

（四）开展中小微企业知识产权的评估、管理和培训工作

国家知识产权局在《2015 年国家知识产权战略实施推进计划》要求中央财政科技计划（专项、基金等）全过程管理中纳入知识产权管理，同时要支持企业开展分析评议工作，提升企业和服务机构的知识产权分析评议能力。另外，该计划还指出要制定完善科研项目知识产权全过程管理的政策措施，在科研项目中要构建知识产权全过程管理评价指标体系，同时建立中小企业知识产权信息平台。除此之外，要建设向社会公开的国家知识产权人才库，做好中小微企业知识产权培训基地工作。

二、国家的金融支持政策

科技型中小企业在发展过程中遇到的关键问题是资金短缺问题，为了推动科技型中小企业的发展，我国政府在金融、科技等方面出台的政策中也将解决该类企业在创业、技术创新中遇到的融资问题放在重点位置上。

（一）加快建设多层次资本市场，改善企业融资环境

为了给科技型中小企业提供更便利的融资方式和更多的融资渠道，解决其资金需求问题，《科技部关于进一步推动科技型中小企业创新发展的若干意见》要求完善多层次资本市场，支持科技型中小企业利用多层次资本市场体系实现改制、挂牌、上市融资。科技型中小企业的融资服务和股权流转可通过各类产权交易市场进行，重视对非上市科技公司股份转让途径的完善。提高债券市场融资在科技型中小企业融资中的比重。《人民银行：改善小微企业融资环境》指出要加强信贷政策指导，督促金

融机构改进对小微企业的金融服务，继续将对小微企业的金融服务作为工作的重点，满足包括中小企业合理的信贷需求。

（二）引导金融机构针对科技型中小企业开展产品和服务创新，拓宽其融资渠道

《科技部关于进一步推动科技型中小企业创新发展的若干意见》指出为了全面落实《中共中央、国务院关于深化科技体制改革加快国家创新体系建设的意见》，引导商业银行开发形式多样的抵质押类信贷业务及产品，从而向科技型中小企业提供系统化的金融服务；融资租赁企业要不断创新融资租赁的经营模式，将创业投资与融资租赁相结合、租赁债权与投资股权相结合；通过互联网金融的发展支持第三方支付、大数据金融等新型业态发展。为做好新形势下的就业创业工作，同时适应融资担保行业改革转型的要求，《国务院关于促进融资担保行业加快发展的意见》要求大力发展政府支持下的融资担保和再担保机构，以省级、地市级为重点，发展一批政府出资为主、实力较强、主业突出、信誉较好、影响力较大的政府性融资担保机构；促进政府主导的省级再担保机构全覆盖基本实现，构建国家融资担保基金、省级再担保机构、辖内融资担保机构的三层组织体系，不断完善风险分担机制，为小微企业提供更多融资支持。

（三）建立和完善科技型中小企业融资担保和科技保险体系

为建立和完善科技型中小企业融资担保体系，要引导设立多层次、专业化的再担保机构和科技担保公司，担保机构若为中小企业提供贷款担保，可实行快捷担保审批程序，反担保措施也可相应简化。融资担保机构要加强自身能力建设，提升实力和信誉；发展普惠金融，通过探索创新为小微企业提供丰富产品和优质服务。政府、银行、担保机构三方要共同参与，小微企业的融资担保风险在政府、银行业金融机构和融资担保机构之间实现合理分担。同时在保险业领域，鼓励保险机构大力发展产品研发责任险、知识产权保险、成果转化险、关键研发设备险等科技保险产品。

（四）发挥融资租赁对科技型中小企业发展的支持和带动作用

我国的融资租赁业在近几年发展速度较快，相关企业的规模和市场竞争力都显著提高，在推动产业创新升级、拓宽中小微企业融资渠道的过程中，融资租赁业正发挥着越来越重要的作用。《国务院办公厅关于加快融资租赁业发展的指导意见》指出，要推动发展针对中小微企业的融资租赁服务。融资租赁公司提供的产品和服务要符合中小微企业特点，同时充分发挥自身融资便利、财务优化、期限灵活等优势。融资租赁公司要加强与科技企业孵化器、中小企业公共服务平台、创业园区等合作，加大支持科技型、创新型和创业型中小微企业，拓宽其融资渠道。

我国的科技型中小企业的发展起步较晚，发展程度也较低，一般规模较小，这使得该类企业在融资过程中先天优势不足。世界经济结构的变化、我国经济产业结构的调整使得科技型中小企业在经济发展中的重要地位日益凸显，随着我国政府近几年支持引导力度的不断加大，科技型中小企业的政策框架和融资体系不断完善。2015 年，国家针对科技型中小企业出台的金融政策，将为其解决在融资过程中遇到的问题提供更多的便利，为其融资渠道的拓展和资本市场的成熟完善做出更多的引导和支持。

三、国家的税收支持政策

2015 年，国家新出台了多个有关科技型中小企业的税收政策，《科技部关于进一步推动科技型中小企业创新发展的若干意见》要求进一步加强对科技型中小企业的财政支持力度，要落实小型微利企业、高新技术企业、技术先进型服务企业、研究开发仪器设备折旧、研究开发费用加计扣除、科技企业孵化器等税收优惠政策，对科技型中小企业要加强政策的宣传和相关培训。加快推动营改增试点，完善结构性减税政策。国家税务总局和财政部出台的相关政策主要集中在研发费用扣除、技术转让、企业所得税和职工教育等方面。

（一）研究开发费用的税前加计扣除

为了鼓励企业进行研究开发活动，同时规范研究开发费用，《财政部、国家税务总局、科技部完善研究开发费用税前加计扣除政策》对企业研发费用的税前加计扣除作出了规定。政策指出企业在研发活动中发生的研发费用，未形成无形资产计入当期损益的，在据实扣除后按照本年度实际发生额的50%，从本年度应纳税所得额中扣除；形成无形资产的，按照无形资产成本的150%在税前摊销。研发费用具体包括直接投入费用、人员人工费用、无形资产摊销、折旧费用等。

国家税务总局《关于贯彻落实研发费用加计扣除和全国推广自主创新示范区所得税政策的通知》在上一项政策的基础上再次要求，将原适用于国家自主创新示范区的有限合伙制创投企业抵扣应纳税所得额，居民企业转让5年以上非独占许可使用权所得减免企业所得税，中小高新技术企业向个人股东转增股本、高新技术企业对企业技术人员进行股权奖励可以在5年内分期缴纳个人所得税4项所得税政策，在全国范围内推广实施。

两项文件的出台为促进产业结构升级，以定向结构性减税拉动有效投资，进一步推动科技型中小企业等依靠技术生存发展的企业提供了强有力的政策支持。

（二）中小高新技术企业的所得税优惠政策

财政部、国家税务总局出台的《关于将国家自主创新示范区有关税收试点政策推广到全国范围实施的通知》将国家自主创新示范区的相关所得税政策推广到了全国范围，其主要内容涉及投资、技术转让、企业转增股本和股权奖励四个方面。

1. 自2015年10月1日起，有限合伙制创业投资企业通过股权投资方式投资于未上市中小高新技术企业满24个月的，该企业的法人合伙人可根据其对未上市中小高新技术企业投资额的70%抵扣该法人合伙人从该有限合伙制创业投资企业分得的应纳税所得额，若当年不足抵扣可在以后纳税年度结转抵扣。

2. 自2015年10月1日起，在企业所得税优惠的技术转让所得范围中纳入全国范围内的居民企业转让5年以上非独占许可使用权取得的技术转让所得。居民企业的年度技术转让所得不超过500万元的部分免征企业所得税，超过500万元的部分减半征收企业所得税。

3. 自2016年1月1日起，全国范围内的中小高新技术企业以未分配利润、资本公积、盈余公积向个人股东转增股本时，个人股东一次缴纳个人所得税有困难时，可立足自身实际自行制定分期缴税计划，在不超过5个公历年度内（含）分期缴纳，同时将有关资料报主管税务机关备案。

4. 自2016年1月1日起，全国范围内的高新技术企业转化科技成果，给予本企业相关技术人员股权奖励的，个人一次缴纳税款有困难时可立足自身实际自行制定分期缴税计划，在不超过5个公历年度内（含）分期缴纳，同时将有关资料报主管税务机关备案。

（三）高新技术企业职工教育经费扣除政策

财政部、国家税务总局《关于高新技术企业职工教育经费税前扣除政策的通知》要求，自2015年1月1日起，高新技术企业发生的职工教育经费支出，不超过工资、薪金总额8%的部分，准予在计算企业所得税应纳税所得额时扣除；超过部分，准予在以后纳税年度结转扣除。该项规定有利于推动高新技术企业对职工的技术培训，提高职工的技术素养，对高新技术企业的发展起到了促进作用。

（四）小型微利企业的税收优惠政策

为了支持小微企业发展，推动税务部门和银行业金融机构之间的信息交流、沟通，创新针对小微企业的金融服务，从而解决小微企业的融资难等问题，2015年国家税务总局和银监会在全国范围内共同建立银税合作机制，开展“银税互动”推动小微企业的发展。

国家一直重视小型微利企业的发展，2015年3月13日财政部和国家税务总局出台的《关于小型微利企业所得税优惠政策的通知》指出自2015年1月1日至2017年12月31日，对年应纳税所得额低于20万元（含20万元）的小型微利企业，其所得减按50%计入应纳税所得额，按20%的税率缴纳企业所得税。在此基础上，2015年9月2日财政部和国家税务总局再次发布《关于进一步扩大小型微利企业所得税优惠政策范围的通知》，指出自2015年10月1日起至2017年12月31日，对年应纳税所得额在20万~30万元（含30万元）之间的小型微利企业，其所得减按50%计入应纳税所得额，按20%的税率缴纳企业所得税。

另外，财政部和国家税务总局还出台了《关于进一步完善固定资产加速折旧企业所得税政策的通知》。该通知规定对机械、汽车、轻工、纺织等四个领域重点行业的企业2015年1月1日后新购进的固定资产，企业可选择缩短折旧年限或采取加速折旧的方法。该规定减轻了医药制造业、通用设备制造业等领域内的科技型中小企业在发展过程中的税收负担。科技型中小企业对技术要求较高，技术更新换代较快，加速折旧法也可以减少其固定资产因技术淘汰而提前报废所产生的损失。几项措施都大大降低了企业在发展过程中的负担和可能遇到的损失，为其发展提供了有力的政策支持。

国家为促进小型微利企业的发展出台的一系列优惠政策为包括科技型中小企业在内的众多小微企业拓宽了发展之路，减少了发展的障碍，使其在新的经济形势下能够充分焕发自身活力，发挥自身优势，为经济社会的发展提供动力。

四、创业投资引导基金的支持政策

继2014年国家制定了有关科技型中小企业的创业投资引导基金项目后，2015年国家继续加强对引导基金的支持力度，出台多项意见加快引导基金的设立，壮大创业投资的规模。

《国务院关于大力推进大众创业万众创新若干政策措施的意见》指出要建立和完善创业投资引导机制。参与新兴产业创投计划参股基金的社会资本应进一步扩大规模，创业投资应尽量向创业企业起步成长的前端延伸。加快设立国家中小企业发展基金和国家新兴产业创业投资引导基金。同时鼓励各地方政府加快设立创业投资引导基金。促进科技型中小企业创业投资引导基金、国家科技成果转化引导基金、国家新兴产业创业投资引导基金、国家中小企业发展基金等协同联动。

为促进初创期科技型中小企业成长，《国务院关于进一步做好新形势下就业创业工作的意见》要求运用财税政策，支持风险投资、创业投资、天使投资等发展，从而促进新兴产业领域早中期、初创期企业发展。要发挥多层次资本市场作用，加快创业板等资本市场改革，强化全国中小企业股份转让系统融资、交易等功能，规范发展服务小微企业的区域性股权市场。

五、国家的财政支持政策

为给中小企业提供更全面的优惠发展政策，营造更好的发展环境，国务院、财政部在2015年继续通过财政资金来支持中小企业的发展，先后在《国务院办公厅关于发展众创空间推进大众创新创业的指导意见》关于印发《中小企业发展专项资金管理暂行办法》的通知、《国务院关于加快构建大众创业万众创新支撑平台的指导意见》等文件中对促进包括科技型中小企业在内的中小企业发展在财政资金的支持方面作出明确指示。

1. 加强财政资金的引导。通过中小企业发展专项资金，运用投资保障、阶段参股等方式，引导创业投资机构投资于初创期科技型中小企业。国家新兴产业创业投资引导基金要带动社会资本，将战略性新兴产业和高技术产业早中期、初创期创新型企业作为重点支持对象。发挥国家科技成果转化引导基金的作用，推动科技成果的转移转化。

2. 落实财政支持政策。要根据中小企业所处的发展阶段和环境不断创新财政科技专项资金的支持方式，支持有条件的企业通过众创、众包的方式开展科技活动，充分利用“互联网＋”等新技术模式，促进采用四众模式小微企业的发展。

3. 利用中小企业发展专项资金带动地方积极探索扶持中小企业的有效途径，改善中小企业的发展环境。省级财政、科技、商务、工信、工商行政管理等部门应引导小微企业创业创新基地示范城市加大对重点工作的支持，示范城市应积极先行先试。

实现创新驱动需要科技型中小企业的引领，现阶段科技型中小企业的发展少不了国家的财政支持。作为在整个中小企业群体中最具活力、技术含量最高的群体，国家对科技型中小企业在财政资金上的支持有利于挖掘其巨大的发展潜力，发挥其在中小企业中的示范带动作用，从而促进经济发展方式的转变，加快经济社会的发展。

六、国家的其他支持政策

除上述几个方面的支持政策，《中共科学技术部党组关于落实创新驱动发展战略加快科技改革发展的意见》《科技部关于进一步推动科技型中小企业创新发展的若干意见》还就科技型中小企业在发展过程中所涉及的技术创新、集聚化发展、人才培养等方面作出了指导性的意见。

1. 支持科技型中小企业建立研发中心，积极进行技术改造。科技型中小企业要提升其技术创新的支撑和服务能力，大力建设工程技术研究中心、企业技术中心等研发机构，对于有自主产权并形成良好经济社会效益的科技型中小企业要重点扶持。鼓励中小企业进行技术升级改造，利用新技术、新工艺优化产品结构。

2. 政府采购要支持科技型中小企业技术创新。贯彻落实政府采购扶持中小企业发展的相关政策，同等条件下支持优先采购科技型中小企业的产品和服务。

3. 健全企业主导的产学研协同创新机制，提升企业科技创新能力。激发中小企业创新活力，制定科技型中小企业标准，开展科技型中小企业培育工程试点，完善区域性中小企业技术创新服务平台建设布局，发展壮大一批“科技小巨人”。

4. 充分发挥国家高新区、产业化基地的集聚作用。以国家高新区、现代服务业产业化基地、创新型产业集群、火炬计划特色产业基地等为载体，引导科技型中小企业逐步形成布局集中、产业集聚、土地集约的发展模式，推动科技型中小企业集群式发展。

5. 实施有利于科技型中小企业吸引人才的政策。科技型中小企业在引进和培养创新人才时可与目前实施的国家高技能人才振兴计划、海外高层次人才引进计划等国家重大人才计划相结合，同时鼓励其与高等学校、职业院校建立定向、订单式的人才培养机制，高校毕业生到科技型中小企业就业应予以支持，并给予档案免费保管等扶持政策。

6. 完善科技型中小企业技术创新服务体系，发挥专业中介机构和科技服务机构的作用。充分发挥各地方在区域创新中的主导作用，加快建设各具特色的科技型中小企业技术创新公共服务体系的进度，同时扩大中小企业中介服务机构的服务领域。科技服务机构应充分发挥作用，积极面向科技型中小企业开展服务。

综上，可以看出国家为了促进科技型中小企业的发展，除了在财政、税收、知识产权保护等方面出台政策外，在协同创新、集聚发展、完善服务体系和人才培养方面为科技型中小企业提供了更全面的政策支持。国家政策涉及范围更广、更全，为科技型中小企业建立了全方位、高层次的政策体系，可以看出国家对科技型中小企业的发展越来越重视，这也为其充分发挥在经济社会发展中应有的作用奠定了更好的政策基础，使科技型中小企业有更好的发展前景。

第二节　其他地区出台的支持政策

为推动区域内经济的可持续发展，切实解决经济发展中的结构性问题，国内多个省份和地区都立足自身实际情况，根据区域内经济所处的发展阶段出台促进科技型中小企业发展的扶持政策。本节汇总了国内几个发达地区实施的发展科技型中小企业的支持政策。

一、北京市的支持政策

北京市为建设成为全国科技创新中心，在促进首都经济提质增效的同时带动京津冀协同发展，针对科技型中小企业发展出台了多方面的支持政策。

1. 强化人才服务。为来京创业的海外人才提供创办企业的启动资金，中央在京和市属高等学校以及科研院所等事业单位要积极开拓聘用外籍人才的渠道。鼓励科技人员创业，支持高等学校和科研院所增设科技成果转化岗位，拥有科技成果的教师和科技人员为专职创办企业可以在一定期限内离开原岗位，同时教师可兼职参与科技成果转移转化。

2. 强化金融服务。围绕中关村建设国家科技金融创新中心，优化资本市场，推动高新技术企业挂牌；银行业金融机构要加快构建包括科技信贷、融资租赁和科技保险等在内的创业金融服务体系，从而为创业企业提供系统化、一站式金融服务。

3. 强化公共平台服务。充分发挥中关村开放实验室、首都科技条件平台等公共条件平台的作用，支持高等学校和科研院所向社会开放共享科技成果、人才资源和科研仪器设备，为初创期科技型企业提供委托研发、联合研发等服务。北京技术市场等技术转移转化平台要重点关注初创期科技型企业技术转移转化需求，推动其科技成果转化落地。

4. 推动科技文化融合创新。鼓励科技型中小企业与骨干文化创意企业展开多层次合作；大力推进北京“设计之都”建设，支持各类中小微设计企业创新发展；同时，开展科技文化关键共性技术攻关与成果推广应用。

5. 完善科技成果转化机制。赋予高等学校、科研院所科技成果自主处置使用权；支持拥有科技成果的高等学校、科研院所科技人员创办科技型企业并持有股权，同时对高等学校、科研院所等以科技成果作价入股的企业，放宽股权出售和奖励对企业盈利水平和设立年限的限制。

6. 强化知识产权服务。支持全国知识产权运营公共服务平台在京落地；推动建设中关村国家知识产权服务业集聚发展试验区，培育知识产权的新兴服务业态。

北京市作为我国的政治、经济中心，在整个创新驱动发展战略实施过程中具有重要的辐射和示范作用。北京处于最具有发展潜力的环渤海城市群中心，在科技、人才等方面具有明显的优势，这对科技型中小企业的发展具有重要推动作用。在京津冀一体化的进程中，北京处于核心位置，除了做好自身科技型中小企业的发展，还要对津、冀发展提供重要的人才、技术等方面的支持。北京市对推动科技型中小企业发展过程中出台的扶持政策涉及范围较广，为科技型小微企业在发展过程中可能遇到的各方面问题都做了较详尽的政策指导，相比于其他地市的支持政策，北京市更重点发挥自身的人才和技术优势，同时大力推进建设中关村国家自主创新示范区，为环渤海经济圈乃至全国范围内各省市科技型中小企的发展作出良好的带动和示范作用。

二、天津市的支持政策

作为京津冀协同发展的重要一环，天津市一直非常重视科技型中小企业的发展。

2015 年，天津市印发了科技小巨人升级版的配套文件，对推动科技小巨人企业的发展作出了详细而全面的政策指导。实施科技小巨人大品牌培育计划，推动实施“小升高”工程、“小壮大”工程和并购“双百”工程。建设企业上市融资工程，支持企业股份制改造，利用境内外多层次资本市场实现上市和挂牌，实现到 2020 年完成 750 家科技型企业的股份制改造，上市和挂牌科技型企业达到 400 家。大力引进和培养高端科技人才，深入实施“千人计划”“千企万人支持计划”等。不断优化技术平台服务、科技金融服务和园区服务。同时，为推动科技小巨人企业的发展，天津市财政在“十三五”期间会安排 30 亿元的政府担保基金、创业投资引导基金和天使投资引导基金等；安排 20 亿元奖励首次获批的高新技术企业、完成股份制改造的科技型企业等；安排 25 亿元支持企业能力建设。

除了落实打造科技小巨人升级版的各项工作任务，天津市还对促进中小微企业的发展出台了一些扶持政策，主要内容有：

1. 为加快建设国家自主创新示范区，对金融机构向经国家认定的高新技术企业中的中小企业、科技小巨人企业发放的信用贷款（含知识产权质押贷款），贷款本金损失的风险补偿比例提高至 70%。

2. 鼓励大学生和科技人员创业。支持高校建设创业实践和孵化基地，将大学生创业扶持期由3年延长至7年，即毕业前2年和毕业后5年。支持高等院校、科研院所和国有企事业单位的科技人员离岗创业，其中在津转化科技成果或创办科技型中小企业的，5年内保留其原有身份、编制和职称，档案工资正常晋升。

3. 支持企业利用多层次的资本市场谋求发展。推动企业境内外上市融资，重点培育符合条件的科技型企业到创业板上市。支持设立天使投资引导基金和创业投资引导基金，投资初创期科技型中小企业。

天津市在2015年推动科技型中小企业发展过程中，将工作重点放在科技小巨人企业的发展上。重视对科技小巨人的品牌培育，实施三大工程建设，同时给予人才、财政资金的支持，不仅对于科技小巨人企业的发展具有实质性作用，同时对促进处于种子期、初创期的科技型小微企业的实力提升，推动其尽快向科技小巨人企业的转变有重要的带动作用。天津市做好自身科技型中小企业的发展，会对京津冀协同发展过程中河北省相关企业的发展起到一定的引导和带动作用。

三、山东省的支持政策

1. 培植一批小微企业成长为高新技术企业。利用现有的省级财政科技资金，实施小微企业“小升高”助推计划，加强对小微企业的辅导培养，提高其创新能力。小微企业申报高新技术企业被省高新技术企业认定管理机构受理的，对其申报过程中实际发生的专项审计、咨询等费用给予资金补助。首次申报的小微企业按40%补助；首次申报未通过的，再次申报时按20%补助。力争到2020年培育小微高新技术企业1 000家。

2. 加强科技资源的共享服务。支持国家和省级重点实验室工程（技术）研究中心向社会开放，实现科技资源的共享，为科技型小微企业提供研发服务。

3. 加快省级股权投资引导基金运作。设立省级科技成果转化、天使投资等引导基金，重点支持种子期或初创期科技型、创新型小微企业发展。

4. 加快小微企业创业基地、科技企业孵化器建设。2015～2016年，每年评估认定 30 家省级创业孵化示范基地、创业示范园区（含省级大学生创业孵化示范基地、创业示范园区），根据企业个数和就业人数，给予每处不超过 500 万元的一次性奖补资金。

5. 健全技术交易的相关政策保障机制。由科技、财政、税务等部门共同认定一批符合条件的企业类的技术交易机构、技术交易中介服务机构为高新技术企业，并对其减按 15% 的税率征收企业所得税；符合条件的科技服务企业发生的职工教育经费支出，不超过工资薪金总额 8% 的部分，准予在计算应纳税所得额时据实扣除。支持科技型小微企业以技术交易为抓手参与创新，对通过技术市场获得技术成果并实现产业化的科技型小微企业，省科技计划给予优先支持。

四、浙江省的支持政策

1. 贯彻落实小微企业减税政策。自 2015 年 1 月 1 日至 2017 年 12 月 31 日，小型微利企业的年应纳税所得额低于 20 万元（含 20 万元）的，其所得减按 50% 计入应纳税所得额，企业所得税适用于 20% 的税率。

2. 加大小微企业科技创新扶持力度。对有创办小微企业意愿的科技人员、大学生和回国留学人员给予鼓励支持。支持科技人员领办创办科技型小微企业，在完成本职工作和不损害本单位利益的前提下，省内高校、科研院所科技人员征得单位同意后获得的在职创业收入照章纳税后归其个人所有。鼓励民间资本投资科技型企业，有限合伙制创业投资企业对外投资获得的利息、股息、红利，作为投资者个人所得，按“利息、股息、红利所得”项目，适用 20% 税率缴纳个人所得税。

3. 加强财政资金的支持和引导。要充分发挥省、市、县三级及高新园区设立的科技型中小微企业扶持专项资金、创业投资种子资金和引导基金的作用，引导创业投资机构投资初创期科技型中小微企业。每年对全省范围内的众创空间评价结果进行排名，排名结果在前 20 位的，每家给予一次性奖励 50 万元，在省级科技型中小企业扶持专项资金中调剂安排。省财政对培育、扶持科技型中小微企业措施得力、成效显著的市、县（市、区）进行绩效奖励。

4. 提升孵化器的服务水平，完善创业服务体系。要加强各类孵化器与天使投资、创业投资相结合，同时尝试建立孵化器创业投资风险补偿机制和风险资金池，对合作金融机构向列入创客企业库的企业发放的贷款首次出现不良情况，由风险资金池对坏账给予一定补偿。

五、重庆市的支持政策

1. 大力提升企业的技术研发创新水平。重点围绕电子信息、高端设备、节能环保和生物医药等优势产业培育10家以上在国内同行业中具有领先地位的企业研发创新中心；充分利用国家对于高新技术企业的财税优惠政策，加大企业的研发投入力度，培育600家市级企业技术中心。

2. 完善科技成果的转化激励政策。对科技人员要加大股权激励力度，提倡以科技成果作价出资创办企业，高新技术企业和科技型中小微企业科研人员利用科技成果转化取得企业股权的，可按规定在不超过5个公历年度内分期缴纳个人所得税。

3. 设立投资引导基金。大力发展科技创业风险投资引导基金，利用基金优势引导社会的风险投资，重点扶持高成长性的科技型企业。另外，通过设立天使投资引导基金重点扶持1 000家科技型“小巨人”企业等在内的在孵企业、科技创业人才和项目。

4. 加强金融对创新的支撑作用。积极推动科技保险，支持保险企业在渝推广面向科技创新企业的高新技术企业产品研发专利保险、小额贷款保险等险种；鼓励银行等金融机构简化对创新型企业和项目的贷款审批手续，同时对其贷款实行基准利率。

5. 促进知识产权和金融资源融合，鼓励科技型中小企业开展知识产权质押融资。引导创业投资、质押融资和科技风险担保实行“投贷保”联动，加速培育科技型中小微企业。对知识产权质押融资进行风险补偿，审定的企业知识产权质押贷款坏账本金损失不超过30%的部分将会受到补偿，每笔贷款的补偿上限不超过人民币150万元。

重庆市作为我国长江上游地区的经济和金融中心，对长江上游整个区域的发展具有非常重要的带动和示范作用。重庆市在2015年支持科技型中小企业的发展过程中，在将自身定位于长江上游科技创新中心和创新型城市的基础上，按照“一带一路”倡议和长江经济带发展战略指向要求，加大技术研发的力度，促进科技成果的转化，采取的各项措施都以提高科技创新水平为重点，重点扶持科技小巨人企业的发展和科技创新人才的培养，为自身以及整个长江上游地区科技水平的提高和科技型中小企业的发展起到重要的促进和带动作用。

第三节　河北省出台的支持政策

我国经济进入新常态，在大众创业、万众创新成为引领时代发展重要主题的大背景下，河北省把“以科技创新支撑河北绿色崛起”作为近年来发展的指导战略。河北现在面临着“三期叠加”的普遍矛盾，经济发展过程中结构性问题很突出。为促进产业结构优化升级，推动经济社会快速发展，河北省省委、省政府充分认识到科技型中小企业对调结构、稳增长、惠民生的重要意义。2015 年，政府继续针对科技型中小企业出台了包括资金支持、科技金融服务、人才培养和知识产权保护等多方面的扶持政策，推动其向更高层次发展。

一、河北省的科技型中小企业发展计划

京津冀协同发展对于河北省的发展来说是一个重大的机遇，而科技型中小企业的发展也应充分抓住这一机遇，对接京津，协同发展。河北省 2015 年制定的新发展目标是年内要新增科技型中小企业 1.2 万家，科技型中小企业总数年内达到 2.5 万家。其中，科技小巨人企业达到 1 000 家，高新技术企业达到 1 500 家，新增知识产权 3 万件以上。截至 2015 年 9 月上旬，河北省经认定的科技型中小企业就已经达到 2.25 万家，上半年全省科技型中小企业增长数量就已经超过 2014 年全年的增长数量。

为了实现科技型中小企业的跨越式发展，河北省根据其所处的发展阶段和特点，实施苗圃工程、雏鹰工程、科技小巨人工程、“新三板”上市工程等四项工程，从政策、资金、服务、人才等方面对科技型中小企

业进行差异扶持、梯度培育。苗圃工程以提高初创期企业成活率、种子期项目创意转化率为目标，推动发展一批科技企业孵化器、创新工场、众创空间，为企业提供创业孵化的场地；加快建立健全风险补偿机制，拓宽企业的融资渠道，从而为企业提供更多的资金支持；加快设立专项扶持资金，在短时间内培养起一批科技型中小企业；开展创新创业培训服务，迅速提升科技型中小企业的生存发展能力，从而快速提高其数量。雏鹰工程主要为促进成长期企业新产品产量的提升和科技成果转化能力的提高，强化金融支持、政府采购等工作；设立贷款风险补偿金，支持商业银行新设科技支行，引导金融、担保和保险机构等为企业提供更全面的金融服务；利用项目带动，促进企业技术创新能力和产品层次的提升；加大政府采购力度，带动新技术新产品在全社会的推广应用。科技小巨人工程目标在于打造行业领军企业，将政策聚焦于金融支持、财政投入等方面，建立研发机构，突破一批居国际领先水平的核心技术，形成自主知识产权，壮大自主品牌，形成一批拳头产品，培养新型企业家，促进小巨人企业迅速做大做强。“新三板”上市工程实行“一企一策”，为重点企业建立“成长路线图”，帮助其规划成长路径；加强上市辅导培训，会同证监等部门组建改制上市服务团队；针对企业改制、挂牌过程中的部分相关费用设立上市专项资金，为其提供补贴和奖励，鼓励有条件的企业在境内外上市。

为了让科技型中小企业增质增量，河北省正在不断加强平台建设。围绕企业需求，重点加强建设众创平台、研发平台、园区平台、与京津共建平台、公共服务平台五大类平台。其中，通过加强引进京津众创空间品牌来搭建更多的众创平台，支持京津创业导师利用老旧厂房、闲置房屋、商业设施等资源在河北领办、创办众创空间，支持新引进的品牌在河北设立分支机构；鼓励京津创业导师、知名创客与河北煤老板、钢老板、矿老板等实力强的传统资源型企业共建众创空间；引导科技型领军企业根据自身创新需求和产业链上下游配套，建设众创空间。加快建设创新创业平台空白设区市的科技企业孵化器、众创空间等，支持每个设区市建设1家国家级孵化器。与京津共建平台时，优先批准纳入京津冀共建计划的高新区设立省级高新区；重点支持新能源汽车、机器人等30个创新型产业集群的培育，促进高新技术产业集群化、协同化、创新化发展。围绕曹妃甸区、渤海新区、北戴河新区、正定新区、冀南新区等区域增长极建设，河北省与京津科研院所、科技型大集团合作共建研发平台；推动京津冀技术交易市场一体化，支持每个设区市建立一个区域性技术交易市场，支持中国技术交易所、中国国际技术转移中心、北京中关村技术交易中心等在河北省设立一批分支机构，建立京津冀技术交易联盟，从而促进京津科技成果在河北省转化，促进互联互通和重大科技成果落地河北。为了承接北京非首都功能疏解和产业转移，河北省的园区平台建设着眼于在科技成果的转移转化上下功夫，加快打造战略性平台，对接京津技术转移基地，构建起京津科技成果转化的高地。另外，河北省为推动区域内的重点产业和特色产业发展，加快建设产业技术研究院、技术联盟、工程中心和公共技术服务机构在内的公共服务平台，从而为科技型中小企业的创新发展带来更多的便利。

二、河北省的金融支持政策

科技型中小企业的融资问题是其发展过程中政府需要重点关注的问题，河北省充分认识到这一点，为推动科学发展、绿色崛起，省政府将科技与金融的融合放在工作的重要位置上，为科技型中小企业营造良好的金融环境开辟道路。

《河北省人民政府关于促进科技金融深度融合的意见》为解决科技型中小企业的融资问题，提高针对科技型中小企业的科技金融服务水平作出了明确而具体的要求。具体内容有：

（一）加大科技企业的融资力度

1. 建立科技信贷专营机构。为给科技企业提供重点服务，推动银行业金融机构在科技资源集聚的地区新设或改造一批科技支行，每个设区市应尽量设立1家以上科技支行，有条件的县（市、区）应逐步增设科技支行。要充分发挥科技小额贷款公司在为小微科技企业提供贷款服务中的重要作用。新开办的科技分（支）行、科技小额贷款公司的同级财政，自批准设立起3年内按这类银行和公司对地方经济的贡献度给予奖励。同时，鼓励有条件的民间资本建立民营科技银行。

2. 创新信贷产品和服务。扩大金融机构开展股权、仓单、订单、应收账款和票据等质押贷款规模。支持发展信用保险保单和贷款保证保险保单质押业务，鼓励银行与保险公司采取“政府+保险+银行”的风险共担模式展开合作，使科技型中小企业能够在无担保、无抵押的情况下同样获得贷款。商业银行要尝试为企业创新活动提供股权和债权相结合的融资方式，与创业投资、股权投资机构实现投贷联动。同时，政策性银行要不断创新金融产品和服务方式，加大对符合条件的科技型企业创新活动的信贷支持力度。科技型企业要实现“走出去”，不断提高国际影响力，这离不开金融机构的支持，对此要鼓励金融机构开展跨境人民币结算、外汇及人民币贷款、国际保理和海外投资保险、内保外贷、贸易融资等综合金融服务，为科技企业走出国门提供更多便利。鼓励京津法人金融机构开展跨区域授信，在河北省设立区域审贷中心。设立省级科技型中小企业贷款风险补偿金，建立商业银行支持科技型中小企业贷款的风险补偿机制。

3. 加强科技保险服务。在国家高新技术产业化基地和高新技术产业开发区，保险公司要建立科技保险专营机构。开发推广科技企业履约保证保险、产品研发责任保险、知识产权保险、成果转化保险和出口信用保险等产品。有条件的市、县（市、区）对科技型中小企业购买经科技部、中国保监会批准的科技保险产品予以保费资助。推动保险资金投资符合条件的创业投资基金，投资企业股权、债权和资产支持计划等。

4. 推动知识产权质押融资。鼓励金融机构开展以知识产权组合为基础的资产管理、信托等业务。拓展专利权、商标权等知识产权投融资服务。建立知识产权质押物评估、处置和交易机制。落实河北省专利权质押贷款贴息政策，对通过知识产权质押融资的企业，补贴其贷款利息的50%，最高不超过50万元。

5. 提高担保增信能力。鼓励融资性担保公司为初创期、成长期高新技术企业提供融资担保服务，将科技型中小企业融资担保产生的代偿损失纳入省级风险补偿金覆盖范围。支持发展政策性科技融资担保公司。

6. 开展融资租赁。有条件的科技企业要设立融资租赁公司直接开展融资租赁业务。支持融资租赁公司、金融租赁公司为科技企业、科研院所等开展研发和技术改造，提供大型设备、精密器材等租赁服务。支持融资租赁企业运用上市、保理、发行债券、信托和基金等方式融资。

（二）拓宽科技企业融资渠道

1. 利用多层次的资本市场融资。符合条件的科技型中小企业，应积极在主板（含中小板）、"新三板"、创业板、石家庄股权交易所等境内多层次资本市场和境外市场上市挂牌融资，河北省财政厅对在境内外主板或创业板上市的企业奖励200万元，对在"新三板"挂牌的企业奖励150万元，对在股权交易市场挂牌的企业奖励30万元。支持上市、挂牌科技企业通过增发股份和发行债券等方式实现再融资。

2. 通过债券市场融资。鼓励科技企业积极发行公司债券、企业债券、短期融资券、集合票据和私募债券等。推广区域集优债等适合科技企业融资的模式。对拟发债科技企业的中介服务费、前期费用和培训费等进行补贴。

3. 培育创新型孵化器。对新认定的省级众创空间要分类给予一定的财政补助，用于初期开办费用、服务平台建设和设备购置等。根据年度服务绩效，省、市对众创空间等新型孵化机构的房租、中介服务、开发工具和创业培训等给予适当补贴，其中省级补贴额度最高不超过20万元。

4. 完善科技企业信用体系。建立和完善科技企业信用信息归集、共享机制，畅通政府、金融机构和科技企业间的信息共享渠道。开展科技企业信用评级，建立科技企业信用预警和黑名单制度，推动科技企业实现信用融资。

在河北省政府为促进科技型中小企业发展所出台的金融支持政策的引导和要求下，河北省银行业推出一系列支持科技型中小企业发展的新举措。

1. 河北省首批为破解科技型中小企业融资难问题的科技支行挂牌。

科技支行会在省内首推科技型中小企业履约保证保险贷款业务，即“科保贷”。该产品以河北省部分科技专项资金为风险补偿基金，由河北银行放大20倍，配套专项信贷额度，搭建了政、银、险、企信息沟通平台，解决了企业担保难的问题。继河北省首家科技支行——河北银行裕东科技支行正式挂牌后，河北银行唐山科技支行、北京银行河北省科技支行也相继挂牌。

2. 河北省银行业推出四大举措定向支持科技型中小企业。

（1）加强银企对接，解决银企信息不对称问题。河北省通过开启政府提供企业信息、银行发放贷款、监管部门督促引导的三方合作模式实现政企的有效沟通。河北银行与省科技厅签订50亿元授信意向的战略合作协议，推出“科冀贷”系列金融产品；同时与省工信厅签订100亿元授信意向的战略合作协议，推动河北省制造型企业迅速完成转化升级改造。

（2）利用政府风险补偿资金的杠杆放大作用实现批量客户融资。中国建设银行河北省分行的“助保贷”产品，在省内推广该产品平台65个，发放贷款190户9.4亿元。

（3）积极引入第三方机构形成合力。2015年张家口商行通过“政保银”合作模式引进保险机制，实现地方财政局建立风险补偿专项资金、保险公司担保、银行放款。

（4）开展知识产权融资业务。河北省为解决科技型中小企业的轻资产、担保难等问题，积极研发并推出知识产权质押贷款产品。

三、河北省的财政支持政策

政府的财政资金支持对科技型中小企业的发展具有重要的引导和促进作用。2015年，河北省政府对科技型中小企业的创新发展持续出台了一系列扶持措施。河北省财政厅印发的《关于财政支持科技型中小企业创新发展的十项措施》对科技型中小企业的发展作出了几点要求，主要内容有：

1. 发展股权投资。省财政安排3 000万元，参股设立1亿元省天使投资引导基金，同时安排1亿元支持设立省级科技成果转化股权投资引导基金，并注资3 000万元，支持创业投资的发展。

2. 拓宽融资渠道。为鼓励科技型中小企业上市融资，河北省财政对在境内外主板或创业板上市的企业奖励200万元，在“新三板”挂牌的企业奖励150万元，在股权交易市场挂牌的企业奖励30万元。另外，省财政会根据融资额度给予利用专利权质押取得贷款的企业50万元以内补助。

3. 吸引省外人才来河北省创业。政府对科技型中小企业引进高层次的科技创新人才会给予50万元以内的补助。拥有自主知识产权和先进技术的人才或团队到河北省实施科技成果项目转化，经评审后政府给予100万~300万元的科研经费支持。

4. 实施风险补偿。如果合作银行在向依法纳税的科技型中小企业发放贷款的过程中形成坏账损失，政府会按比例给予补偿；承保保险公司和科技型中小企业申请小额贷款保证保险会分别给予风险补偿和保费补贴。河北省财政为推动政策性科技融资担保公司的发展，每年通过资本金注入、业务补助等方式安排2 000万元的资金支持。

除上述措施外，为加强科技型中小企业创新专项资金管理，河北省通过省级财政预算安排创新资金，利用财政资金支持、引导科技型中小企业开发有良好市场前景的前沿核心关键技术。对于苗圃工程中成长性和创新性强的初创期企业，通过无偿资助方式给予支持；对于雏鹰工程中具有核心技术和良好市场潜力的成长期企业，通过购买服务、贷款贴息等方式给予支持；科技小巨人工程中市场前景广阔、有雄厚技术实力的科技型中小企业，通过后补助、贷款贴息等方式给予支持。另外，公共科技服务体系中能为企业技术创新提供研发设计、检验检测、技术培训、技术转移等专业化服务的公共科技服务机构，要通过后补助、购买服务等方式给予支持，提升机构服务企业技术创新的质量和能力。

四、河北省的科技服务政策

（一）科技服务业重点发展领域

1. 研究开发服务。加强关键共性技术攻关。鼓励产学研联合创新，建立以企业为主导，高校和科研学院共同参与的技术创新联盟。鼓励京津高校、院所和央企与河北省开展合作创新，或在河北省设立研发机构。推动企业研发机构的建设。依托重点高校和骨干企业，新建一批研究、创新中心。到2017年，省级以上工程技术研究中心达到250家，企业技术中心达到530家，工业设计中心达到50家，协同创新中心达到30家，重点实验室达到100家，工程实验室达到145家，产业技术研究院达到50家。

2. 技术转移服务。建设一批区域性技术交易市场。加快基于互联网的在线技术交易模式发展。充分利用北戴河高科技成果展、北京科博会、技术进出口交易会等平台，促进国内外技术成果向我省转移。鼓励技术转移机构和企业之间探索新型技术转移合作模式，提升技术转移机构的增值服务能力。

3. 检验检测认证服务。推进国有检验检测认证机构转企改制，同时鼓励国内外检验检测机构在我省设立分支机构。进一步放开检验检测认证机构市场准入，鼓励省内大型检验检测认证机构在各类科技园区设立分支机构。在京津冀范围内打造一体化检验检测认证模式，推进检验检测认证机构资质和检验检测结果互认。

（二）科技服务业重点发展区域

1. 建设京津冀协同创新科技服务聚集区。以环首都的白洋淀科技城和保定、唐山等高新技术产业开发区为重点，引进京津地区的技术研发、技术转移、成果孵化、科技金融等服务机构聚集发展，形成京津冀协同创新的科技服务聚集区。

2. 建设科技服务业创新发展试点区域。支持国家高新技术产业开发区争创国家科技服务业创新发展区域试点，利用国家政策推动科技服务业加快发展。面向各类科技园区、经济（技术）开发区和创新基地，培育认定一批省级科技服务业创新发展区域试点。

五、河北省人才支持政策

《河北省人民政府关于发展众创空间推进大众创新创业的实施意见》

《关于财政支持科技型中小企业创新发展的十项措施》《河北省人民政府关于加快科技服务业发展的实施意见》《河北省促进高等学校和科研院所科技成果转化暂行办法》等文件对河北省在促进科技型中小企业发展的人才支持上做了以下几点要求。

1. 鼓励科技人员创办领办科技型中小企业。省内高校、院所科技人员要求离岗创业的，3 年内保留其原有身份和职称，同时不能影响档案工资正常晋升，符合专业技术职务晋升条件的可正常申报晋升相应专业技术职务。对高校、院所科技人员新注册的初创期科技型中小企业，自认定之日起，3 年内按新增财政贡献的 50% 给予财政资金奖励，专项用于企业的研发投入。

2. 支持在校大学生创新创业。在大学生创业孵化基地或省级以上科技企业孵化器创业的在校大学生，可免缴两年办公用房租金，并享受本省公共租赁住房政策待遇。允许在校大学生休学在省内从事科技创业、成果转化等活动，休学时间可视为其参加实践教育的时间。

3. “双百双千”人才建设工程。着眼产业技术创新，引进 100 个高层次产业创新团队；着眼高端智力引进，新建 100 家高水准院士工作站；着眼科技型中小企业发展，引进 1 000 名高素质科技创新人才；着眼服务“新三农”，选派 1 000 名高技能科技特派员。开展创业导师、技术经纪人、项目管理师、科技咨询师、质量认证师、信息分析师等在职培训，努力打造一支高素质、高水平、复合型科技服务人才队伍。

六、高等院校和科研院所科技成果转化政策

为了调动高等院校、科研院所科技人员创新创业的积极性，同时也为了推动科技成果的转化，《河北省促进高等学校和科研院所科技成果转化暂行办法》作出了以下几项要求。

1. 深化科技成果转化收益分配改革。高等院校或科研院所的研发团队或者成果完成人在河北省实施科技成果转化、转让获得的收益，给予其所得不低于 70%。

2. 支持校企、院企联合开展科技成果转化。高校、院所开展技术创新要立足于企业的发展特点，帮助企业解决面临的技术难题。整合高校、院所的科技成果资源，通过建立专家库、科技项目库，对符合河北省产业转型升级的重大成果转化项目实施跟踪支持。

3. 优先支持高校、院所在河北转化科技成果。国内外特别是京津高校、院所在河北省开展技术转移和成果转化，可优先入驻省级以上高新区和开发区，优先列入省重大科技成果转化项目和科技支撑项目。

4. 创新科技成果转化评价机制。将科技成果转化率和技术合同成交额作为对高校、院所考核评价的重要指标和财政投入的依据之一。在职称评聘中，应有一定比例从事成果转化、技术转移的科技人员，对科技成果转化业绩突出的可破格评聘。

在创新驱动发展过程中，河北省在贯彻落实国家相关政策的基础上，因地制宜，着眼于自身实际状况，出台一些有利于省内科技型中小企业发展的优惠政策。2015 年，河北省继续加大在财政、金融、人才培养、科技服务和科技成果转化等方面的扶持力度，相比之前对科技型中小企业出台的各项政策，今年的政策在支持范围、力度和层次上都更进一步，针对科技型中小企业发展过程中遇到的资金、技术等关键问题做了详细而明确的政策说明，为科技型中小企业在河北的发展创造了更好的发展环境和更光明的发展前景。

第四节　河北省各地市出台的支持政策

一、石家庄市的支持政策

石家庄市在做好科技型中小企业认定工作的基础上，针对包括科技型中小企业在内的小微企业出台多项扶持政策，《石家庄市人民政府关于进一步加快金融改革发展的意见》《石家庄市人民政府办公厅印发关于全市金融重点工作推进措施的通知》等文件对小微企业的发展作出了切实可行的政策指导。

1. 加快资本市场的发展。要引导社会的融资构成由之前的间接融资为主向直接、间接融资并重转变。积极探索中小企业联合发债的方式，推进中小企业集合票据、集合债、私募债、区域集优债等金融创新。利用各类股权投资基金支持新兴产业和高新技术产业的发展。

2. 提高保险市场的保险水平。推进保险产品创新，进一步提升保险的深度和密度，促进保险业的经济补偿、资金融通和社会管理三大功能显著提高。推广科技型中小企业履约保证保险、贷款保证保险等产品。

3. 加强对中小微企业的服务。通过搭建银企对接平台来促进银企的信息交流。开展小额贷款保证保险业务，拓宽小微企业的融资渠道。积极推广专利技术、知识产权和应用股权等多种权利抵质押方式，提高对中小微企业的金融服务效率。

4. 大力帮助小微企业解决融资问题。督促银行业金融机构单列小微企业的贷款计划，保证针对小微企业信贷投放持续增长。积极发展小微企业履约保证保险、贷款保证保险等产品，帮助小微企业获得外部融资。依托石家庄股权交易所开展企业股权质押和知识产权质押融资。

二、保定市的支持政策

在促进经济转型升级的过程中，保定市将发展科技型中小企业作为重要手段，采取资金引导、培育孵化平台等方式，推进科技型中小企业的成长。2015 年，保定市新认定科技型中小企业 2 537 家，同比增长 262%，总数达到 4 151 家，新申报小巨人企业 65 家，总数达到 145 家，位居全省前列。

1. 加强资金扶持力度。保定市 2015 年为科技型中小企业安排 1 200 万元的发展专项资金。同时，安排 200 万元专项资金大力建设莲池区、定兴县、曲阳县、雄县的科技企业孵化器，积极推动科技企业孵化器平台的建设进程，对推动科技成果转化、产业结构转型升级发挥强有力的作用。

2. 促进科技与金融的结合。市科技局与河北银行签约开展针对科技型中小企业的专项贷款业务。市科技局通过1 000万元出资获得河北银行1亿元的贷款额度，专门为科技型中小企业提供贷款服务。

3. 优化科技与金融的优化配置。市科技局投入1 000万科技经费，提高科技贷款总额下限至1亿元，提高单笔贷款额度至1 000万~3 000万元，支持科技型中小企业的创新发展。

4. 激发社会的创造活力。2015年《保定市“众创空间”认定管理办法（试行）》鼓励创业孵化区域中由社会力量兴办的信誉良好的部分提出众创空间的认定申请，众创空间一经认定会给予10万~50万元的资金奖励。推广科技企业孵化器创业模式，每个县区给予100亩地指标专门用于科技企业孵化器建设工作。

三、邯郸市的支持政策

邯郸市把发展科技型中小企业放在突出位置，大力推进创新创业，以提高创新能力为支撑，强势增强科技型中小企业的发展实力。邯郸市为打造经济发展的新引擎，推动产业结构的优化，实现到2017年全市科技型中小企业达到5 000家以上的目标，出台了《推进大众创新创业促进科技型中小企业加快发展的政策措施》，并有针对性的采取了一系列措施。

1. 鼓励科技人员和大学生进行创业活动。高校、科研院所的专业技术人员在经同意后离岗在邯郸创业的，可在3年内保留其人事关系，期满后若重返原单位，其工龄应连续计算。高校、科研院所科研人员新注册的科技型中小企业在认定后3年内按新增财政贡献的50%给予产业扶持资金奖励。同时，大学生自主创业可申请最高10万元的小额担保贷款。

2. 降低创业的准入门槛。工商营业执照、税务登记证、组织机构代码证“三证合一”“一照一码”应尽快实施。放宽住所（经营场所）的登记条件，创新型孵化基地可按工位、卡位注册企业。

3. 加大融资支持力度。2015年市政府出资4 000万元设立邯郸市科技创业投资和科技成果转化引导基金，今后年度进一步扩大引导基金规模。

4. 促进科技创新成果的转化。高校、科研院所可自主使用、经营和处置科技成果，同时单位可留存全部科技成果的转化、转让所得收益。科技型中小企业购买高校、科研院所的科技成果或开展产学研合作项目并实现技术交易形成项目落地的，或者传统企业转型升级为科技型中小企业，都会给予相应科技政策支持。

四、唐山市的支持政策

唐山市在2015年扶持科技型中小企业发展的措施中，充分发挥财政的激励作用。利用财政资金和相关政策培育、壮大科技型中小企业。同时，《唐山市人民政府关于财政激励科技型中小企业发展的意见》对具体内容作出以下规定：

1. 通过鼓励科技人员、吸引市外人才创业，扩大科技型中小企业的群体规模。符合省级认定条件的科技型中小企业，在认定后3年按新增财政贡献的50%给予奖励。拥有先进技术和自主知识产权的团队或人才来唐山市实施科技成果项目转化，市财政给予50万～150万元的科研经费支持。

2. 发展股权投资和科技风险投资。市政府设立的产业投资引导基金，在2015年的首期资金规模为2.5亿元，主要用于战略新兴产业和科技含量高的现代农业、现代服务业。在市政府设立的科技风险投资基金中安排资金规模1亿元，重点支持市辖区内注册的从事高新技术产品研发、生产和服务的初创期科技型中小企业。

3. 奖励企业上市融资。2015～2017年，科技型中小企业上市融资会享受市级奖励政策：对在境内外主板或创业板上市的企业，市级奖励150万元；对在“新三板”挂牌的企业，市级奖励100万元；对在股权交易市场挂牌的企业，市级奖励20万元。

4. 推动科技服务业加快发展。鼓励、引导技术转移中心、科技企业孵化基地等创新服务机构的发展。对新认定的国家、省、市级企业技术中心、工程技术研究中心、重点实验室、工程实验室，市财政分别给予100万元、20万元和10万元资金补助；对新评定的国家、省、市级中小企业技术创新公共服务示范机构，市财政分别给予100万元、50万元和20万元补助。

五、廊坊市的支持政策

廊坊市将科技型中小企业定位为拉动经济增长、优化产业结构的新鲜血液和希望所在，加速对科技型中小企业的培育。截至2015年上半年，新认定科技型中小企业就已达到628家，年销售收入过亿元的科技小巨人企业85家。

1. 着力打造助推科技型中小企业发展的三大平台。做强科技创新服务平台，为市内创新创业主体和科技成果转化提供包括产权交易、科技融资、交流培训、创客咖啡等全方位、高效率、一站式服务；做大科技金融合作平台，用于支持科技型中小企业风险投资、重大科技成果转化、银行信贷担保等，以提高企业自主创新能力为重点，强化企业研发平台。

2. 加快推动企业上市。充分利用境内外的多层次资本市场，积极推动符合条件的企业到境内外主板、中小板和创业板市场上市，重点筛选一批科技型中小企业到“新三板”和石家庄股权交易所挂牌。

3. 加大科技企业融资力度，拓宽科技企业融资渠道。建立科技信贷专营机构，创新信贷产品和服务；推进专利权质押融资，支持开展融资租赁；鼓励企业通过债券市场融资，同时发展各类股权投资基金。

4. 建设健全创客服务体系，激发全社会创造活力。高校、科研院所科技人员离岗创业的，3年内档案工资正常晋升且要保留其身份和职称；高校毕业生毕业5年后初次创办小微型科技企业的，会得到3年社会保险补贴。各类中小企业公共技术服务平台要不断完善孵化融资、创新创业、线上线下等服务。

第五节 省内外支持政策的比较分析

一、河北省与北京市的对比分析

河北省与北京市是京津冀区域的两个重要组成部分，定位不同、环境差异等使二者在发展科技型中小企业过程中采取的措施和战略有所差异，主要体现在以下几个方面。

（一）促进就业工作的重点不同

由于北京市第三产业发展较快，科技、创新等水平较高，在促进就业过程中，北京市就把就业的重点放在信息服务、科技服务等与科技型中小企业相关的领域。新材料、航空航天等都是科技型企业聚集的重点领域，在就业过程中北京市逐步引导劳动者到这些高端产业就业，这推动了就业结构的升级，同时为科技型企业吸收人才提供了很好的渠道。河北省由于经济的结构性矛盾突出，科技服务、新材料等领域发展较缓慢，劳动者在就业过程中倾向于到这些领域应聘的数量较少，目前多是在鼓励创业的政策中为科技人员、高技术人才提供一定便利，并给予资金的支持，而在促进就业的工作中没有在科技型企业的相关领域有所侧重。

河北省在未来发展过程中，要促进产业结构的优化升级，需要重视新材料、电子信息、高技术服务业等的发展。鼓励创业、发展“众创空间”是重要的方式，但在现阶段下，创业所占的比重仍不高，直接就业是更多人的选择，引导更多的劳动者到高端产业就业，可以使科技型中小企业更容易引进高端人才，为其短时间内发展壮大提供人才、技术支持。

（二）科技服务业的发展层次不同

科技服务包含了研究开发、技术转移、检验检测认证等内容。河北省在这方面主要通过企业与高校、科研院所共建研发和创新中心、建设区域性的交易市场等为科技型企业提供服务。相比之下，北京市在这方面的定位则是要发展能辐射全国和支撑行业转型升级的综合性科技服务，同时要发展各类新型的科技服务业态。北京市鼓励企业自建技术研究中心和工程实验室等，强调企业自身对技术的研究和创新，也要强化与众多高校和科研院所的合作；对于技术转移方面，北京市目标是要建造辐射全国、链接全球的技术转移枢纽，定位于全国甚至全球，在技术转移集聚区建设上要求的层次很高；在检验检测认证服务方面，北京市支持推动向市场化方向发展，利用市场化机制整合资源，培育能够具有全链条服务能力的检验认证龙头企业。

综上可以看出，河北省与北京市相比在科技服务业的发展理念、目标和途径上存在较大差距。河北省多是通过合作进行技术研发，注重区域内的科技服务和转移，发展定位于满足自身基本需求，发展层次较低。北京市的科技服务则是全方位、多层次、宽领域的，无论技术研发、转移等都处于较先进水平。河北省在未来发展科技服务业过程中，要鼓励科技型中小企业多进行自主技术研发，探寻与高校和科研院所多种形式的合作。提高大型科研仪器和科研基础设施的开放度，做到高科技资源与社会共享。发展科技服务业过程中还应适当发展例如设备租赁、小批量生产等研发辅助服务，为技术研发提供协助。技术转移要善于发展和使用以云计算、大数据、互联网等现代信息科技为依托的新型服务模式。另外，市场化是检验检测认证服务的发展趋势，河北省在发展过程中已认识到这一点，但市场化的进程还处与起步阶段。未来的检验检测认证服务要引入市场化机制，第三方检验检测认证机构要实行独立法人运营。科技服务业的发展要向北京等先进的地区看齐，同时根据自身实际情况进行取舍和创新。

（三）金融服务工作各有侧重

河北省和北京市在提供金融服务方面涉及的范围都很广泛，为服务小微企业提供担保贷款、小额贷款保证保险、股权质押融资等，并在工作中不断创新对中小企业的金融服务模式。

北京市在这方面出台的政策多是针对所有中小企业发展来出台措施，多围绕中关村来建设国家级的科技金融创新中心、股权众筹中心，在中关村国家自主创新示范区先行尝试各种优惠政策的适用性，在这些普惠性的措施里开展科技保险、科技信贷、知识产权质押等对科技型中小企业发展有促进作用的活动。北京市为带动全国的发展，在金融服务方面的政策具有先进性和示范性，试图利用自身的技术、信息、人才优势，通过不断尝试和创新探索出更适合中小企业发展的道路。河北省在金融服务方面的工作更具有针对性，为促进科技型中小企业发展采取更具体和明确的措施。为解决融资难问题，鼓励各地市设立科技支行和科技小额贷款公司，专门为科技型中小企业提供信贷服务；保险公司则要建立科技保险专营机构，研究开发科技企业履约保证保险、知识产权保险；鼓励科技型中小企业在多层次的资本市场上融资，对不同的资本市场和融资方式都有具体的奖励措施。由此可见，河北省是针对科技型中小企业出台措施，方法具体明确，设立的科技支行和科技小额贷款公司更是为科技型企业量身打造的金融服务机构。

在金融服务业的发展上，河北省要根据自身的特点采取切实可行的措施，要学习北京市在这方面的发展模式和理念，重视建设科技金融中心，推动金融机构为科技型企业提供系统化和一站式的金融服务。

（四）科技文化创新差距较大

北京市在发展企业的过程中注重科技与文化的相互作用，科技成果的发展会改造文化，文化又会反作用于科技的进步。北京市积极推动科技型中小企业与骨干文化创意企业之间开展广泛的合作，建设科技文化融合基地和科技文化创新创业载体。河北省在文化与科技的融合方面所做的工作有所欠缺，虽采取了一定措施，但效果不显著。

河北省在科技型中小企业发展的进程中应充分认识到科技文化融合的必要性。河北省有很多科技型企业忽视企业文化的建设，导致员工对企业认同度不高，人才流失现象屡见不鲜。重视科技发展，利用科技来改造文化，对企业文化建设很有帮助。企业有良好的文化范围，可以调动员工的工作积极性，促进企业平稳有序发展。

二、河北省与天津市的对比分析

天津的发展定位是全国先进制作研发基地、金融创新运营示范区，发展科技型企业的基础较好。2015 年，天津市在发展科技型中小企业方面把主要工作点放在科技小巨人企业上。目前，河北省初创期科技型中小企业仍占多数，科技小巨人企业占的比重较低，这反映出两地在科技型企业的发展上存在阶段性的差异。为壮大一批科技型中小企业尽快成长为科技小巨人企业，河北省要看到与天津地区的差异，需要借鉴学习的东西有很多。

（一）政策的目标性差异较大

天津市为着重推动科技小巨人企业发展，针对性的推出实施“小壮大”“小升高”、并购“双百”等一系列工程，为小巨人企业中不同类型的企业再分类并分别制定不同的发展计划，使政策目标化、具体化，从而更有实施的可行性。对高端人才的引进有“千企万人支持计划”“创新创业人才推进计划”“特殊人才支持计划”等各有侧重点的实施计划，把引进人才一项工作再细分成不同的方面。天津市把发展科技小巨人企业的措施不断细化，分成很多细小而又具体的组成部分，使不同阶段、不同类型的科技型企业有针对性的适用于自己的措施，让其发展过程中走的每一步都更稳、更实。

河北省根据科技型企业的发展状况，分别实施了苗圃工程、雏鹰工程和科技小巨人工程，分别对应着初创期、成长期和成熟期的科技型中小企业，每个阶段的工程都有对应的目标和措施。虽然分阶段的采取了不同的措施，但相比天津市的政策体系，河北省的政策还略显单薄。

河北省在京津冀协同发展过程中是区域短板，相比京津地区的产业结构和企业发展环境还比较落后。为了弥补自身的不足，河北省在发展科技型中小企业的过程中应学习天津市在发展科技小巨人企业上的政策指导方式，为每个阶段的科技型企业都打造出一套详细而具体的政策发展规划，引导企业走好发展的每一步。

（二）企业并购进程不同

企业并购是扩大企业规模、提升企业竞争力的重要手段。天津市为了提高科技型中小企业的竞争优势，通过实施并购“双百”工程鼓励企业进行收购、兼并来获得自身发展需要的资源。天津市为推动这一进程，鼓励企业利用国内外资源，积极参与“一带一路”倡议的实施，与沿线国家进行技术交流和科技方面的合作。同时设立并购基金、组织相关的专题培训活动等为企业并购提供帮助。反观河北省，在利用企业并购这一发展理念上则鲜有相关的政策。

在发展科技型中小企业的关键时期，河北省目前出台的政策及措施主要是财政资金、人才、金融服务和科技成果转化等具有普遍适用性的方式，这些方式基础而且重要，能够在相对短的时间内起到好的促进作用。企业并购虽然在当今社会经济发展中是很普遍的现象，但由于科技型中小企业这个群体总体还处于发展的初期阶段，企业并购现象在这个领域还不是很普遍。为了更好地推动其发展，河北省应鼓励实力强、规模大的科技型企业采取收购、兼并方式与实力相对较弱或发展前景不明朗的企业展开合作，在扩大自身规模的同时为小企业开辟新的发展道路。这种方式往往能使企业在较短时间内获得先进的技术、人才和市场份额，科技型中小企业应充分利用国家“一带一路”倡议等，将目光延伸到国外，充分利用国外的先进资源。河北省政府应为科技型企业提供并购资金的支持，开展相关的培训活动让企业自身意识到企业并购的重要性，为其提供金融、法律等多方面服务。

（三）对高成长性企业的培育模式不同

天津市建立了高新技术企业的培育备选库，对具有成长性的一批科技型中小企业，每年都会在技术开发、集聚研发人员等方面给予一定的政策倾斜。对于科技小巨人企业中增速不低于20%的高成长性企业，政府会为其逐一确定培训目标，制定符合其自身特点的个性化帮扶方案。天津市在出台普惠性扶持政策过程中，没有忽视企业的个性发展，为发展势头良好的企业提供个性化的服务，这更有利于充分挖掘企业的发展潜力。

河北省实施的发展科技型企业的普惠措施总体比较到位，基本上覆盖了企业发展的方方面面，但对成长性好的企业其自身个性的重视度较低。这些成长性好的科技型中小企业都是在未来有较好的发展前景，可能发展成为业界先驱的企业，政府应重点关注这些企业的发展，为其提供个性化的支持政策，使其在整个科技型企业的发展进程中充分发挥示范和带头作用。

三、河北省与其他省份的对比分析

（一）河北省与山东省的对比分析

山东省根据全省范围内不同地区的发展情况，结合当地的产业特色，实施“两区一圈一带”的发展战略规划，在发展科技型中小企业的进程中，也根据这一战略规划作出相应的安排。其中，在东部的山东省半岛蓝色经济区重点支持高端聚氨酯、半导体发光和海洋生物技术，省会城市群经济圈重点发展云计算、高分子材料等，西部隆起带则以发展新能源电动汽车、生物技术与医药等为主。从此可以看出，山东省将不同种类的科技型中小企业发展作了地域上的划分，在特定的区域发展特定的优势产业，使每个区域都能发挥出最大的潜能。

另外，山东省比较重视科技服务业的发展，并且同样是按照“两区一圈一带”的发展战略进行差异化的发展。东部的山东半岛自主创新示范区以培育新型服务模式和服务业态为重点，利用先进技术搭建科技云服务平台。西部隆起带则围绕生物医药、新能源电池等发展集群化的科技服务机构。科技服务业根据不同区域的发展特色有不同的发展侧重点，面对产业提供不同的科技服务。

河北省可以在发展科技型中小企业的过程中学习山东省科技服务业的发展模式，根据区域特点制定不同的发展规划和扶持政策。对于保定、廊坊、唐山等城市由于靠近京津地区，科技型中小企业发展速度较快，可以出台相对更高层次的政策措施，而邢台、衡水等相对偏远地区则要多做好初创期、种子期科技型企业的发展壮大工程，推动其更快地成长为科技小巨人企业和高新技术企业等。

（二）河北省与浙江省的对比分析

浙江省在2015年开始全面实施小微企业三年成长计划，积极参与“一带一路”和长江经济带战略，助推小微企业发展。浙江省要建设一批专门的特色小镇，以支持信息经济、高端装备制造等七大产业发展。信息经济、高端装备制造是科技型中小企业发展的重点领域，浙江省建设特色小镇，推动块状经济向现代产业集群的转型升级，对科技型中小企业在技术研发、人才引进等方面有重大推动作用。浙江省为推动金融产业发展，计划打造一批金融特色小镇，这为解决相关区域内的科技型中小企业的融资难问题开辟了重要的途径。

河北省可以借鉴学习浙江省建设特色小镇的发展方式，根据全省范围内不同地区经济发展的优势产业，建设类似于特色小镇的经济发展优势区域。对于电子信息、新材料、新能源等领域发展较好的区域，着力发展其优势产业，为区域内相关的科技型中小企业营造良好的发展环境，促进现代产业集群的转型升级。

（三）河北省与重庆市的对比分析

重庆市在推动创新发展战略的过程中构建“金字塔”型企业创新体系，围绕电子信息、新型材料和生物医药等优势产业，培育10家以上在国内同行业中居于领先地位的企业研发创新中心。上述产业是科技型中小企业重点发展的部分领域，可见重庆市重视科技型企业的技术研发创新。同时，培育1 000家以上科技型“小巨人”企业；培育信息产业新业态，将云计算产业打造成新常态下重庆调结构、稳增长的重要推动力量。

信息产业是科技型中小企业发展乃至产业结构升级过程中重要的引领产业，发展科技型中小企业要尤其重视这个领域企业的发展状况。重庆市与天津市一样，比较重视科技型“小巨人”企业的发展，可见该类企业在科技型中小企业的整个发展过程中有很重要的地位。科技小巨人企业一般是规模和实力都比较强的科技型企业，是对产业结构调整起显著性作用的企业群体。河北省在做好初创期、种子期科技型中小企业发展的同时，要格外重视科技小巨人企业的发展，发挥好带头示范作用。

通过河北省人民政府和河北省各地市在2015年出台的关于促进科技型中小企业发展的各项措施中可以看出，河北省对科技型中小企业发展过程中所涉及的融资、科技水平提高、人才培养、知识产权保护和科技成果转化等多方面问题都做了详细、明确和有针对性的政策支持，重点对科技与金融的结合、科技服务体系建设、科技孵化器的培育等方面工作做了详尽的部署。这使得河北省的科技型中小企业在近两年的发展势头强劲，初创期科技企业、科技小巨人企业都呈现一种“井喷”的态势，这对弥补河北省在发展过程中的短板、促进全省产业结构的优化升级有明显的促进作用。河北省在“十三五”期间应继续鼓励和引导科技型中小企业的发展，更充分地参与到京津冀协同发展的进程中。京津冀协同发展作为一个重大的国家战略，涉及京津和河北省 11 个地级市，涉及范围广，关系到社会发展的各个方面。河北省在未来发展科技型中小企业的进程中，首先要做好自身在科技创新、人才培养等方面的工作，其次应加强与京津地区的联系与合作，充分利用京津地区的科技、人才、信息资源，同时多学习借鉴全国各先进省份的相关政策措施，来弥补自身在这些方面的不足，从而为河北省的科技型企业提供多方面的服务，促进河北省科技型中小企业向更高层次发展。

第十章 河北省科技型中小企业发展对策之企业篇

科技型中小企业由于规模小，财务管理不规范、技术创新力量不足等问题制约企业进一步发展，亟须解决对策。为了促进科技型中小企业的健康有序快速发展，科技型中小企业无论是从财务制度方面、技术创新，还是人才管理及经费投入方面都仍需加大力度进行改善。在财务方面首先要提高管理层对财务管理的重视程度，实行规范化管理，做好财务计划，提高财务人员的技能和素质，在资产负债的配置上要合理优化结构，完善投资决策过程，提高企业的盈利能力；在人力资源方面，科技型中小企业应该转变思维模式，重视科技创新人才在企业中的地位，建立经济利益激励的机制，并投入资金鼓励企业进行人才培养和培训，同时利用京津冀协同发展契机积极引进外埠优秀人才，并利用企业文化等良好的环境留住人才；在科技创新方面，企业要注重科研实力的提升，积极营造企业良好的科研氛围，增强员工自主创新的意识，提高企业 R&D 投入，注重产、学、研的有效结合，促进企业创新水平的提高，同时要发挥政府的作用，在财税、人才引进等方面打造良好的政策环境，并做好统筹工作。

第一节　科技型中小企业的财务管理提升对策

一、规范重视财务管理

提高科技型中小企业经营管理水平的第一要义是提高企业管理层对财务管理的重视程度，科技型中小企业的财务战略必须综合考虑中小企业自身的劣势，密切结合科技型企业本身的特点来加以制定和实施，为企业的总体发展战略提供支持。根据科技型中小企业所处的发展阶段建立与其相适应的财务管理制度，并不断完善企业财务管理体系，完成从财务会计向管理会计过渡，在资产购置、融通和营运资金、分配利润上实现财务管理对企业的价值。扩大财务管理目标和对象，将科技创新力纳入财务管理目标。同时由于科技型企业发展变化较快，外部环境也是瞬息万变，所以要重视外部市场环境。

（一）控制计划监督

科技型中小企业要重视财务管理在日常经营生产研发活动中的控制、计划、监督作用。计划作用要求使用量化的财务预测方法，统计分析历史财务状况和现有技术条件，对未来的财务指标作出估计判断，合理地进行资本运营，促进企业活动高效、有序、循环进行。财务监督作用则是以货币计量中小企业的各项生产经营活动，监督企业的各项资本流向，帮助管理者及时调整管理策略适应市场需求和企业的发展。

（二）人才管理培训

要加强企业财会队伍的建设，一方面提高财务人员的专业技能和素质，另一方面作为科技型中小企业的管理者要转变观念，加强对企业财务管理的认识，要积极采用现代管理方法和管理理念，加强对已有资金的控制和各项资产的管理，为企业的投资、筹资行为提供决策依据。因此，当科技型中小企业挂牌融资初步具备规模后，需要结合中小企业的自身特点，配套人力资源管理机制，为在岗财会人员开展再教育培训，或者聘请经验丰富的管理人才，尽可能激励财务部门相关人员的工作积极性和学习热情。企业会计尽职进行财务控制制度创新，尽责提供财务决策有关信息，能够将企业推向可持续发展的良性循环。同时借京津冀协同发展这一东风，借鉴京津地区先进科技型企业的财务管理模式，将“员工利益最大化”纳入此财务管理目标之中。

（三）内部控制审计

财务管理部门还对企业的风险管理负有直接责任，在现代化市场化环境中科技型企业应不断加强内部控制制度和财务管理部门的建设，制定一套符合企业实际情况的财务管理制度。作为“新三板”挂牌企业，为谋求企业长远发展或于主板上市，企业应注重自身财务信息披露的合规性，符合证监会对于财务信息质量公开及时透明的基本要求。这需要内部控制不健全的中小企业不定期地聘请会计事务所、财务顾问等从第三方的视角对企业的管理决策行为作出审视和监督，或者并配以独立的内部审计机构，加强审计监督。中小企业应做到一边谋求销量提升业绩增加净收翻番等量化经营指标的同时，一边也要保证内部控制建设同步进行，以强化监督反馈，促进财务管理职能的充分发挥。

二、合理优化资产结构

在科技型中小企业的发展过程中，资产负债结构关系着财务成长性，直接影响着企业的经营效率。对此可以从以下几个方面着手对其进行优化。

（一）合理利用闲置资金

提高资金的使用效率可以有助于提高企业的盈利水平，完成一轮融资的科技型中小企业应科学制定财务战略决策。首先要合理进行资产和利润的分配，流动资金的头寸和科研投资的占用应相互配合，避免资金周转困难。其次要保证企业有足够货币资金可以覆盖长期负债利息、短期借款偿还的流动性，保持良好的信誉对长远发展非常重要。当企业现金流丰富时，可以运用闲置资金在商业银行做一些流动性高、期限短、风险小金融资产的投资，既可以获得一定收益，又不影响企业正常经营运转。

（二）动态管理应收账款

很多科技型中小企业要想做大做强，必须一改以往销售中的赊销的随意性，形成规范的赊销政策。一要公司各部门拉通合作，财务部每日第一时间上报公司开票回款日报，经管部加强应收账款动态管理，及时跟踪、记录督促各项目回款情况。二要建立信用管理部门，专门审批赊销业务，对每个项目回款确定具体责任人，每周例会都要对应收账款余额进行分析、讨论，出台相应措施。三要公司加强合同管理，在新项目投产运营、合同的签署阶段，就要做好控制付款周期的协商工作。

（三）资负对称适度负债

在公司资产负债结构调整过程中，中小企业应注重遵从“对称”原则，即保持资产负债、专项资产与专项负债等的平衡性。企业应根据自身行业和规模，确定一个合理的产权比率，在对未来现金流合理预期规划的情况下适度进行长期负债。通过对长存长贷、前清后贷等工具的应用，调整公司资产负债情况，规避长期财务风险问题的凸显，打造良好的资金运作空间。企业在主动负债时，由于预期现金流量很难与债务的到期及数量保持协调一致，应使负债到期结构在预计未来现金流量波动范围内保持安全边际。通过科学的长短期负债比例增强企业的财务成长性和盈利能力。

三、完善投资决策过程

每一家中小企业都有做大做强的目标，但由于投资决策机制不健全，以及未来的不确定性和信息的不对称性很强，因此，科技型企业更需要建立完善的投资决策机制，降低风险和成本。为避免作出盲目的投资决策，对科技型中小企业做出投资决策的过程有如下建议：

（一）重视环境

在白热化的同行业同质化竞争中能够脱颖而出，中小企业十分不易，应该从中认真体察市场环境千变万化，努力探求产业发展规律，政策扶持项目，经济增长热点，从而审慎作出科学的投资决策。河北省科技型中小企业面临重大的历史机遇，企业应该调整自己的发展战略，抓住京津冀协同发展带来的优良政策，在环保、生物方面进行项目研究和创新，在钢铁、抗生素、卫星导航、半导体照明等产业领域，建立产业技术联盟，实现科技互通，提升京津冀科技型中小企业的总体科技能力。

（二）优化结构

在选择投资项目方面，从提高投资回报率的角度，应对企业可行性项目进行分类比较，确定合理的比重和格局，实现长期投资和短期投资，固定资产投资、无形资产投资和流动资产投资等合理错配。科技型中小企业要建立严格的投资决策审议制度，采用动态决策方法，通过优化投资组合降低风险。同时不断加大对技术的投资比重，注重技术和产品的研发，提高科技创新能力，并努力促使科技成果向产品转化。在风险可控的情况下，投资走专业化发展道路，做强核心业务，使企业的科技水平保持领先地位。

（三）做好风控

有投资就会有风险，为了规避和分散企业的投资风险，科技型中小企业应该通过定性和定量相结合的方法，严格的审核和管理项目投产时所面临的不确定性。科技型中小企业应建立对建设投产项目的定期稽查和分析，设置良好的退出机制。逐步建立以计算机系统为基础的风险管理信息系统，对风险进行监控。树立正确的风险观念，通过可量化的财务指标对企业生产经营中存在的风险进行预测，评估风险从而采取切实有效的措施使损失降到最低。

总而言之，科技型中小企业在投资决策之前要进行周全的分析和考虑，不仅要分析项目的盈利能力、发展能力、风险水平，还需要考虑企业自身的能力，在自己的能力范围内要选择合适的项目。

第二节　科技型中小企业的科技人才培育对策

一、转变思维方式，改变管理模式

科技型中小企业的用人模式和机制是保证企业发展的命脉，作为企业领导者要转变思维方式，用最先进的人力资源管理理念和模式来指导，同时要爱才、重才、慧眼识才。人的潜能是好的机制激发出来的。企业有没有人才，能不能出人才，关键在于企业有没有适合人才的环境和制度。因此，企业要强化创新思维，改善人才结构，敢于引进行业内的尖端人才、高层次人才，提升管理能力和产品创新能力。企业要把人才的培养和开发放在科技创新的首要位置，实施人才优先发展战略，通过构建合理的人才体系，使企业内部形成具有国际竞争力的人才制度，从而不断完善创新，培养大量的高素质创新型科技人才队伍。实行更加开放的人才政策，重点引进海外高层次创新人才；建立以能力和贡献为导向的人才评价制度，释放科技人才创新潜能，大力提高我国科技人才国际竞争能力。

二、建立经济利益激励机制

其实科技型中小企业的竞争可以归结为人才的竞争。著名的华为公司老总任正非也曾经表示：“高工资是第一推动力。”建设具有竞争优势的企业制度，最重要的就是要解决激励机制的问题。科技型企业在条件允许的情况下，要适当提高员工的待遇，为人才提供良好的工作和生活平台，增强人才的归属感，充分激发其创造力，实现人尽其才和企业发展的良性循环。尤其是新进员工，因为较为宽裕的物质性报酬才能激发员工的工作欲望和创作灵感，发挥出高于正常工作状态的潜能。企业要健全科技人才分类评价与激励机制，强化研发人员创新劳动同其利益收入对接，激发科技人才创新创业活力。尊重科技发展和科技人才成长规律，对从事不同创新活动的科技人才实行分类评价和有效激励，充分激发科技人才特别是中青年科技人才的创新活力。建立科学的人才分类评价标准体系。对从事基础和前沿技术研究、应用研究、成果转化等不同活动的人员，完善分类评价标准和办法，突出能力和业绩导向。向关键岗位、业务骨干和做出突出贡献的人员倾斜，对从事基础性研究和社会公益研究的人员，适当提高基础工资收入，对青年人才根据工作任务和实际贡献等因素加大激励力度。允许科研人员从事兼职工作获得合法收入，加大重大科技创新成果奖励，建立健全后续科技成果转化收益反馈机制，推行科技成果处置收益和股权期权激励制度，使科技人员潜心研究。改变个人收入与项目经费过度挂钩的评价激励方式，加强对科研人员的长期激励。提高科技人才成果转化收益分享比例，让各类主体、不同岗位的创新人才都能在科技成果产业化过程中得到合理回报，全面激发科研机构、高等学校、企业的科技人才创新创业的积极性。研究制定技术技能人才激励办法，探索建立企业首席技师制度，试行年薪制和股权制、期权制。随着京津冀协同发展的推进，区域性人才市场的形成，逐步实现人才的市场配置，同时加强人才流动的调控。

三、完善人才竞争市场，鼓励政府和企业培训科技人才

人才的培养不是用人单位一家的事情，更是整个服务型政府的重要使命，也是整个社会的事情。科技型人才的培养不是一朝一夕的事情。首先，做到政府牵头，理性分析各类科技型企业对于人才的需求，通过组织大量的社会组织、学校和企业对人才进行培养，然后在资金上给予支持，以更好地吸引和留用人才。其次，建设有层次的、结构合理的人才市场，对于科技创新型人才要建立专门的人才市场和激励机制，从而能够发挥人才市场的高效作用，同时也能够更好的调配科技型企业对人才的培养。再次，对于人才队伍的建设要重视。一是要培养现有的科技型人才，使其成为技术领军人物；二是要积极引进人才，这就要加强人才引进力度，拓宽人才引进渠道，提升科技人才的工资和福利待遇，创设良好的研发条件和生活环境。最后，要做好新旧人才的衔接，处理好企业科技型人才的人事关系，通过培训和各类活动，使人才形成团队，更好地发挥作用。企业鼓励人才加入京津冀人才协会联盟，并出资金资助人才参加各类学术、科研、技术等交流活动，利用联盟平台助推企业科技人才柔性流动。人才激励上，不断完善人才评价激励办法，给予业绩突出的专业技术人才相应的荣誉和待遇，深化改革职称制度。精简外国人来华工作许可办理程序，对高端人才开辟绿色通道，简化手续。

四、运用企业文化激励留住人才

科技型中小企业的企业文化要求企业领导树立科学人才观，尊重、重视人才，建立良好的沟通机制。企业要信任和尊重人才，鼓励他们参与相关业务方面的工作决策，实现人才价值的最大化。建立工会等相关部门使科技人才有权利和机会参与到企业决策中来，使他们体验挑战性和成功感进而挖掘人才的内在潜能。同时科技型中小企业的领导不仅要能满足人才的生存需要，还要满足人才的发展需要，帮助人才成长，要把使用人才工作变成通过工作培育人才，使科技人才与企业同步成长。企业领导要打破论资排辈实现杰出人才的引领效应，科技型中小企业不仅要营造勇于探索、敢于创新的企业文化，更要结合企业自身实际，能够宽容创新失败，给员工精神上的支持。在文化的建设上，首先应该制定科学的愿景，如腾讯公司的“最受尊敬的互联网企业”，以此来吸引与企业相投的优秀科技人才，也能使人才实现最大限度的价值；其次，企业应制定完备的人才发展体系，对员工的培训和发展要十分重视。要提供专业的学习平台，还要建立完善的培训机制，对于科技型中小企业，尤其要重视对员工的高精尖技术的培训，从而使企业与行业、国际先进的科技良好的对接，保证企业在激烈的竞争中有后劲。科技型企业只有通过对核心科技人才进行培训和培养，才能使其始终处于行业前沿，掌握核心技术，也才能适应瞬息万变的高科技行业。对于科技人员的培养是一个长期的过程，需要投入大量的精力，对此同行业的企业可以形成联盟，联合打造培训学校，使企业重视员工的发展，时刻认识到良好的企业文化是实现企业可持续发展的有力保障。

五、实现工作弹性制，建立“柔性引才机制”

科技人才的工作对象具有特殊性，是先进的知识和技术，工作形式是思想创作和思维创新，通过创造性劳动为企业创造价值。因此，对于科技型中小企业的科技人才可以实行弹性工作制度，特殊的考核方式，不限制其工作时间和地点，给予其最大限度的自由度。企业的核心科技人才就可以通过虚拟工作团队和智力工作平台来实现其创造性工作产出。同时建立“柔性引才”机制，不求所有，但求所用，吸引高精尖人才来冀就业。对于人才的引进，企业应秉承开放包容的态度，为外部人才发挥作用创造更多空间，为解决高端人才奇缺问题，可设立平台，依托项目合作、基地共建、挂职锻炼等方式实现各类高层次人才的引进。河北省科技型中小企业可以发挥地缘优势，通过柔性引才机制使京津地区的科技人才为我所用。另外，柔性引才机制在经济上也具有无可比拟的优势，可以降低企业用人成本，这既能吸引高科技人才，也能很好解决企业发展的人才“瓶颈”问题。最后，企业可以联合京津地区的企业，实施专业人才培养和交流计划，在政府大力推动科研机构、高等院校与企业科研合作的背景下，抢抓机遇，积极参与其中，与科研院校共同研发或者建设合作培训基地，实现人力资源效用最大化。

六、建立企业人才联盟，发挥科技人才聚集效应

在京津冀协同发展下，河北省实施了科技园区、创新基地、转化基金、技术市场、创新联盟“五个共建”行动，效果明显，确立科技人才队伍建设在科技创新中不可替代的核心地位，从战略高度确保科技人才优先发展。充分发挥科技人才的基础性、战略性作用，做到科技人才资源优先开发、科技人才结构优先调整、科技人才投资优先保证、科技人才制度优先创新。促进区域间人才的合理流动与协同创新，加强海外高层次人才引进，提升面向重点领域和产业发展的人才供给能力。以高层次科技人才为引领，着力解决基础前沿和重点产业领域人才匮乏的问题；加强培养企业创新人才，大力提升企业作为技术创新主体的作用和能力；实现科技创新的依托力量从“小众”到“万众”的转变，促进“大众创业、万众创新”，形成各类人才衔接有序、梯次配备的合理结构。

第三节 科技型中小企业的科研实力提升对策

一、企业自身要注重科研实力的提升

俗话说，打铁还需自身硬，科技型中小企业要想提升自身的创新能力，更重要的是要强化自身的科研实力。河北省科技型中小企业要通过各种途径调动企业科员人员的能动性和创造性。一是企业要重视科研，把科研人员放在重要地位，提高科研人员的待遇，把科研人员作为企业创新发展的核心要素；二是提高科研人员的占比，大力引进科研人员，这需要在资金和政策上给予支持，为企业营造良好的科研氛围，增强创新意识，使制造变创造；三是对于内部科研人员，要有完善的激励机制，在职业晋升和工资待遇上更多考虑科研贡献；四是建立科研平台，为企业科研人员搭建渠道，与高校、科研机构合作提高科研能力，灵活的合作机制也为企业聚集更多的科研人才，以此发展壮大企业。

二、提高科研开发方面的投入比例

自主创新是科技型中小企业发展的助推器，对于企业的发展有着重要的作用，企业必须加大科研投入，让企业有足够的科研资金。需要对科研管理制度进行创新，把科研的自主权和经费支配权交给科研人员，激发科研活力，使更多的员工具有科研创新素质。改变科研投入方式，增加基本研究经费，保证科研人员最基本的研究条件。提高科研投入效率，以增加科研产出，提升科研成果。“不单单是在量上要继续增加，更要保证实现质的提升”，加快研究成果的成效转化和利用，以投入促进产出，以产出带动投入。①

三、注重产、学、研的有效结合

企业是技术创新的主体，是国家技术创新体系的主要构成部分，但

① 周高仪、陆静：《河北省科技型中小企业自主创新能力的提升》，载于《学术论坛》2014年第3期，第72～75页。

是仅仅依靠企业自主创新是十分困难的一件事情。科技型企业要重视产学研结合，利用科研机构、高等院校的技术创新源头和人才基地优势，使技术、人才等创新要素被企业充分发挥，推动技术创新和科技成果产业化。产学研有效结合可以缩短企业科技创新的时间和降低企业研发成本。在产学研结合方面还仍然需要健全运行机制，在政府促进的作用前提下发挥市场的主导作用，对利益分配合理化，以促进企业、科研院校参与技术创新的动力和科研成果转化的效果。通过产学研的有效结合改善河北省科技型中小企业科技力量薄弱、技术储备不足、高新技术企业产业进程不快的状况，提高科技型企业技术创新能力和市场竞争力，培育新的经济增长点。科技型中小企业以科技项目为核心，争取政府的政策和资金支持，企业作为主导，联合高校和科研机构将项目成果就地转化。在条件允许的情况下企业可以和高校、科研机构共建研发中心或者联合创办公司，使产学研合作深入，在互利共赢的局面下充分发挥科技创新的效用。

四、增强企业知识产权的保护力度

知识经济时代，以创新成果为内核的知识产权对企业至关重要，是企业形成核心竞争力的战略资源。对企业知识产权进行保护也是激发创新创业热情，实现创新驱动发展的客观需要。我国知识产权现有商标法、专利法、著作权法等进行保护，无论从保护力度还是保护范围都力求和国际水平接轨，但是仍然时有侵权案件发生，久而久之，企业自主创新的积极性被消磨，很多企业放弃自主创新，加入到市场搭便车大军中，市场竞争秩序也不复存在。知识产权的保护离不开司法机关的立法，也离不开当地知识产权政策的护航，作为知识产权收益主体科技型中小企业也应该做到：一是重视知识产权保护，对自己的专利、商标等要及时确权，明确知识产权归属；二是要合法经营和创新，营造企业守法创新的优良氛围，不同流合污；三是对自己已有的知识产权要有有效的保护措施，对企业知识产权进行全程的监控、跟踪和管理。只有保护好企业的知识产权，保持自主创新的热情，才能实现企业的可持续发展。

五、创立并健全有效的政府扶持机制

科技型中小企业只是市场经济中一个小小的参与者，在日益市场化、国际化的竞争体制中，科技型中小企业要想在市场中闯出自己的一片天地，自身本领要硬，还要有政府的保驾护航。河北省科技型中小企业在发展过程中面临着资金、人才、技术创新不足等方面的制约，第一，政府部门应该重视科技型中小企业为经济发展、青年就业方面所做的贡献，在财政税收政策方面给予优惠，对于国家重点扶持的行业企业进行税收方面的减免，增加预算，进一步完善和落实高新技术企业、技术先进性服务企业、科技企业孵化器、大学科技园等税收优惠政策，同时给予企业关于自主创新方面的培训补助，积极鼓励科技型中小企业自主创新，使其成为河北省科技创新的主力军。第二，政府部门要统筹协调，发挥效用，有所作为，搭建平台，积极为企业吸收引进先进技术创造条件，同时促进科研方面相关单位、机构的合作，要在行业部门营造科研创新氛围，鼓励自主创新。第三，政府要充分利用京津冀协同发展这一契机，实施有利于科技型中小企业吸引人才的政策，积极引进科技创新人才。具体可结合创新人才推进计划、青年英才开发计划和国家高技能人才振兴计划等各项国家人才重大工程的实施，以人为本，建立健全相关的科研评价以及奖励体系，积极地为创新型人才解决困难，使其能够充分发挥自身能力，为科技创新贡献力量。第四，政府部门要打造良好的政策环境，掌握实情，把握发展，加大各类科技计划对科技型中小企业技术创新活动的支持力度，将科技强省计划提升到战略高度，加快推进科技型中小企业自主创新工作的落实和开展。继续推动科技园区、创新基地、转化基金、技术市场、创新联盟“五个共建”行动。第五，拓宽科技型企业融资渠道。完善多层次资本市场，支持科技型中小企业做大做强。引导金融机构面向科技型中小企业开展产品与服务创新。同时，完善科技型中小企业融资担保和科技保险体系，引导设立多层次、专业化的科技担保公司和再担保机构。

第十一章 河北省科技型中小企业发展对策之政府篇

企业的健康、有序、快速发展离不开政府的引导及所给予政策的支持。为了鼓励科技型企业自主创新，2015 年，国家发布了《国务院关于新形势下加快知识产权强国建设的若干意见》；国家知识产权局发布了《2015 年国家知识产权战略实施推进计划》，科技部发布了《科技部关于进一步推动科技型中小企业创新发展的若干意见》在技术创新及资金方面给予支持。各部委发布的政策意见还有：《国务院办公厅关于加快融资租赁业发展的指导意见》《财政部、国家税务总局、科技部完善研究开发费用税前加计扣除政策》，国家税务总局《关于贯彻落实研发费用加计扣除和全国推广自主创新示范区所得税政策的通知》，财政部、国家税务总局出台的《关于将国家自主创新示范区有关税收试点政策推广到全国范围实施的通知》，财政部、国家税务总局《关于高新技术企业职工教育经费税前扣除政策的通知》《国务院关于大力推进大众创业万众创新若干政策措施的意见》《中共科学技术部党组关于落实创新驱动发展战略加快科技改革发展的意见》《科技部关于进一步推动科技型中小企业创新发展的若干意见》等。这些政策的出台为各地具体意见的出台提供了指导性意见。河北省也意识到科技型中小企业的发展离不开政府的政策护航，遂陆续发布了《河北省人民政府关于促进科技金融深度融合的意见》《关于财政支持科技型中小企业创新发展的十项措施》等指导意见。但相比国内外，现行政策的全面性和支持力度还不够，需要在人才、资金方面出台更为切实可行的、更具地方特色的政策。

第一节　政府完善科技型中小企业相关政策法规

一、完善法律法规，保障法律的运行

科技型中小企业是国民经济的重要组成部分，是技术创新的主力和吸纳社会就业的主要力量。加快科技型中小企业的发展，需要有相应的法律法规和一系列配套政策作保障。在河北省促进科技型中小企业发展的法律法规及相关配套政策的制定正处于起步阶段，现行的法律法规与实践相比有一些不适应的地方，还有许多处于空白，需要进一步修改、补充和完善，即使已经出台的法律法规由于种种原因，在落实方面也不到位。

河北省把“以科技创新支撑河北绿色崛起”作为近年来发展的指导战略。2015 年，河北省政府继续针对科技型中小企业出台了包括资金支持、科技金融服务、人才培养和知识产权保护等多方面的扶持政策，推动其向更高层次发展。《河北省人民政府关于促进科技金融深度融合的意见》为解决科技型中小企业的融资问题，提高针对科技型中小企业的科技金融服务水平作出明确而具体的要求。河北省财政厅印发的《关于财政支持科技型中小企业创新发展的十项措施》给予科技型中小企业在投融资、人才引进方面的财政资金支持。另外，各市也出台了相应的扶持政策，为科技型中小企业的发展保驾护航。然而与发达地区相比，由于河北省经济的结构性矛盾突出，科技型中小企业发展还存在一些问题：科技服务、新材料等领域发展较缓慢，劳动者在就业过程中倾向于到这些领域应聘的数量较少，多是在鼓励创业的政策中为科技人员、高技术人才提供一定便利并给予资金的支持，而在促进就业的工作中没有在科技型企业的相关领域有所侧重；河北省多是通过合作进行技术研发，注重区域内的科技服务和转移，发展定位于满足自身基本需求，发展层次较低，还有很多科技型企业忽视企业文化的建设，导致员工对企业认同度不高，人才流失现象屡见不鲜；河北省科技型中小企业

中处于初创期的企业仍为多数，科技小巨人企业占的比重较低，对成长性好的企业其自身个性的重视度较低，导致河北省科技型中小企业发展受到一定的制约。遂河北省应进一步完善相关法律和法规，出台更多的切合实际需求的、有利于科技型中小企业发展的政策，并坚定的实施这些政策。

二、强化协同创新，形成集聚效应

形成中小企业群，使其产生集聚效应是促进科技型中小企业发展的重要措施。集聚效应显著的当属美国硅谷，我国科技型中小企业可以效仿，形成企业集群，降低企业的成本，促进企业之间分工合作，并以此带动区域经济发展。作为政府部门，应该意识到产业集聚的重要性，制定出台相应的政策，引导企业集聚。

首先，推动科技型中小企业开展协同创新就要推动科技型中小企业与大型企业、高等学校、科研院所开展战略合作，探索产学研深度结合的有效模式和长效机制。鼓励高等学校、科研院所等形成的科技成果向科技型中小企业转移转化。深入开展科技人员服务中小企业行动，通过科技特派员等方式组织科技人员帮助科技型中小企业解决技术难题。另外，要鼓励高校院所和大型企业开放科技资源，最重要的是吸纳科技型中小企业参与构建产业技术创新战略联盟。以产业技术创新关键问题为导向、形成产业核心竞争力为目标，引导行业骨干企业牵头，广泛吸纳科技型中小企业参与，按市场机制积极构建产业技术创新战略联盟，组织企业加入科技型中小企业技术创新公共服务机构联盟。

其次，充分发挥国家高新区、产业化基地的集聚作用。以国家高新区、高新技术产业化基地、现代服务业产业化基地、火炬计划特色产业基地、创新型产业集群等为载体，以创新创业为契机，引导科技型中小企业走布局集中、产业集聚、土地集约的发展模式，促进科技型中小企业集群式发展。引导科技型中小企业走专业化发展道路，提升产品质量、塑造品牌。支持科技型中小企业聚焦“新技术、新业态、新模式”，走专业化、精细化发展道路。鼓励科技型中小企业做强核心业务，推进精益制造，打造具有竞争力和影响力的精品和品牌。①

为更好打造产业集群，应该有次序发展，制定好产业发展规划，选择适合本地区发展的工业。河北省可围绕曹妃甸区、渤海新区、北戴河新区、正定新区、冀南新区等区域增长极建设，河北省与京津科研院所、科技型大集团合作共建研发平台；推进京津冀技术交易市场一体化建设，支持每个设区市建立一个区域性技术交易市场，促进京津科技成果在河北省转化，支持中国技术交易所、中国国际技术转移中心、北京中关村技术交易中心等在河北省设立一批分支机构，建立京津冀技术交易联盟，促进互联互通和重大科技成果落地河北。在园区平台的建设中为了承接北京非首都功能疏解和产业转移，河北省应着眼于在科技成果的转移转化上下功夫，加快打造战略性平台，对接京津技术转移基地，构建起京津科技成果转化的高地。另外，河北省针对区域内的重点产业和特色产业加快建设公共技术服务机构、产业技术研究院、技术联盟、工程中心在内的公共服务平台，从而为科技型中小企业的创新发展带来更多的便利。以环首都的白洋淀科技城和保定、唐山等高新技术产业开发区，引进京津地区的技术研发、技术转移、科技金融、成果孵化等服务机构聚集发展，形成京津冀协同创新的科技服务聚集区。同时为提升河北省整体研发实力，三地可以共同筹建产业发展“园中园”“共建园”，以园区共建带动形成区域间生产要素、企业主体、产业链条的“合作网络”，形成区域间产业协同发展格局。支持国家高新技术产业开发区争创国家科技服务业创新发展区域试点，利用国家政策推动科技服务业加快发展。面向各类科技园区、经济（技术）开发区和创新基地，培育认定一批省级科技服务业创新发展区域试点。

政府的作用要发挥好，政府在制定产业集群总体发展规划的基础上，做好投资生态环境建设。首先招商环境要优化，政府要吸引更多更好的企业到当地，招商是关键，政府可出台相应的政策，按照产业集群模式，全力推进环境招商、政策招商，为专业化招商搭建良好平台；引导企业的空间聚集，制定聚集支持政策：如土地规划、人才引进、资金投入等，促进

① 《科技部关于进一步推动科技型中小企业创新发展的若干意见》。

产业聚集的形成，健全服务体系，强化服务理念。同时，政府应该意识到，市场经济下企业是主体，政府只能辅助企业。所以政府可出台扶持措施，引导企业发展聚集经济，以保证市场机制的有效运转和避免市场失灵。

三、健全中小企业的法律法规体系，创造公平竞争的外部环境

为了维护中小企业的健康发展，各国都出台了相应的法律法规来规范中小企业发展，并维护中小企业的合法权益，如美国出台了《小企业经济政策法》，日本出台了《中小企业基本法》。法律具有约束性，稳定性和权威性。然而我国的中小企业法律制度体系尚处于创建阶段，在全国范围内只有《中华人民共和国中小企业促进法》可依。这部法律实施标志着我国促进中小企业发展正式走上规范化和法制化轨道，在资金支持、创业扶持、技术创新、市场开拓、社会服务五大方面给予规范发展。但是已经实施十余年，俨然已经不能很好指导现在中小企业尤其是科技型中小企业的发展。随着经济社会的不断发展，中小企业特别是科技型中小企业的进一步发展迫切需要政府提供必要的法律保障。政府应转变职能，公开办事程序，提高办事效率，简化设立科技型中小企业的办理手续，降低收费标准，提高服务质量；切实减轻科技型中小企业负担，清理不合理收费，对一些应收费用，要结合中小企业的实际情况，适当降低收费标准。此外，为保证各种经济形式的有序公平竞争，制度上宽松的外部环境也必不可少。

为保障中小企业融资顺利进行，财政部会同工信部颁布了《中小企业信用担保法》，鼓励担保机构为中小企业提供融资担保服务，并从支持方式和额度、申请条件和资金拨付进行了指导性规定。但是由于各省市的发展不尽相同，具体可操作性的基本法律尚待完善。河北省科技型中小企业的发展需要法律的指导和规范。就现有情况来看，也存在有法难依的现象。一些科技型中小企业由于规模小、技术力量薄弱，对于市场上存在的无序竞争事件难以抗衡，在维护自身权利方面束手无策，因此急需政府引导建立良好的外部环境。

第二节　政府重视科技型中小企业发展的举措

一、多方面提高科技型中小企业地位

经过改革开放三十多年的发展，我国的中小企业不但发展充实，近年来，科技型中小企业的发展更是日新月异。无论是从数量上还是对经济的贡献率上来说，都是国民经济不可或缺的经济主体。通过数据来看，中小企业已经成为社会就业的主要渠道、科技创新的重要源泉、地方发展的重要支撑，但是中小企业仍然很难从银行等正规金融机构获得贷款。而且由于科技型中小企业欠缺融资议价能力，存在较高的风险，银行会给其较高的风险评估，故科技型中小企业的融资成本较高。另外，全社会对中小企业的认同度不是很高，尤其是高学历人员毕业后的首选单位仍然是国有企业、事业单位，近些年更是出现了公务员热，这对于中小企业、尤其是科技型中小企业的发展是极为不利的。政府现在的创新创业政策积极鼓励了高学历人员进行创新创业，投身科技型中小企业的建设发展，但是河北省和其他沿海城市相比，官本位现象比较严重。基于此，河北省应在政策上积极引导，根据《国务院关于大力推进大众创业万众创新若干政策措施的意见》精神，制定的《河北省人民政府关于大力推进大众创业万众创新若干政策措施的实施意见》要深入推进实施，利用京津冀协同发展契机，进一步提高财政支持力度，加大宣传力度，积极引导和支持大学生进行“双创”，并鼓励金融机构提供针对创业创新项目的专业化服务，引导银行研发有利于创业创新项目发展的金融产品，推出符合实际的信贷政策。同时要建立透明准确的信贷评价体系，明确政府责任部门，减少创业创新者在筹资过程中遇到的困难。引导金融机构向创业企业提供结算、融资、理财、咨询等一站式系统化的金融服务。

二、多渠道增加企业创新研发投入

为进一步提升科技型企业的创新能力，利用京津冀协同发展契机，

河北省应积极探索承接京津创新要素外溢转移、与河北产业创新需求对接转化的新模式，充分发挥跨区域辐射带动作用。同时政府应该加大对具有发展潜力的科技型中小企业的财政扶持力度，增加财政扶持资金投入，为更好落实金融扶持政策、技术创新政策、政府服务职能转变等扶持工作提供资金支持，应借鉴国内外成功经验，创新和完善扶持方式。在金融支持方面，鼓励企业进行多元化融资，推动石家庄股权交易所发展，引导培育更多的科技型中小企业到“新三板”、创业板进行股权融资。可以建立京津冀金融协同发展机制，鼓励企业就近到天津股权交易所、北京股权交易中心挂牌融资。

河北省科技型中小企业部分企业由于自身资金实力弱、科技创新能力不足、信息不畅通以及缺乏对技术人才的储备和培养等，使得企业的战略执行力较弱。所以财政立法要有所倾斜，对科技型中小企业要有所偏重，让中央财政资金的引导作用充分发挥，并逐步提高中小企业发展专项资金和国家科技成果转化引导基金支持科技创新的力度，凝聚带动社会资源支持科技型中小企业发展。对科技型中小企业的技术创新活动要加大支持力度，财政资金要到位，对于研发投入占企业总收入达到一定比例的科技型中小企业给予财政补贴，对于新型战略科技型中小企业给予税收优惠。鼓励各市县政府在科技型中小企业中筛选一批创新能力强、发展潜力大的企业进行重点扶持，培育形成一批具有竞争优势的创新型企业和上市后备企业。

科技型中小企业的发展需要在政府和企业的双重努力下才可以。为支持科技型中小企业发展，政府出台了《河北省人民政府关于促进科技金融深度融合的意见》等，但是我们还应该有效利用企业的力量。如河北科投集团与招商局资本管理有限公司联合发起设立的“河北招商万凯科技创业投资基金”，为提高科技成果转化提供了资金支持，同时开创了新的合作渠道，引导了社会资本和央企金融资本汇聚河北。对此河北省政府可以积极推动和央企及外部社会资本的对接洽谈，以此为河北省科技型中小企业的发展招商引资，解决企业发展过程中面临的资金困难问题。

三、实现京津冀人才一体化

企业的发展离不开人才，尤其是科技型企业，属于知识密集型企业，更是离不开人才的支持。企业自身要提高待遇引进人才，政府及行业也要搭建技术创新公共服务体系，加大高端人才和特殊人才的引进。目前，河北省已经搭建有利于改善中小企业创新创业环境和提高自主创业能力的科技创新服务平台，形成了在生物制药、新材料、新能源等的“双百人才”专家体系。在经费资助、高端仪器设备、优秀人才引进方面提供的服务覆盖了河北省区域特色产业集群和重点发展行业，形成较完善的全省中小企业技术创新公共服务体系。然而，人才的引进不是一朝一夕的事情，所谓十年树木，百年树人，人才建设工程需要综合考虑专业、时间和技术，人才库的建设时需要遵循“无中生有，有中生新”。因此，在政策上要有优惠，不仅要从本省吸纳人才，更要通过给予外省人才优惠待遇吸引外地人才来冀驻户，并通过住房福利等政策留住人才。此外，可以取消职称方面的要求，对企业人才的晋升路径采用多种方式，拓宽企业高素质人才的发展空间。从人才工作的方向性质分别建立人才管理，创造“多路径”晋升渠道，使即便在一线参加工作的职工也有机会获得比其他职工更加优越的待遇，促使人才在各方面都有很大的发展空间，不断地为企业人才提供更多的发展和锻炼的平台。鼓励产学研合作，科研人员协同创办科技型中小企业，采用股权、期权、分红权等可有效激励技术创业的收益分配机制进行利益分配。对于高校毕业生，出台一系列政策，如对入驻科技企业孵化器或大学生创业基地的创业者给予房租优惠、创业辅导等支持，支持大学生创新创业，并提高就业率。在京津冀协同发展的大背景下，努力实现人才的一体化，通过建立人才一体化发展示范区，出台鼓励措施，逐步实现京津冀三地人才合作常态化、人才配置市场化，同时通过政策及市场的调剂，使区域人才效能最优化，从而整体提升区域人才的竞争力。

四、建立三地人才培育平台

在人才培养方面，京津冀三地呈现梯次分布，尤其是高等教育布局严重失衡，这在一定程度上制约了人才汇聚及创新能力。京津冀共有中央直属高校51所，43所位在北京；京津共有“985”工程和“211”工程高校39所，河北省仅1所。约75%的研究生培养集中在北京，约60%的专科生培养集中在河北，天津高等职业教育相对发达。为解决这一问题，应发挥各地优势，建立长效人才培养机制。首先，建立京津冀教育合作联动发展机制，对教育合作发展规划、教育资源的优势互补、教育布局的优化、教师队伍的轮岗交流进行顶层设计。其次，在职业教育方面，基于京津冀产业发展的布局，三地职业教育互补发展，根据区域产业发展需要布局职业院校，建立面向京津冀区域内的职业教育实习实训基地，并建立职业人才联合培养机制和统一的职业人才库，促进三地自由就业。再次，应综合规划高等教育布局，形成依托区域经济社会发展的、以市场为导向的、学科结构合理的高等教育发展新格局，培养符合三地经济、社会发展需要的不同层次、不同结构的高等教育人才。北京和天津建立和完善以研究生培养为核心的教育功能区，河北建立和完善同本地产业相联系的本、专科教育功能区。建立三个高等教育合作平台，以北京为核心搭建人力资源互通平台和高等教育高端合作平台，以天津为核心搭建职业教育发展平台和科技创新合作平台，以河北为核心建立高校产学研协同基地和成果转化基地，推动建立支持科技创业企业成长的持续推进机制和全程孵化体系，促进大学科技园、科技企业孵化器等创业载体功能提升和创新发展。积极促进京津冀三地人力资源互通互融，支持三省市公共就业和人才市场互设服务窗口，开辟绿色通道；建立三省市专业技术人才职称、职业资格互认机制；实施“圆梦京津冀人才一体化计划”，互通共享海外人才资源，联合开展海外引才机构建设和组团引才活动。同时，三地促进创新平台共建共享，实施“北京中关村—天津自贸区—河北·京津冀全面创新改革试验区”人才联动计划，搭建区域人才协同创新平台。依托自主创新示范区和滨海—中关村科技园建设，加快建设专家服务基地、留学生创业园和博士后工作站、创新实践基地等高端平台。促进劳动关系共调共处，建立三地劳动保障监察执法协调处理平台，共享用人单位守法诚信信息，实现一点投诉、联动处理；建立三地劳动人事争议协同处置机制，有效维护区域内用人单位和劳动者双方的合法权益。最后加大中小企业专项资金等对创业载体建设的支持力度。

五、完善技术创新服务体系

技术创新服务体系为技术创新活动提供良好的社会化服务环境，能够促使科技型中小企业持续健康发展，可以说是国家创新系统的重要组成部分，能够很大程度上促进企业技术创新。完善科技型中小企业技术创新服务体系，首先，充分发挥河北省地方在区域创新中的主导作用，通过政策引导和试点带动，整合资源，加快建设具有地方特色的科技型中小企业技术创新公共服务体系，完善各级技术创新服务平台，成立技术创新服务中心，协调各市技术创新服务协会。鼓励通过政府购买服务的方式，为科技型中小企业提供管理指导、技能培训、市场开拓、标准咨询、检验检测认证等服务。其次，充分发挥专业中介机构和科技服务机构作用。开放并扩大科技型中小企业中介服务机构的服务领域、规范中介服务市场，促进各类专业机构为科技型中小企业提供优质服务。充分发挥科技服务机构作用，推动各类科技服务机构面向科技型中小企业开展服务。最后，完善科技型中小企业知识服务体系。在大数据背景下，科技型中小企业对知识服务具有更加急切的需求。作为政府部门应积极努力为企业提供完善的知识服务体系，包括科技型中小企业自身的知识服务部门、高校和科研机构、国家各级科技情报研究所、社会专业机构等。面临新环境的变化，在服务意识和服务人员素质上要提高，更要利用现代信息技术，提高改善知识服务水平，加大对信息基础设施的投入，构建先进的大数据知识技术支持平台。

第三节 政府为科技型中小企业提供全方位金融服务

一、积极建设多元化投融资平台

以间接融资为主，直接融资为辅是我国企业融资方式的一种长期格局。这种融资方式使科技型中小企业在资本市场上融资处于非常不利的地位。所以要为河北省科技型中小企业搭建好这一平台。第一，要建立科技生态金融，政府是科技金融生态中的重要构成部分，尤其是政府的政策是科技金融生态的方向引导和运作机制。政府政策要为科技金融生态营造良好的经济环境、社会环境、信用环境和法制环境。根据企业发展不同时期，组建创业投资基金，积极为企业争取资金。第二，为科技型中小企业引入风险投资，风险投资最适合于产品或项目科技含量高、具有广阔发展空间和市场前景的中小型科技企业。探索建立早期创投风险补偿机制，在投资损失确认后可按损失额的一定比例，对创业投资企业进行风险补偿。第三，积极创造条件，培育更多的企业加入“新三板”市场和区域性股权交易中心，通过资本市场进行融资和股权转让。从数据上看，河北省中小型企业尤其是科技型中小企业通过资本市场融资占比无论是数量上还是融资金额上都有很大的上升空间，因此，应建立更多的区域股权交易中心，并根据企业类型及发展周期给予分层，使投融资平台更趋多元化，满足各类企业发展需求。规范发展互联网融资平台，使企业可以放心利用平台进行融资。

二、充分利用科技支行

科技型中小企业融资一种新渠道就是科技支行。在河北，科技支行虽然仍旧处于起步阶段。但是企业利用起来将会有很好的效果。为推动科技型中小企业的发展，河北省应加大对科技支行的政策支持力度。第一，河北省政府可联合“银行＋保险＋风投＋财政”共同设立科技支行，实现风险分散，解除商业银行的后顾之忧，同时解决了企业担保难的问题，降低了企业融资成本。第二，科技支行风险补偿基金是一个不错的选择，河北省政府可设立从而为科技支行的风险提供第一重保障，促使商业银行尽快扩大科技支行的规模，助力科技资金的投入。第三，通过研讨会、交流会等多种合作交流方式积极与京津两地科技支行进行合作，引进京津成熟的科技支行模式和产品。河北省可参考北京市设立的首都科技创新券来设立科技创新券，或者联合京津两地设立京津冀科技创新券，整合三地资源，创新资金引导模式，为广大科技企业提供最急需的资源与服务。[1] 科技支行创新信贷品种，如科技创业贷、股权贷、科技链助力贷等。同时，政府部门应通过多种渠道搭建企业与银行的沟通桥梁，帮助企业了解银行信贷业务流程，助推企业与银行高效对接，推进对科技型中小企业的科技金融服务工作。为更好更快服务科技型中小企业，鼓励科技支行根据科技型中小企业的业务特征，实行一企一策，并不断完善配套制度政策。建立银政企多方合作构建新模式，提高对科技型中小企业的服务效率。通过科技金融改革，实现科技专项资金与社会金融资源的有效对接，建立多元化、多层次、多渠道的科技投融资体系。

三、积极创新担保方式

根据科技部为全面落实《中共中央国务院关于深化科技体制改革加快国家创新体系建设的意见》，引导商业银行开发形式多样的抵质押类信贷业务及产品，从而向科技型中小企业提供系统化的金融服务。河北省各商业银行及其他金融机构应积极探索科技担保融资模式，如可由省级财政部门、银行组建担保方，以投代保形式创新中小企业投融资担保模式。利用科技创新担保、互联网金融网络担保以及第三方担保的方式，实现金融与企业对接，为科技型中小企业量身定制融资方式，实现特定金融服务与科技型中小企业的专业化经营。同时，建立和完善科技型中小企业融资担保体系，引导设立多层次、专业化的再担保机构和科技担保公司。同时在保险业领域，鼓励保险机构大力发展产品研发责任险、知识产权保险、成果转化险、关键研发设备险等科技保险产品。

四、发挥融资租赁的支持和带动作用

融资租赁业在推动产业创新升级、拓宽中小微企业融资渠道的过程中，正发挥着越来越重要的作用。《国务院办公厅关于加快融资租赁业

① 任勋、史晴芳、郭净、刘兢轶：《京津冀协同发展背景下河北省科技金融生态优化研究》，载于《时代金融》2016 年第 24 期，第 305 ~ 306 页。

发展的指导意见》指出在中小微企业中要加快发展融资租赁服务。鼓励融资租赁公司发挥融资便利、期限灵活、财务优化等优势，针对中小微企业的特点提供相对应的产品和服务，推动大众创业、万众创新。推进融资租赁公司与科技企业孵化器、创业园区、中小企业公共服务平台等合作，加大对科技型、创业型中小微企业的支持力度，拓宽中小微企业融资渠道。河北省要利用这一契机，探索科技租赁融资新模式，使其成为科技型中小企业解决融资难和融资贵的一个有效途径。

参考文献

[1]《关于财政支持科技型中小企业创新发展的十条措施》解读[EB/OL]. http://hebei. hebnews. cn/2015 -08/15/content_4969261. htm。

[2]《北京市2015年暨“十二五”时期国民经济与社会发展统计公报》[EB/OL]. http://www. bjstats. gov. cn/tjsj/tjgb/ndgb/201603/t20160329_346055. html。

[3]《2015年天津市国民经济与社会发展统计公报》,[EB/OL]. http://www. stats-tj. gov. cn/Item/25858. aspx。

[4]《2015年河北省国民经济与社会发展统计公报》,[EB/OL]. http://www. hetj. gov. cn/res/uploadfile/20160229145526889. pdf。

[5]镡立勇:《我省强力推进十大科技工程》,载于《河北经济日报》2015年3月6日。

[6]魏双林:《河北省绘就十大科技工程“路线图”》,载于《中国冶金报》2015年3月12日。

[7]刘兢轶、杨梅:《河北省科技性中小企业融资模式研究——基于金融成长周期理论》,载于《金融理论探索》2017年第1期,第76~80页。

[8]王鑫、向婉玥、刘兢轶:《小微企业融资困境与对策研究——基于河北省保定市的小微企业融资问题的调查报告》,载于《智富时代》2015年第2期。

[9]鲍志龙、陈伟:《经济新常态下河北省科技型中小企业人才困境问题研究》,载于《中国市场》2016年第12期,第10~14页。

[10]科技部:《科技部关于进一步推动科技型中小企业创新发展的若干意见》[EB/OL]. http://www. most. gov. cn/mostinfo/xinxifenlei/fgzc/gfxwj/gfxwj2015/201501/t20150115_117754. htm。

[11]周高仪、陆静:《河北省科技型中小企业自主创新能力的提升》,载于《学术论坛》2014年第3期,第72~75页。

[12]谢元辉:《多部委开启探寻解码之旅》,载于《中国农村信用合作报》2015年1月27日。

[13]冯建平、郭伟:《五大平台促科技型中小企业跨越发展》,载于《河北日

报》2015 年 8 月 9 日。

[14] 任勋、史晴芳、郭净、刘兢轶:《京津冀协同发展背景下河北省科技金融生态优化研究》,载于《时代金融》2016 年第 24 期,第 305 ~306 页。

[15] 赵金实:《基于财务视角科技型中小企业管理创新研究》,载于《河北企业》2015 年第 8 期,第 6 ~8 页。

[16] 郑平:《浅谈科技型中小企业财务战略管理》,载于《经营管理者》2011 年第 19 期,第 45、第 84 页。

[17] 赵艳华:《中小企业协同创新网络绩效的实证研究》,载于《学术论坛》2015 年第 5 期,第 52 ~56 页。

[18] 国务院:《国家创新驱动发展战略纲要》[EB/OL]. www. gov. cnhttp://www. gov. cn/zhengce/2016 -05/19/content_5074812. htm。

[19] 胡艳辉、范玉凤、陈雪、王刚、方守林、付秀彬:《河北省创新型小微企业成长力评价及政策支持》,载于《现代商贸工业》2016 年第 8 期,第 5 ~7 页。

[20] 国务院:《国务院办公厅关于加快融资租赁业发展的指导意见》[EB/OL]. http://www. gov. cn/zhengce/content/2015 -09/07/content_10144. htm。

[21]《京津冀协同发展,忽视教育合作怎能行?》,载于《人民政协报》2016 年 3 月 3 日。

[22] 郭净、刘兢轶:《要素协同视角下企业创新的内生性发展策略——对河北省科技型中小企业的调研》,载于《经济研究参考》2015 年第 64 期,第 72 ~79 页。

[23] 崔健、刘东、王帆:《金融生态环境与区域经济发展的相关性分析——以京津冀为例》,载于《理论探讨》2012 年第 4 期,第 28 ~31 页。

[24] 李海申、苗绘:《京津冀金融一体化背景下河北省科技金融生态环境优化问题研究》,载于《华北金融》2014 年第 6 期,第 47 ~51 页。

[25] 李素梅、李雪:《金融生态支撑京津冀区域经济协同发展的理论探讨》,载于《华北金融》2015 年第 2 期,第 20 ~23 页。

[26] 林海、朱脂红:《对江西省小微金融机构融资服务的调查与思考》,载于《金融与经济》2015 年第 12 期,第 79 ~82 页。

[27] 娄鹏飞:《硅谷银行支持科技型中小企业的做法及其借鉴》,载于《金融与经济》2012 年第 7 期,第 48 ~50 页。

[28] 沈湫莎:《〈中国科技金融生态年度观察报告〉发布,“科技金融生态”一词首入公众视野》,载于《文汇报》2015 年 10 月 28 日。

[29] 吴玉霞、周明勇、吴娟频、任勋:《科技型小微企业融资困境与破解对

策——基于河北省的调研数据》，载于《现代管理科学》2016 年第 8 期，第 109 ~ 110 页。

［30］尹成远、冯悦：《京津冀协同发展背景下河北省金融结构优化研究》，载于《金融理论探索》2017 年第 1 期，第 60 ~ 67 页。

附录一　科技部关于进一步推动科技型中小企业创新发展的若干意见

国科发高［2015］3号

各省、自治区、直辖市及计划单列市科技厅（委、局），新疆生产建设兵团科技局：

为深入贯彻党的十八大、十八届三中全会精神，全面落实《中共中央国务院关于深化科技体制改革加快国家创新体系建设的意见》（中发［2012］6号），实施创新驱动发展战略，深化科技体制改革，充分发挥市场在资源配置中的决定性作用和更好发挥政府作用，激发科技型中小企业技术创新活力，促进科技型中小企业健康发展，现提出以下意见：

一、推动科技型中小企业创新发展的重要意义

科技型中小企业是指从事高新技术产品研发、生产和服务的中小企业群体，在提升科技创新能力、支撑经济可持续发展、扩大社会就业等方面发挥着重要作用。长期以来，在党中央国务院和各部门、各地方的大力支持下，科技型中小企业取得了长足发展。但是，我国科技型中小企业仍然面临创新能力有待加强、创业环境有待优化、服务体系有待完善、融资渠道有待拓宽等问题。因此，需要进一步凝聚各方力量，培育壮大科技型中小企业群体，带动科技型中小企业走创新发展道路，为经济社会发展提供重要支撑。

二、鼓励科技创业

（一）支持创办科技型中小企业。鼓励科研院所、高等学校科研人员和企业科技人员创办科技型中小企业，建立健全股权、期权、分红权等有利于激励技术创业的收益分配机制。支持高校毕业生以创业的方式实现就业，对入驻科技企业孵化器或大学生创业基地的创业者给予房租优惠、创业辅导等支持。

（二）加快推进创业投资机构发展。鼓励各类社会资本设立天使投资、创业投资等股权投资基金，支持科技型中小企业创业活动。探索建立早期创投风险补偿机制，在投资损失确认后可按损失额的一定比例，对创业投资企业进行风险补偿。

（三）加强创新创业孵化生态体系建设。推动建立支持科技创业企业成长的持续推进机制和全程孵化体系，促进大学科技园、科技企业孵化器等创业载体功能提升和创新发展。加大中小企业专项资金等对创业载体建设的支持力度。

三、支持技术创新

（四）支持科技型中小企业建立研发机构。支持科技型中小企业建立企业实验室、企业技术中心、工程技术研究中心等研发机构，提升对技术创新的支撑与服务能力。对拥有自主知识产权并形成良好经济社会效益的科技型中小企业研发机构给予重点扶持。

（五）支持科技型中小企业开展技术改造。鼓励和引导中小企业加强技术改造与升级，支持其采用新技术、新工艺、新设备调整优化产业和产品结构，将技术改造项目纳入贷款贴息等优惠政策的支持范围。

（六）通过政府采购支持科技型中小企业技术创新。进一步完善和落实国家政府采购扶持中小企业发展的相关法规政策。各级机关、事业单位和社团组织的政府采购活动，在同等条件下，鼓励优先采购科技型中小企业的产品和服务。鼓励科技型中小企业组成联合体共同参加政府采购与首台（套）示范项目。

四、强化协同创新

（七）推动科技型中小企业开展协同创新。推动科技型中小企业与大型企业、高等学校、科研院所开展战略合作，探索产学研深度结合的有效模式和长效机制。鼓励高等学校、科研院所等形成的科技成果向科技型中小企业转移转化。深入开展科技人员服务企业行动，通过科技特派员等方式组织科技人员帮助科技型中小企业解决技术难题。

（八）鼓励高校院所和大型企业开放科技资源。引导和鼓励有条件的高等学校、科研院所、大型企业的重点实验室、国家工程（技术）研究中心、大型科学仪器中心、分析测试中心等科研基础设施和设备进一步向科技型中小企业开放，提供检验检测、标准制定、研发设计等科技服务。

（九）吸纳科技型中小企业参与构建产业技术创新战略联盟。以产业技术创新关键问题为导向、形成产业核心竞争力为目标，引导行业骨干企业牵头，广泛吸纳科技型中小企业参与，按市场机制积极构建产业技术创新战略联盟。

五、推动集聚化发展

（十）充分发挥国家高新区、产业化基地的集聚作用。以国家高新区、高新技术产业化基地、现代服务业产业化基地、火炬计划特色产业基地、创新型产业集群等为载体，引导科技型中小企业走布局集中、产业集聚、土地集约的发展模式，促进科技型中小企业集群式发展。

（十一）引导科技型中小企业走专业化发展道路，提升产品质量、塑造品牌。支持科技型中小企业聚焦“新技术、新业态、新模式”，走专业化、精细化发展道路。鼓励科技型中小企业做强核心业务，推进精益制造，打造具有竞争力和影响力的精品和品牌。

六、完善服务体系

（十二）完善科技型中小企业技术创新服务体系。充分发挥地方在区域创新中的主导作用，通过政策引导和试点带动，整合资源，加快建设各具特色的科技型中小企业技术创新公共服务体系。鼓励通过政府购买服务的方式，为科技型中小企业提供管理指导、技能培训、市场开拓、标准咨询、检验检测认证等服务。

（十三）充分发挥专业中介机构和科技服务机构作用。开放并扩大中小企业中介服务机构的服务领域、规范中介服务市场，促进各类专业机构为科技型中小企业提供优质服务。充分发挥科技服务机构作用，推动各类科技服务机构面向科技型中小企业开展服务。

七、拓宽融资渠道

（十四）完善多层次资本市场，支持科技型中小企业做大做强。支持科技型中小企业通过多层次资本市场体系实现改制、挂牌、上市融资。支持利用各类产权交易市场开展科技型中小企业股权流转和融资服务，完善非上市科技公司股份转让途径。鼓励科技型中小企业利用债券市场融资，探索对发行企业债券、信托计划、中期票据、短期融资券等直接融资产品的科技型中小企业给予社会筹资利息补贴。

（十五）引导金融机构面向科技型中小企业开展服务创新，拓宽融资渠道。引导商业银行积极向科技型中小企业提供系统化金融服务。支持发展多种形式的抵质押类信贷业务及产品。鼓励融资租赁企业创新融资租赁经营模式，开展融资租赁与创业投资相结合、租赁债权与投资股权相结合的创投租赁业务。鼓励互联网金融发展和模式创新，支持网络小额贷款、第三方支付、网络金融超市、大数据金融等新兴业态发展。

（十六）完善科技型中小企业融资担保和科技保险体系。引导设立多层次、专业化的科技担保公司和再担保机构，逐步建立和完善科技型中小企业融资担保体系，鼓励为中小企业提供贷款担保的担保机构实行快捷担保审批程序，简化反担保措施。鼓励保险机构大力发展知识产权保险、首台（套）产品保险、产品研发责任险、关键研发设备险、成果转化险等科技保险产品。

八、优化政策环境

（十七）进一步加大对科技型中小企业的财政支持力度。充分发挥中央财政资金的引导作用，逐步提高中小企业发展专项资金和国家科技成果转化引导基金支持科技创新的力度，凝聚带动社会资源支持科技型中小企业发展。加大各类科技计划对科技型中小企业技术创新活动的支持力度。鼓励地方财政加大对科技型中小企业技术创新的支持，对于研发投入占企业总收入达到一定比例的科技型中小企业给予补贴。鼓励地方政府在科技型中小企业中筛选一批创新能力强、发展潜力大的企业进行重点扶持，培育形成一批具有竞争优势的创新型企业和上市后备企业。

（十八）进一步完善落实税收支持政策。进一步完善和落实小型微利企业、高新技术企业、技术先进型服务企业、技术转让、研究开发费用加计扣除、研究开发仪器设备折旧、科技企业孵化器、大学科技园等税收优惠政策，加强对科技型中小企业的政策培训和宣传。结合深化税收制度改革，加快推动营业税改征增值税试点，完善结构性减税政策。

（十九）实施有利于科技型中小企业吸引人才的政策。结合创新人才推进计划、海外高层次人才引进计划、青年英才开发计划和国家高技能人才振兴计划等各项国家人才重大工程的实施，支持科技型中小企业引进和培养创新创业人才，鼓励在财政补助、落户、社保、税收等方面给予政策扶持。鼓励科技型中小企业与高等学校、职业院校建立定向、订单式的人才培养机制，支持高校毕业生到科技型中小企业就业，并给予档案免费保管等扶持政策。鼓励科技型中小企业加大对员工的培训力度。

（二十）加强统计监测与信用评价体系建设。建立公平开放透明的市场规则，加大对市场中侵害科技型中小企业合法利益行为的打击力度。研究发布科技型中小企业标准，建立科技型中小企业资源库，健全科技型中小企业统计调查、监测分析和定期发布制度。加快科技型中小企业信用体系建设，开展对科技型中小企业的信用评价。

推动科技型中小企业创新发展既是一项事关创新型国家建设的长期战略任务，也是加快转变经济发展方式的迫切需求，更是进一步落实创新驱动发展战略的关键路径之一。各地方科技管理部门要高度重视科技型中小企业工作，加强与有关部门的沟通协调，结合各地情况，制定本意见的贯彻落实办法，采取有效政策措施，切实推动科技型中小企业创新发展。

科技部

2015年1月10日

资料来源：科技部网站。

附录二　河北省人民政府关于促进科技金融深度融合的意见

冀政字［2015］41号

各设区市人民政府，省直管县（市）人民政府，省政府有关部门：

为贯彻落实党的十八届三中、四中全会精神，全面实施创新驱动发展战略，深化体制机制改革，构建科技金融创新体系，促进科技金融深度融合，助推我省科学发展、绿色崛起，结合我省实际，提出如下意见：

一、加大科技企业融资力度

（一）建立科技信贷专营机构。推动银行业金融机构在高新技术产业开发区和国家高新技术产业化基地等科技资源聚集地区新设或改造重点为科技企业服务的科技支行。争取每个设区市设立1家以上科技支行，逐步在有条件的县（市、区）增设科技支行。稳步发展科技小额贷款公司，按照“小额、分散”原则，向小微科技企业提供贷款服务。对新开办的科技分（支）行、科技小额贷款公司，自批准设立起3年内按其对地方经济贡献度由同级财政给予奖励。按照国家有关政策，推动具备条件的民间资本依法发起设立民营科技银行。（省金融办、河北银监局、省财政厅、省科技厅等部门按职责分工负责）

（二）创新信贷产品和服务。扩大金融机构开展股权、仓单、订单、应收账款和票据等质押贷款规模。推广信用贷款、小额贷款和并购重组等贷款品种。支持发展信用保险保单和贷款保证保险保单质押业务，鼓励保险公司与银行合作，采取“政府+保险+银行”的风险共担模式，使无担保、无抵押的科技型中小企业获得贷款。推动政策性银行加快业务范围内金融产品和服务方式创新，对符合条件的科技型企业创新活动加大信贷支持力度。探索商业银行为企业创新活动提供股权和债权相结合的融资服务方式，与创业投资、股权投资机构实现投贷联动。鼓励金融机构开展跨境人民币结算、内保外贷、外汇及人民币贷款、贸易融资、国际保理和海外投资保险等综合金融服务，支持科技企业“走出去”。鼓励京津法人金融机构在我省承接北京产业转移的经济技术开发区和高新技术产业开发区跨区域经营，设立区域审贷中心，开展跨区域授信。设立省级科技型中小企业贷款风险补偿金，按照“政策引导、市场运作、稳步推进”的原则，建立对商业银行支持科技型中小企业贷款的风险补偿机制。（人行石家庄中心支行牵头，河北银监局、省金融办、省科技厅、省发展改革委、省财政厅、省商务厅、河北保监局等部门按职责分工负责）

（三）推动知识产权质押融资。拓展专利权、商标权和著作权等各类知识产权投融资服务。支持金融机构开展以知识产权组合为基础的资产管理、信托等业务。鼓励发展知识产权投资和经营公司。探索建立知识产权质押物评估、处置和交易机制。落实我省专利权质押贷款贴息政策，对通过知识产权质押融资的企业，补贴其贷款利息的50%，最高不超过50万元。（省科技厅、省知识产权局牵头，省金融办、省财政厅、人行石家庄中心支行等部门按职责分工负责）

（四）加强科技保险服务。支持保险公司在高新技术产业开发区和国家高新技术产业化基地等设立科技保险专营机构。对新开办的科技保险机构，自批准设立起3年内按其对地方经济贡献度由同级财政给予奖励。开发推广科技企业履约保证保险、知识产权保险、首台（套）产品保险、产品研发责任保险、关键研发设备保险、出口信用保险和成果转化保险等产品。鼓励有条件的市、县（市、区）建立科技保险保费补贴制度，对科技型中小企业购买经科技部、中国保监会批准的科技保险产品予以保费资助。建立科技企业保险理赔绿色通道，提高科技保险理赔服务水平。加快在国家级高新技术产业开发区开展科技保险试点。按照保险资金使用政策，推动保险资金投资企业股权、债权和资产支持计划等，投资符合条件的创业投资基金。推动保险资金投资我省高新技术产业开发区基础设施建设、战略性新兴产业培育和重大科技项目。（省科技厅、省金融办、河北保监局、省发展改革委、省财政厅等部门按职责分工负责）

（五）提高担保增信能力。鼓励融资性担保公司为初创期和成长期高新技术企业提供融资担保服务，将科技型中小企业融资担保产生的代偿损失纳入省级风险补偿金覆盖范围。支持发展政策性科技融资担保公司。（省工业和信息化厅牵头，省金融办、省科技厅、省财政厅、省发展改革委等部门按职责分工负责）

（六）开展融资租赁。支持具有产业背景的大型企业开展面向科技企业的融资租赁业务，鼓励有条件的科技企业设立融资租赁公司直接开展融资租赁业务。支持金融租赁公司、融资租赁公司为科技企业、科研院所等开展研发和技术改造提供大型设备、精密器材等租赁服务。推动金融租赁公司通过开展资产证券化和发行债券等方式融资。支持融资租赁企业运用保理、上市、发行债券、信托和基金等方式融资。（省金融办、省商务厅、省科技厅、河北银监局、河北证监局等部门按职责分

工负责）

二、拓宽科技企业融资渠道

（一）利用多层次资本市场融资。实施科技企业上市培育计划，建立省、市、县（市、区）科技企业上市后备库，加强对科技企业的培育辅导。推动符合条件的科技型中小企业在主板（含中小板）、创业板、“新三板”、石家庄股权交易所等境内多层次资本市场和境外市场上市挂牌融资，对在境内外主板或创业板上市的企业奖励200万元，对在“新三板”挂牌的企业奖励150万元，对在股权交易市场挂牌的企业奖励30万元，经省金融办审核后由省财政厅直接将资金拨付至企业账户。支持上市、挂牌科技企业通过增发股份和发行债券等方式实现再融资。支持上市科技企业并购重组做大做强。（省金融办牵头，河北证监局、省科技厅、省财政厅等部门按职责分工负责）

（二）通过债券市场融资。推动科技企业发行企业债券、公司债券、短期融资券、中期票据、集合债券、集合票据和私募债券等。推广区域集优债等适合科技企业融资的模式。按照《河北省金融贡献奖励办法》（冀政办函［2011］18号），对拟发债科技企业的中介服务费、培训费和前期费用等进行补贴。（省发展改革委、人行石家庄中心支行、河北证监局牵头，省金融办、省科技厅、省财政厅等部门按职责分工负责）

（三）发展各类股权投资基金。参与设立京津冀科技成果转化基金。鼓励京津冀金融机构和民间资本成立服务区域科技产业协同发展、产业转移的专项投资基金。支持设立省级科技成果转化股权投资引导基金。扩大省级创业投资引导基金规模。支持有市场运作能力、符合条件的市、县（市、区）政府投融资平台改造为创业投资机构。支持设区市、国家级高新技术产业开发区设立和发展创业投资引导基金、私募股权投资基金。支持民间资本参与发起设立创业投资、私募股权投资和天使投资基金。通过科技型中小企业产业投资引导基金，运用阶段参股、风险补助和投资保障等方式，引导创业投资机构投资初创期科技型中小企业。鼓励符合条件的创业投资企业通过债券融资等方式增强投资能力。充分发挥石家庄股权交易所作用，促进科技初创企业融资，完善创业投资、天使投资退出和流转机制。（省发展改革委、省科技厅牵头，省金融办、省工商局、省财政厅、省工业和信息化厅、省教育厅、人行石家庄中心支行、河北证监局等部门按职责分工负责）

三、完善科技金融服务体系

（一）建立技术产权交易平台。建立我省技术产权交易市场。支持中国国际技术转移中心、中国技术交易所和北京中关村技术交易中心等在我省设立分支机构。

加快发展京津冀统一的区域性技术产权交易市场，统一交易标准和程序，建立京津冀技术交易联盟和报价系统，促进国家和京津冀科技资源共享、重大科技成果在我省转化。各设区市要建立区域性技术交易市场。（省科技厅、省财政厅、省金融办等部门按职责分工负责）

（二）发展科技金融服务平台。推动在高新技术产业开发区和国家高新技术产业化基地等设立科技金融高端人才、培训咨询、知识产权、技术转移和投贷联动等多功能服务为一体的金融超市。支持从事成果孵化、科技咨询、技术检测、创业投资等专业化、综合性的科技中介机构发展。开展互联网股权众筹融资试点，增强众筹对创新创业的服务能力。（省金融办、省科技厅、省财政厅、省发展改革委、人行石家庄中心支行、河北银监局、河北证监局、河北保监局等部门按职责分工负责）

（三）完善科技企业信用体系。建立科技企业信用信息数据库。建立和完善科技企业信用信息归集和共享机制，畅通政府、金融机构和科技企业间的信息共享渠道。开展科技企业信用评级，建立科技企业信用预警和黑名单制度，促进科技企业实现信用融资。（省发展改革委、人行石家庄中心支行牵头，省金融办、省科技厅、省工业和信息化厅、省商务厅、河北银监局、河北证监局、河北保监局等部门按职责分工负责）

（四）培育创新型孵化器。大力培育发展我省“众创空间”等创新型孵化器。支持金融机构和创业投资机构等与创新型孵化器合作，为初创期科技企业提供创业投资、银行信贷、股份制改造和融资路演等综合金融服务。鼓励民间资本参与建设一批低成本、便利化、全要素、开放式的“众创空间”，促进大众创新创业。建立健全科技金融人才引进、培养、任用、评价和激励制度，加强省专家库建设。对新认定的省级众创空间，分类给予一定的财政补助，用于初期开办费用、服务平台建设和设备购置等。根据年度服务绩效，省、市对众创空间等新型孵化机构的房租、宽带接入费、公共软件、开发工具、创业培训和中介服务等给予适当补贴，省级补贴额度最高不超过20万元。（省科技厅牵头，省金融办、省发展改革委、省人力资源社会保障厅、人行石家庄中心支行、河北银监局、河北证监局、河北保监局等部门按职责分工负责）

四、强化督导激励机制

（一）建立风险分担和业务合作机制。研究出台《河北省科技贷款风险补偿资金管理办法》，对金融机构进行风险补偿。完善科技和金融监管部门合作机制，推动建立政府、银行、保险机构、各类投资基金、担保公司、小额贷款公司和科技型中小企业等多方参与、科学合理的风险分担体系和联合业务创新机制。（省科技厅、省金融办牵头，省发展改革委、省工业和信息化厅、人行石家庄中心支行、河北银监局、河北证监局、河北保监局等部门按职责分工负责）

（二）建立评价激励机制。对金融机构科技金融业务进行单独评价，作为政府实施补贴和补偿等政策的依据。对风险成本计量到位、资本与拨备充足、科技型中小企业金融服务良好的商业银行，经监管部门认定后，在激励约束、贷款审批、不良贷款容忍度、拨备和核销等监管指标方面进行差异化考核。各金融机构每半年要将科技金融融合发展情况报送省金融办。对支持科技企业的金融机构按照《河北省金融贡献奖励办法》（冀政办函［2011］18号）给予奖励。（省金融办牵头，省财政厅、省科技厅、人行石家庄中心支行、河北银监局等部门按职责分工负责）

（三）加强督导检查。各市、县（市、区）要安排专项资金支持本地科技金融机构、科技型中小企业的发展。各设区市和省直管县（市）每半年要将科技金融融合发展情况报省政府。省相关部门将组成联合督导组，适时对各设区市和省直管县（市）进行督导。（省科技厅、省金融办等部门按职责分工负责）

河北省人民政府

2015年8月10日

资料来源：河北省人民政府网站。

附录三　河北省人民政府关于加快科技服务业发展的实施意见

冀政发［2015］18号

各设区市人民政府，省直管县（市）人民政府，省政府各部门：

为深入贯彻落实《国务院关于加快科技服务业发展的若干意见》（国发［2014］49号）精神，推动我省科技服务业快速发展，结合我省实际，提出如下实施意见：

一、总体目标

到2017年，全省科技服务业取得长足发展，涌现一批新型科技服务业态，培育一批优势科技服务机构，形成一批科技服务产业集群。经认定的省级品牌科技中介机构达到100家，省级科技服务业创新发展区域试点达到10个，科技服务业总收入达到2 000亿元。到2020年，形成覆盖科技创新全链条的科技服务体系，科技服务水平大幅提升，市场竞争能力明显增强，科技服务业总收入达到3 000亿元，成为全省经济重要增长点。

二、主要任务

（一）重点发展领域。

1. 研究开发服务。加强关键共性技术攻关。围绕产业发展“有中生新”和“无中生有”，实施钢铁产业技术升级、物联网、北斗导航、新能源汽车、科技治霾、制造业信息化、文化科技创新等重大科技专项，支撑全省产业发展向中高端迈进。支持跨部门、跨区域协同创新。鼓励产学研联合创新，支持由企业主导，与高校和科研院所共建技术创新联盟。鼓励京津高校、院所和央企与我省开展合作创新，或在我省设立研发机构。鼓励面向军民融合的科技研发，继续开展军民融合产学研用示范基地建设工作，努力构建军民协同创新机制。加快各类研发机构建设。支持现有研发机构科研条件和创新团队建设，不断提升创新水平和服务能力。鼓励企业研发机构建设。依托重点高校和骨干企业，新建一批工程技术（研究）中心、企业技术中心、工业设计中心、协同创新中心、重点实验室、工程实验室和产业技术研究院。到2017年，省级以上工程技术研究中心达到250家，企业技术中心达到530

家，工业设计中心达到 50 家，协同创新中心达到 30 家，重点实验室达到 100 家，工程实验室达到 145 家，产业技术研究院达到 50 家。（省科技厅、省发展改革委、省教育厅、省工业和信息化厅、省国防科工局负责）

2. 技术转移服务。建设一批区域性技术交易市场。以北戴河高科技成果展示交易中心、京津冀技术交易河北中心为核心，以石家庄、廊坊、保定、唐山市为重点，加快技术交易市场在各设区市和高新技术产业开发区、经济（技术）开发区的建设布局，到 2017 年，建设一批京津冀技术交易河北中心工作站，初步形成覆盖全省的技术交易市场网络。支持北京中关村技术交易中心等在我省设立分支机构。支持建立国防军工技术交易市场，积极引导国防专利成果在我省转化。加快技术转移机构发展。支持各级各类技术转移机构发展，认定一批国家级和省级技术转移示范机构。支持省内技术转移机构与国内外知名技术转移机构合作，推动中国国际技术转移中心在我省设立分支机构，实现成果资源跨区域交流共享。支持科协系统开展技术转移服务。到 2017 年，国家级技术转移示范机构达到 13 家，省级技术转移示范机构达到 15 家。丰富技术转移服务模式。加快基于互联网的在线技术交易模式发展。充分利用技术进出口交易会、北戴河高科技成果展、北京科博会等平台，促进国内外技术成果向我省转移。鼓励技术转移机构和企业之间探索新型技术转移合作模式，提升技术转移机构的增值服务能力。[省科技厅、省国防科工局、省科协，各设区市和省直管县（市）政府负责]

3. 创新创业服务。大力发展面向中小企业发展的科技咨询服务。支持生产力促进中心、知识产权服务机构、科技咨询机构等快速发展，提升专利代理、科技评估、战略研究、科技查新、文献检索、竞争情报分析、工程技术咨询等服务能力。加快创新创业载体建设。依托各类科技园区和高新技术产业化基地，新建一批科技企业孵化器和创业辅导基地，到 2017 年，省级以上科技企业孵化器达到 80 家，创业辅导基地达到 400 家。发展创新创业服务新模式。支持创客空间、创新工场、车库咖啡等创业孵化新模式发展，大力发展市场化、专业化、集成化、网络化的“众创空间”，为小微创新企业成长和个人创业提供低成本、便利化、全要素的开放式综合服务平台。大力发展“孵化 + 创投”“创业导师 + 持股孵化”“创业培训 + 天使投资”等创业孵化服务模式，建设“创业苗圃 + 孵化器 + 加速器”的创业孵化服务链条，加速创新成果市场化。到 2017 年，建设“创新工场”“车库咖啡”等新型创业孵化机构 50 家。[省科技厅、省知识产权局、省工业和信息化厅，各设区市和省直管县（市）政府负责]

4. 科技金融服务。培育一批新型科技投融资机构。鼓励为科技型中小企业融资服务的科技分（支）行、科技小额贷款公司、政策性科技融资担保公司发展。到2017年，力争全省开办科技分（支）行15家以上，在所有设区市实现科技担保机构全覆盖。推进金融产品创新。完善互联网股权众筹融资机制，发展区域性股权交易市场。鼓励金融机构开发科技保险、知识产权质押等产品和服务。加大财政支持，推动科技型中小企业在全国中小企业股份转让系统（以下简称“新三板”）、股权交易市场挂牌交易。到2017年，力争投保专利保险企业达到100家以上，专利质押贷款融资超过15亿元，“新三板”挂牌企业达到150家。大力发展风险投资。落实省政府《省级产业引导股权投资基金实施方案》，扩大省级创业风险投资基金规模，设立科技成果转化股权投资引导基金，组建“新三板”上市股权投资基金、大学校园创业投资基金。支持各设区市政府成立和放大风险投资资金。到2017年，力争每个设区市建立一个政府出资的科技创业投资机构。（省科技厅、省金融办、人民银行石家庄中心支行、河北银监局、河北证监局、河北保监局、省知识产权局，各设区市政府负责）

5. 知识产权服务。完善知识产权（含国防知识产权）全链条服务体系。鼓励各类市场主体投资设立知识产权代理、评估、交易、咨询等服务机构，支持京津等地服务机构在我省设立分支机构。开展国家级和省级知识产权服务品牌机构培育工作。到2017年，全省知识产权服务机构达到50家，省级以上知识产权服务品牌机构达到15家。提升知识产权（含国防知识产权）服务能力。开展专利统计、分析、预警、评估等专业知识产权服务工作，为知识产权战略实施提供信息和决策支撑。依托国家知识产权局河北省专利信息服务中心，建立具有专利检索、展示交易、法律咨询、宣传培训、人才培养等功能的知识产权公共服务平台。提高知识产权运用能力。实施知识产权“三优”培育工程，以推行国家相关管理标准为牵引，着力培育100家知识产权优势企业、100项优秀专利品牌产品、100名优秀知识产权人才，提升企业运用知识产权制度参与市场竞争的能力。（省知识产权局、省工商局、省新闻出版广电局、省工业和信息化厅、省国防科工局负责）

6. 检验检测认证服务。加快专业检验检测认证机构建设培育。推进国有检验检测认证机构转企改制，鼓励社会资本以多种方式发展检验检测认证服务业。鼓励国内外检验检测机构在我省设立分支机构，加快培育一批第三方检验检测认证机构。到2017年，经营类检验检测认证机构转企改制基本到位，新增通过国际互认的计量检测校准实验室10个、国家计量器具型式评价实验室3个，培育、建设国家级产业计量测试中心1个，国家质检中心从11家发展到13家。创新检验检测认证服务模式。鼓励计量技术机构、高校、科研院所、企业相结合的计量检测创新模式发展。

进一步放开检验检测认证机构市场准入，允许检验检测认证机构以分支机构、子公司方式经营，鼓励省内大型检验检测认证机构在各类科技园区设立分支机构。打造京津冀区域一体化检验检测认证模式，推进检验检测认证机构资质和检验检测结果互认。规范检验检测认证机构管理。进一步减少检验检测认证行业前置审批和资质认定项目。缩短检验检测认证资质认定时限，为农产品、食品等产品检验检测认证机构资质认定开通绿色通道。加强对检验检测认证机构和从业人员的监管，规范检验检测认证服务行为。[省质监局、各设区市和省直管县（市）政府负责]

（二）重点发展区域。

1. 建设京津冀协同创新科技服务聚集区。以环首都的白洋淀科技城和保定、承德、唐山、燕郊、秦皇岛、京南·固安等高新技术产业开发区、经济（技术）开发区为重点，积极引进北京、天津市的技术研发、技术交易、技术转移、成果孵化、科技咨询、科技金融等服务机构聚集发展，形成京津冀协同创新科技服务聚集区。通过托管、代管等形式，进一步强化环首都区域与北京高校、科研院所、企业集团和中关村科技园的合作，共建一批科技创新园、科技成果中试基地、技术成果转化中心等服务载体，形成科技服务业发展的新高地。[省科技厅、省发展改革委、省工业和信息化厅、省国土资源厅、省住房城乡建设厅、省商务厅，有关设区市和省直管县（市）政府负责]

2. 培育科技服务业产业集群。以国家级和省级高新技术产业开发区、农业科技园区、经济（技术）开发区、高新技术产业化基地、特色产业基地、国际科技合作基地等为重点，以支撑园区基地优势产业发展为目标，推动科技服务业聚集发展，形成一批科技服务业产业集群。支持石家庄、保定等国家高新技术产业开发区创新服务模式，形成覆盖创新全链条的科技服务体系。支持唐山市依托中国科学院唐山高新技术研究与转化中心，建立一批技术研发、中试、推广服务机构。支持张北云计算产业园和承德大数据产业园发展，为打造“京津冀大数据走廊”提供支撑。[省科技厅、省发展改革委、省工业和信息化厅、省国土资源厅、省住房城乡建设厅、省商务厅，各设区市和省直管县（市）政府负责]

3. 建设科技服务业创新发展试点区域。支持国家高新技术产业开发区争创国家科技服务业创新发展区域试点，利用国家政策推动科技服务业加快发展。面向各类科技园区、经济（技术）开发区和创新基地，培育认定一批省级科技服务业创新发展区域试点。统筹科技资金，加大支持力度，推动试点区域创新工作机制，完善服务链条，提高科技创新服务能力。[省科技厅、省发展改革委、省国土资源厅、省住房城乡建设厅、省商务厅，各设区市和省直管县（市）政府负责]

（三）重点工程。

1. 市场主体培育工程。充分发挥市场主导作用，强化政策扶持，培育壮大各类科技服务机构。鼓励大中型企业将技术研发部门注册成为具有独立法人资格的研究开发中心或研究院，实现市场化经营。引导社会资本参与国有企业改制，推动具备条件的国有独立科研院所转制，成为科技服务的龙头企业。支持高校、科研院所发挥优势，成立一批专业科技服务机构。支持大学生和科技人员创业，创办一批中小型科技服务企业。［省科技厅、省发展改革委、省教育厅、省工业和信息化厅、省财政厅、省编委办、省人力资源社会保障厅、省工商局，各设区市和省直管县（市）政府负责］

2. 开放合作推进工程。利用我省地缘优势，加强与国内外尤其是京津地区科技合作，加快我省科技服务业发展。推动建立京津冀科技服务业协同发展工作机制，促进京津冀科技服务资源流动和共享。吸引京津科技服务机构在我省设立分支机构或与我省合作成立服务机构，支持我省科技服务机构在京津发展，形成三地科技服务业良性互动和协调发展格局。支持科技服务机构开展国际合作与交流，不断提高国际竞争力。（省科技厅、省发展改革委、省商务厅负责）

3. 优势品牌提升工程。推动省级工程技术（研究）中心、企业技术中心、重点实验室、工程实验室、科技企业孵化器等创新平台提档升级，争创“国字号”品牌，提升我省科技服务品牌影响力。完善省级科技中介机构评价标准，认定一批省级品牌科技中介机构。在条件建设、经费安排、人员培训等方面对国家级和省级品牌科技服务机构给予重点支持，推动服务品牌做优做强。（省科技厅、省工商局、省发展改革委、省财政厅负责）

4. “双百双千”人才建设工程。着眼产业技术创新，引进100个高层次产业创新团队；着眼高端智力引进，新建100家高水准院士工作站；着眼科技型中小企业发展，引进1 000名高素质科技创新人才；着眼服务“新三农”，选派1 000名高技能科技特派员。加强高校科技服务业相关学科专业建设，发展多层次、多类型专业教育，培养急需服务人才。开展创业导师、创业辅导师（员）、技术经纪人、专利分析师、项目管理师、科技咨询师、质量认证师、信息分析师等在职培训，努力打造一支高素质、复合型科技服务人才队伍。（省科技厅、省委组织部、省人力资源社会保障厅、省教育厅、省工业和信息化厅、省知识产权局、省科协负责）

5. 科技服务信息化工程。加快基于互联网的科技服务业发展，推进科技创新全链条“智慧服务”。建立完善科技项目、科技人才、科学数据、科技文献、科技成果、科技金融等网络信息管理平台，加强信息互联互通和交流共享，推动研发设计、技术推广、教育培训、知识产权、科技融资等服务信息化。加强基于云计算的大数据开发与利用，大力发展以信息、知识加工为主的数据挖掘、科技咨询等新型服务，加速信息知识向产品、资产和效益转化。（省科技厅、省工业和信息化厅、省金融办、省知识产权局负责）

6. 创新文化传播工程。推进创新文化建设，提升全民创新意识，营造有利于创新的文化氛围。加强科普场馆和科普基地建设，鼓励科普作品创作，开展多种形式的科普活动。举办创业训练营、创新创业大赛等，加强创业辅导，培育创客文化，促进大众创业、万众创新。推进文化科技融合发展，培育文化和科技融合示范企业。[省委宣传部，省科技厅、省教育厅、省人力资源社会保障厅、省文化厅、省科协，各设区市和省直管县（市）政府负责]

三、保障措施

（一）加强组织领导。建立联席会议制度，统筹协调科技服务业发展中的重大问题，安排部署工作任务。加强部门协同和上下联动，建立信息沟通工作机制。各地各部门要按照本意见，结合实际，制定支持科技服务业发展的具体工作措施，确保完成各项工作任务。[省科技厅、省发展改革委、省教育厅、省工业和信息化厅、省财政厅、省人力资源社会保障厅、省商务厅、省工商局、省质监局、省金融办，各设区市和省直管县（市）政府负责]

（二）加强财政支持。统筹整合省级科技资金，加大对科技服务业发展的支持。省中小企业发展专项资金、电子信息产业发展基金、现代服务业资金安排使用上向科技服务业倾斜。各设区市和省直管县（市）也要采取措施，加大对科技服务业发展的财政支持。[省科技厅、省发展改革委、省工业和信息化厅、省财政厅，各设区市和省直管县（市）政府负责]

（三）落实税收优惠政策。做好企业研发费用加计扣除、技术合同减免税等政策的落实。认定为高新技术企业的科技服务企业，减按15%的税率征收企业所得税。符合条件的科技服务企业发生的职工教育经费支出，不超过工资薪金总额8%的部分，准予在计算应纳税所得额时据实扣除。落实国家大学科技园、科技企业孵化器相关税收优惠政策。下放和简化审批程序，推进涉税事项“同城通办”和网上办税服务厅建设，为政策落实创造良好条件。（省国税局、省地税局、省科技厅负责）

（四）加强行业监管。成立河北省科技服务业协会，依法依规对科技服务机构及相关从业人员进行监督评价，加强行业自律，营造科技服务诚信环境。建立科技服务业综合管理信息平台，对政策法规、统计数据、行业信息、企业信息等进行权威发布，提高对行业及社会的综合服务能力。充分发挥省科协及行业协会作用，加大对科技服务业发展的监管和支持。（省科技厅、省发展改革委、省教育厅、省工业和信息化厅、省财政厅、省人力资源社会保障厅、省商务厅、省工商局、省质监局、省金融办、省科协负责）

（五）加强统计监测。建立健全科技服务业统计调查制度，充分利用并整合各有关部门科技服务业统计数据，定期发布科技服务业发展情况。加强目标监测，对科技服务业发展的质量、速度和绩效进行年度综合评价，把握科技服务业发展动态和趋势。（省统计局、省科技厅负责）

河北省人民政府

2015 年 5 月 28 日

资料来源：河北省人民政府网站。

附录四　北京市人民政府关于加快首都科技服务业发展的实施意见

京政发［2015］25号

各区、县人民政府，市政府各委、办、局，各市属机构：

为全面贯彻落实《国务院关于加快科技服务业发展的若干意见》（国发［2014］49号）精神，着力推动大众创业、万众创新，加快构建“高精尖”经济结构，努力提升科技服务业对首都科技创新和产业发展的支撑能力，特提出以下实施意见。

一、总体要求

（一）指导思想

深入贯彻落实党的十八大和十八届三中、四中全会精神，深入学习贯彻习近平总书记系列重要讲话和对北京工作的重要指示精神，主动适应经济发展新常态，坚持和强化首都城市战略定位，充分发挥市场在资源配置中的决定性作用，着力加强技术创新，着力激发创业活力，着力做强优势领域，着力培育新型业态，着力拓展市场空间，积极推动科技服务业向专业化、网络化、规模化、国际化方向发展，努力为实施创新驱动发展战略、促进首都经济社会持续健康发展、建设国际一流的和谐宜居之都提供有力支撑。

（二）发展目标

到2020年，首都科技服务资源潜力充分释放，市场化程度进一步提高，特色突出、支撑有力、创新引领的科技服务体系基本形成，对科技成果转化应用的支撑服务能力明显增强；新增一批具有国际影响力的科技服务业骨干企业、服务机构和知名品牌，形成一批定位清晰、布局合理、协同发展的科技服务业集聚区；全市科技服务业收入达到1.5万亿元，技术合同成交金额达到5 000亿元。

二、主要任务

（一）实施技术支撑工程

1. 扩大研究开发服务优势。鼓励企业自建或与高等学校、科研院所共建重点实验室、工程实验室、工程（技术）研究中心、企业技术中心等研发机构，支持企业承担或参与产业技术研发平台建设、在京设立研发总部，引导各类新兴源头技术创新机构和市场化新型研发组织有序发展。深化首都科技条件平台和中关村开放实验室建设，推动重大科研基础设施和大型科研仪器向社会开放，进一步提高科技资源利用效率。支持创新能力强、集成服务水平高的研发服务外包企业，发展设备租赁、原料采购、小批量生产等研发辅助服务。鼓励基于互联网的新型研发服务业态发展。

2. 提高技术转移服务效率。以中国国际技术转移中心为载体，加快国家技术转移集聚区建设，打造辐射全国、链接全球的技术转移枢纽。鼓励高等学校、科研院所设立技术转移服务机构，采取转让、许可、作价入股等方式开展科技成果转移转化活动，健全完善市场定价机制。完善科技成果转化收益分配机制，深化科研资产管理改革。支持技术转移服务机构创新服务模式，积极发展基于大数据、云计算、移动互联网等现代信息技术的新型服务。

3. 促进知识产权服务业发展。完善支持知识产权服务业发展的配套政策，加强知识产权服务与产业、科技、金融等政策的衔接。完善知识产权公共信息、专题数据库、保护、商用化等服务平台，加强知识产权信息传播利用，强化知识产权保护和投融资服务，培育新型知识产权服务业态。实施知识产权服务品牌机构培育计划，引导服务机构与各类创新主体对接，支持服务机构提高知识产权分析评议、运营实施、评估交易、保护维权、投融资等服务水平。积极推动中关村国家知识产权服务业集聚发展试验区建设。

（二）实施创业支持工程

4. 完善创业孵化服务体系。鼓励骨干企业、高等学校、科研院所、企业家和天使投资人等主体投资建设各种类型的孵化机构，完善孵化服务网络，重点发展以孵化投资为核心的创业孵化模式和基于互联网的新型孵化方式。发挥中关村创业大街作用，支持社会机构建设众创空间，举办有影响力的创新创业大赛和创业训练营，营造创新创业的浓厚氛围。围绕企业在种子期、初创期、成长期各阶段的不同需求，打造“创业苗圃—孵化器—加速器—产业园”的孵化服务链条。

5. 深化科技金融服务创新。支持设立天使投资、创业投资和科技成果转化引导基金，吸引国际知名风险投资机构来京发展。鼓励引导金融机构开展符合科技企业特点的金融产品和服务方式创新，深化信用贷款、股权质押贷款、知识产权质押贷款、信用保险和贸易融资、产业链融资等各类科技信贷创新试点。支持互联网支付、网络信贷、众筹融资、信用评估等互联网金融业态有序发展。

（三）实施优势引领工程

6. 促进设计服务业发展。支持设计企业参加国际展览、承接国际订单、参与制定国际标准，进一步提升“中国设计红星奖”等品牌活动的国际影响力。推进设计之都建设，实施首都设计提升计划，促进设计服务与战略性新兴产业、城市规划建设管理等领域深度融合。鼓励企业建立设计创新中心，不断提高设计创新水平。支持面向全国的设计服务平台和中国设计交易市场建设，完善设计产业链条，为公众提供个性化、多样化的设计服务。

7. 扩大工程技术服务业规模。推动工程技术服务龙头企业开放数据、平台等资源，与中小企业共同开展示范工程建设，带动产业上下游企业协同发展。培育一批骨干企业，支持其通过兼并、重组和上市等途径做大做强。促进工程技术服务业关键技术攻关、成套设备研发和标准规范制定，鼓励企业提供集成化的系统解决方案服务。提升工程项目咨询、管理和投资顾问类服务机构的国际竞争力，支持工程承包企业开拓国内外市场。

8. 支持检验检测认证服务市场化发展。推动跨层级、跨部门的行业整合和并购重组，支持第三方检验检测认证机构独立法人化运营及转企改制。通过市场化机制和信息化手段整合资源，培育一批检验检测认证龙头企业，形成全链条的服务能力。支持建设检验检测认证公共服务平台，推动实施第三方检验检测认证结果采信制度。加强技术标准研制与应用，发展标准研发、信息咨询等服务业态。鼓励检验检测认证机构按照国际规则开展认证结果和技术能力国际互认，提高国际化水平。

（四）实施业态培育工程

9. 促进科技文化融合发展。加快国家级文化和科技融合示范基地建设，围绕文化产品与服务的创意创作、设计制作、展示传播、消费体验等环节，开展关键技术攻关与科技成果推广应用。提高对重点文化领域的科技服务水平，培育一批特色鲜明、创新能力强的文化科技企业。加强文化公共服务平台的网络化和数字化建设，增强对文化事业的服务能力。

10. 促进专业技术服务发展。发展面向健康养老产业的专业技术服务机构，建设健康数据库，并加强对数据的挖掘和利用，为医疗服务和健康管理提供技术支撑。促进体育产业与信息技术融合发展，强化对全民健身、竞技表演、赛事管理的专业技术服务。发展数字教育应用综合服务，建设多种形式的教育云服务平台，扩大在线教育规模。支持专业技术服务机构优化电子商务服务链条，提升现代流通行业整体效率。在金融数据托管、在线法律服务、人力资源服务等领域，培育一批专业能力强的专业技术服务机构。

11. 促进科技咨询和科普服务发展。引导科技咨询企业运用现代信息和网络技术，发展商业数据专业咨询、精准营销、知识管理等新型咨询服务。培育科研项目集成化总包和专业化分包的第三方服务机构。推动科研院所建设一批高水平科技创新智库，开展咨询建议、科学评估等服务，引导科技咨询机构兴办社会智库。进一步开放科技馆、博物馆、图书馆等资源，建设科普教育、科普培训、科普传媒和科普研发基地，为公众提供科技信息服务。

（五）实施市场拓展工程

12. 拓展区域合作市场。围绕京津冀协同发展重点合作领域，建立一批区域协同创新科技服务站，完善市场化运行机制，推动首都科技资源与区域合作需求有效对接。鼓励建立跨区域的研发机构、中试和成果转化基地、产业技术创新联盟，支持科技服务企业实现跨区域交流合作。充分利用现代信息和网络技术，建立一批科技服务电子商务平台，促进区域间技术转移转化的商业模式创新。

13. 提高国际合作水平。建设国际科技合作基地和亚欧科技创新合作中心，支持科技服务企业通过海外并购、联合经营、设立分支机构等方式开拓国际市场。支持企业通过中国（北京）国际服务贸易交易会、中国（北京）跨国技术转移大会等会展平台拓展海外业务。完善电子支付、资金结算、报关通关等服务体系，对承接国际科技服务外包业务所需要的样机、样本、试剂等优化审批流程，促进科技贸易发展。

三、保障措施

（一）强化政策引导

落实国家支持科技服务业发展的税收优惠政策。开展科技服务业创新发展试点，支持和引导产业技术创新联盟等社会组织联合开展科技服务公共技术研发和服务平台建设。探索集体经营性建设用地入市试点，优先用于研发中心、孵化机构等科技服务机构建设。实施首都科技创新券制度，以“后补助”方式支持高等学校、科研机构为小微企业和创业团队提供研发服务。

（二）营造市场环境

构建统一开放、竞争有序的市场体系，为各类科技服务主体营造平等参与、公平竞争的市场环境。探索建立新技术新产品（服务）“首购首用”风险补偿机制。创新公共科技服务提供机制和方式，优先支持在大气污染防治、垃圾污水处理、智能交通管理、城市安全运行和应急救援、住宅产业化、新农村建设、文化惠民、健康养老、居民消费等领域探索开展政府采购科技服务试点。

（三）加大资金支持

整合现有政策，统筹使用财政资金支持科技服务业发展。发挥科技服务业专项资金的引导和放大作用，提升关键环节的服务能力，优化科技服务链条，促进产业转型升级。用好中关村现代服务业试点扶持资金，加大对科技服务业项目的支持力度，推动平台类重点示范项目建设。采取贷款风险补偿、“后补助”等方式，引导金融机构和创业投资机构支持科技服务新型业态发展。

（四）搭建服务平台

探索建立面向全国的新技术新产品（服务）采购平台，加强对新技术新产品（服务）的展示发布和推广应用。建立首都科技大数据平台，逐步向社会开放科技数据资源，提高科技资源的公共服务能力。发挥首都创新大联盟作用，促进资源优化配置和行业跨界融合。支持营销服务平台建设，为中小微企业提供营销服务。发挥科技社团等社会组织作用，搭建行业领军人才交流合作平台。

（五）注重人才建设

充分利用国家和本市各类人才计划，引进和培养一批懂技术、懂市场、懂管理的复合型科技服务高端人才。依托教育培训机构、学术咨询机构、协会、学会等社会组织，开展科技服务人才专业技术培训，提高从业人员的专业素养。推动科技服务国际化人才培训基地建设，加大与国际知名机构联合培养人才的力度。

（六）促进集群发展

加强与科技部等国家有关部门的合作，集聚优势资源，推动政策试点，推进国家级科技服务业集聚区建设。加强统一规划、设计和管理，促进中关村软件城和创新创业孵化一条街、知识产权和标准化一条街、科技金融一条街等区域科技服务业集群发展，形成首都科技服务业发展示范区。主动对接产业转型需求，在“六高四新”高端产业功能区建设一批科技服务产业综合基地，优化科技服务业空间布局。

（七）狠抓工作落实

建立由分管市领导牵头，市政府有关部门参加的工作协调机制，加强对全市科技服务业发展重大问题研究、重要政策制定、重点项目推进的统筹指导。各区县政府要健全工作机制，细化政策措施，科学组织推进。市科委要会同市统计局等部门，完善科技服务业统计监测指标体系，加强对科技服务业的统计和监测，并着力抓好对本实施意见落实情况的跟踪分析和督促检查，确保各项工作落到实处。

北京市人民政府

2015年5月6日

资料来源：北京市人民政府网站。

附录五　北京市人民政府关于大力推进大众创业万众创新的实施意见

京政发［2015］49号

各区、县人民政府，市政府各委、办、局，各市属机构：

推进大众创业、万众创新，是实施创新驱动发展战略、构建高精尖经济结构、疏解北京非首都功能的重大举措，对建设全国科技创新中心、促进首都经济提质增效、推动京津冀协同发展具有重要意义。为深入贯彻落实《国务院关于大力推进大众创业万众创新若干政策措施的意见》（国发［2015］32号）和《国务院办公厅关于发展众创空间推进大众创新创业的指导意见》（国办发［2015］9号）等文件精神，适应和引领经济发展新常态，以创新带动创业，有效激发全社会创新潜能和创业活力，特提出以下实施意见。

一、总体要求

（一）指导思想。

深入贯彻落实党的十八大和十八届三中、四中全会精神，深入学习贯彻习近平总书记系列重要讲话和对北京工作的重要指示精神，坚持和强化首都城市战略定位，充分发挥市场在资源配置中的决定性作用和更好发挥政府作用，不断强化中关村国家自主创新示范区的示范引领作用和核心载体功能，以优化创新创业生态为主线，着力营造创新创业氛围，着力培育创新创业形态，着力完善创新创业布局，着力释放创新创业活力，积极构建有利于大众创业、万众创新的政策制度环境和公共服务体系，努力打造引领全国、辐射周边的创新发展战略高地和具有全球影响力的高端创新中心，为建设国际一流的和谐宜居之都提供有力支撑。

（二）基本原则。

强化自主创新。大力提升自主创新能力，推动在重要科技和重大产业领域涌现一批具有国际领先水平、拥有自主知识产权和核心技术的科技成果及产业化项目，形成创新驱动发展的新引擎、新动力，努力成为国家自主创新的重要源头和原始创新的主要策源地。

加快全面创新。坚持以推动科技创新为核心，以破除制约创新创业发展的体制机制障碍为重点，在人才、金融、市场环境、知识产权、国际合作等重要领域和关键环节取得新突破，努力营造良好的创新创业环境。

聚焦高端创新。积极引导各类创新创业主体和创新创业活动向高端产业领域、产业链高端环节和高端业态集中，着力突破关键共性技术，把调整疏解和创新发展结合起来，推动形成创新创业的高端发展态势。

推进协同创新。落实京津冀协同发展战略，整合区域创新资源，完善区域创新体系，打造协同创新共同体。完善创新创业空间布局，引导创业人才、团队、平台向郊区县转移，促进中关村国家自主创新示范区“一区十六园”加快发展。

(三) 主要目标。

到2017年，率先建成创新创业要素集聚、服务专业、布局优化的国家级新兴产业“双创”示范基地，在产业核心技术和关键环节涌现出一批创新创业企业，形成一批服务体系完善、发展成效明显的众创空间，初步形成京津冀协同创新、互利共赢的局面，使北京成为全国高端创新创业的核心区与发源地。

到2020年，创新创业政策体系更加健全，创新创业生态全面优化，覆盖全市的创新创业服务体系基本建成，各类创新创业主体高度活跃，创新创业国际合作水平显著提高，创新创业促进经济转型升级的作用更加明显，高技术产业全员劳动生产率进一步提升，使北京成为具有全球影响力的创新创业地区。

二、主要任务

(一) 积极构建创新创业服务体系。

强化人才服务。加强海外人才来京创业服务，为符合条件的海外人才创办企业提供启动资金；推动出台外籍高层次人才取得永久居留资格程序便利化试点，完善医疗、住房、税收等相关优惠措施；探索中央在京和市属高等学校、科研院所等事业单位聘用外籍人才的路径，研究制定事业单位招聘外籍人才的认定标准。加大对科技人员创业的支持，鼓励高等学校、科研院所增设科技成果转化岗位，允许拥有科技成果的教师和科技人员在一定期限内离开原岗位专职创办企业，允许教师兼职参与科技成果转移转化。完善大学生创业服务体系，积极落实大学生创业引领计划；研究在中关村国家自主创新示范区开展大学生创业社保登记试点；推进高等学校大学生创业园建设，支持各类创业服务机构为大学生创业提供创业导师、创业培训等服务。

强化金融服务。围绕中关村建设国家科技金融创新中心，优化资本市场，支持全国中小企业股份转让系统发展，推动互联网和高新技术企业挂牌；探索建立工商登记部门与区域性股权市场的股权登记对接机制，支持创业企业开展股权质押融资；鼓励机构间私募产品报价与服务系统在京发展，为创业企业拓展融资渠道。创新金融机构支持方式，探索投贷联动融资模式，抓紧推动相关试点落地；加快发展普惠金融，探索完善银行、保险、证券、信托、创业投资等机构间的合作模式，构建包括科技信贷、科技保险、集合融资、融资租赁在内的创业金融服务体系，鼓励银行业金融机构向创业企业提供一站式、系统化的金融服务。加快发展互联网金融，支持有条件的金融机构建设创新型互联网平台，依法依规设立互联网支付机构、网络借贷平台、网络金融产品销售平台等；积极开展股权众筹融资试点，打造中关村股权众筹中心，支持中关村股权众筹联盟发展，争取互联网股权众筹平台等方面的优惠政策在中关村国家自主创新示范区先行先试。大力发展创业投资，落实国家新兴产业“双创”三年行动计划，积极创建国家级新兴产业“双创”示范基地；鼓励和引导社会资本开展天使投资，支持各类主体为投资人和创业者搭建天使投资对接平台；研究制定符合市场规律的各类资本投入、退出创业项目的配套政策，不断完善创业投资机构激励约束和监督管理机制。推动外商投资与境外投资发展，落实国家外商投资创业投资企业的相关规定，做好外商投资创业投资企业的设立审批工作，简化创业投资机构境外投资备案手续；研究建立境外投资信息平台，推动开展创业投资机构与境外高端研发项目对接活动。

强化公共平台服务。充分发挥国家重大科技基础设施、首都科技条件平台、首都科技大数据平台、中关村开放实验室等公共条件平台作用，支持高等学校、科研院所、重点实验室、大型企业向社会开放共享科研仪器设备、科技成果、科技人才等资源，为初创期科技型企业提供联合研发、委托研发、中试试验等服务。充分发挥北京技术市场等技术转移转化平台作用，支持各类技术转移服务机构发展，对接初创期科技型企业技术转移转化需求，促进科技成果转化落地；健全完善市场定价机制，鼓励高等学校、科研院所设立技术转移服务机构，采取转让、许可、作价入股等方式开展科技成果转移转化活动。充分发挥技术研发创新平台作用，支持建设国家和市级工程（技术）研究中心、工程实验室、企业技术中心等技术研发创新平台，并推进与国家联合共建创新平台，集聚创新创业服务资源；支持社会力量围绕创新创业需求，搭建研发试验平台、中试平台、检验检测平台等市场化、专业化创新服务平台。

强化知识产权服务。推进知识产权运营服务平台建设，积极做好全国知识产权运营公共服务平台在京落地的相关支持工作；完善知识产权公共信息、专题数据库、保护、商用化等服务平台，加强知识产权信息传播利用，强化知识产权投融资服务。

培育知识产权新兴服务业态，加快推进知识产权运营服务试点，推动中关村国家知识产权服务业集聚发展试验区建设；实施知识产权服务品牌机构培育计划，引导服务机构与各类创新主体对接，支持服务机构提高知识产权分析评议、运营实施、评估交易、保护维权、投融资等服务水平。强化知识产权保护服务，增强知识产权综合行政执法能力，促进知识产权行政执法保护与司法保护紧密衔接，推动知识产权纠纷调解仲裁，加快形成行政执法、司法审判、调解仲裁等多渠道维权保护模式。

（二）着力培育创新创业发展形态。

推进众创空间集约发展。鼓励行业领军企业发展服务化众创空间，引导和支持有条件的行业领军企业将内部资源平台化，面向企业内部和外部创业者提供资金、技术和服务支撑，开拓新的业务领域和创新产品。支持发展网络化众创空间，鼓励大型互联网企业等向各类创新创业主体开放技术、管理等资源，降低创业门槛和成本；推动基于“互联网+”的创新创业活动加速发展，促进众包服务发展，有效减少创业人口集聚，提高人均创业产出效率。大力发展中关村创新型孵化器，围绕创新创业团队在融资、辅导、宣传、技术等方面的迫切需求，鼓励发展投资促进型、培训辅导型、媒体延伸型、专业服务型等创新型孵化器。全力推进众创空间集聚发展，进一步提升中关村创业大街在研发孵化平台搭建、科技金融服务、创业人才培养、知识产权保护、技术交易等方面对大众创新创业的支撑能力，推动创新创业功能向沿线街道纵深辐射；支持各区县以产业转型升级为契机，通过盘活办公楼宇和厂房设施，建设众创空间集聚区。

推进高精尖领域创新创业。支持高端产业领域创新创业，鼓励各类创新创业主体聚焦金融、信息、科技等生产性服务业，节能环保、新一代信息技术、生物等战略性新兴产业，以及文化创意等高端产业领域开展创新创业活动。促进产业链高端环节创新创业，积极发展专业技术服务、检验检测服务和评估咨询服务；积极引导创业项目向概念创意、研发测试、设计服务、系统集成、品牌经营、供应链管理、互联网营销等高附加值环节集中。鼓励高端业态创新创业，积极推进传统产业与新兴业态融合发展，大力推进电子商务、互联网教育、互联网金融、互联网健康、智慧能源、智慧农业、智能制造等业态发展，推动生活性服务业规范化、连锁化、便利化、品牌化、特色化发展。

推进科技文化融合创新。积极培育科技文化融合优势企业，推进经营性文化艺术事业单位转企改制，形成一批有特色、有实力的骨干文化创意企业，鼓励科技型中小企业与骨干文化创意企业进行多层次合作。加强科技文化创新创业载体建设，搭建文化金融创新应用、多媒介综合信息服务和权威智库发展等体系，支持建设以创意设计、动漫游戏、数字出版、新闻媒体、文化信息服务等为重点的文化产业众创空间。加快建设科技文化融合基地，积极推进北京“设计之都”建设，大力扶持各类中小微设计企业创新发展；加强中关村国家级文化和科技融合示范基地建设，围绕文化产品与服务的创意创作、设计制作、展示传播、消费体验等环节，开展科技文化关键共性技术攻关与成果推广应用。

推进提升国际化发展水平。吸引集聚国际创新创业资源，通过合作共建、资源共享等多种方式在京建设国际化创业服务机构，带动本市创业服务模式创新；积极引导创业服务机构与国际技术转移机构对接，开展技术交易及国际技术转移服务，引进一批国际领先的原创技术；鼓励和引导国内资本与国际优秀创业服务机构合作设立众创空间等新型创业服务平台。打造创新创业对外交流平台，围绕新兴产业领域创新创业对外发展需求，依托中关村海外联络机构、中国国际技术转移中心等载体，建设国际创新创业合作平台，推动人才、技术、管理等方面的交流合作。支持各类创业服务机构国际化发展，通过在海外设立科技园区、与海外优秀孵化机构合作、开展联合孵化等多种方式，搭建创新创业企业国际化发展平台。

（三）全面优化创新创业空间布局。

打造高端创新创业核心区。加快海淀区“一城三街”建设，集聚发展创业服务业、科技金融服务业、信息和软件服务业、知识产权和标准化服务业，升级打造特色鲜明的众创空间，为大众创新创业营造良好的市场化服务环境。改造提升中关村南北大街，依据区段功能定位，结合楼宇空间布局和现有业态，分类进行科技创新项目置换和创业服务机构引入，将中关村南北大街建设成为创新创业大街，形成开放度更高、服务范围更广、辐射带动力更强的创新创业型经济集聚区。

打造南北创新创业发展带。建立围绕研发服务和高新技术产业服务创新的北部创新创业发展带，以海淀区北部、昌平区南部和顺义区部分区域为重点，大力推进研发服务、信息服务等高端产业创新创业项目，加快战略性前沿技术研发，促进高新技术成果孵化转化，积极建设科技成果交易核心区。建立围绕高技术制造业和战略性新兴产业技术创新、产品创新的南部创新创业发展带，以北京经济技术开发区和大兴区整合后的空间资源为依托，统筹布局通州、房山产业园区，形成新一代信息技术、生物、高端装备制造、新能源、新材料、新能源汽车等产业创新创业集群，积极建设技术创新总部聚集地。

打造郊区县创新创业特色园区。建设郊区县高端创新成果转化和产业化基地，聚焦纳米科技、通用航空、新能源、新能源汽车、智能制造、数字信息等重点领域，在郊区县建设一批技术支撑和创业投资能力强、专业服务水平高、领域特色鲜明的产业孵化平台和小企业创业基地。建立郊区县与中心城创新成果对接和应用机制，建设需求对接和新技术、新产品（服务）推介平台，推动中心城的高端研发成果在郊区县率先应用；支持郊区县建设一批协同创新中心、科技新城、特色园区、创新创业社区等创新创业载体，引导更多创业项目向郊区县转移布局，推进郊区县创新创业差异化、特色化发展。

打造京津冀协同创新创业体系。聚焦市场环境、金融服务、知识产权、科研教育、人才流动、国际合作等重要领域和关键环节，推进区域一体化技术市场、金融市场、产权市场、人力资源市场建设，促进区域创新创业资源共享和优化配置。加强区域创新创业政策衔接，统筹协调区域内的财政税收、投融资、产权交易、技术研发、政府采购等普惠性创新创业支持政策相互衔接，研究争取将中关村国家自主创新示范区的先行先试政策扩展至京津冀共建试点示范园区，并逐步推广到京津冀区域。强化区域创新创业载体共建，依托京津冀“4+N”功能承接平台，支持本市制造业龙头企业新增产能在津冀地区布局，引导和推动本市部分创新创业项目向曹妃甸协同发展示范区、张（家口）承（德）生态功能区、天津滨海—中关村科技园区、新机场临空经济区等区域转移，以创新创业带动战略合作功能区共建。优化区域创新创业公共服务，推动在京优质医疗卫生、教育等资源通过对口支援、共建共管、办分院分校、整体搬迁等方式向京外发展，逐步提高区域公共服务均衡化水平，提升区域创新创业服务保障能力。

（四）不断完善创新创业保障机制。

完善公平竞争市场机制。按照国家公平竞争审查工作安排，建立完善公平竞争审查机制，加大对不利于创新创业的垄断协议和滥用市场支配地位以及其他不正当竞争行为的调查和处置力度。完善全市企业信用信息体系，建立统一共享的小微企业名录，推进统一社会信用代码工作；推动行政机关行政处罚、司法机关司法裁决，以及行业协会、商会对会员实施惩戒的信息归集到企业信用信息公示系统，完善以信用管理为基础的创新创业监管模式。完善政府和社会资本合作模式，扩大社会资本投资途径，引导社会资本参与教育、医疗、养老、文化等领域的公共产品与服务供给；鼓励非公有资本以参股、独资、合资、合作、项目融资等方式参与垄断行业经营。

完善政府创新服务机制。建立便捷商事服务机制，全面实施“三证合一”“一照一码”登记制度，完善北京工商E网通服务平台，推进全程电子化登记与审核服务；开展企业自治名称和经营范围，以及科技类、文化创意类企业住所和经营场所分离登记管理试点，探索集群注册登记模式，积极推进“先照后证”改革，实现便捷登记。转变政府服务方式，全面推广中关村创业会客厅的一站式创业服务模式，以创业企业共性需求为核心，支持市场化服务机构通过商业模式设计，提供政策法律咨询、注册登记、知识产权、科技金融等服务；建立创新创业网络化服务平台，提高政府服务效率和水平。加大简政放权力度，深化行政审批制度改革，全面调整优化与创新创业相关的审批、认证、收费等事项；建立政府、市场和社会多元参与的创新创业治理结构和机制，引导众创空间自主探索、自我管理、自律发展，依托社会机构等组织开展众创空间评选、创业项目遴选、业务指导和监督管理。

完善科技成果转化机制。强化科技成果转化政策激励，赋予高等学校、科研院所科技成果自主处置使用权，高等学校、科研院所科技成果转化所获收益可按70%及以上的比例，划归科技成果完成人以及对科技成果转化做出重要贡献的人员所有。激发高等学校、科研院所创新活力，推进应用研究创新与市场需求对接，鼓励高等学校、科研院所拥有科技成果的科技人员创办科技型企业并持有股权；推进高等学校、科研院所采用技术许可的方式促进科技成果对外转移转化，对高等学校、科研院所等事业单位以科技成果作价入股的企业，放宽股权奖励、股权出售对企业设立年限和盈利水平的限制。构建新型创新创业实体，鼓励市属科研院所、企业主动承接中央在京高等学校、科研院所的知识产权和科技成果转化转移，并通过引入社会资本等方式，积极发展混合所有制创新平台；积极推动协同创新研究院、大数据研究院等新型研究机构发展；搭建军民融合协同创新平台及科技创新服务平台，促进军民两用技术推广应用和融合发展。

完善财税政策扶持机制。优化财政资金统筹机制，厘清政府与市场的边界，财政资金重点支持市场不能有效配置资源的基础研究、战略性前沿技术、关键共性技术领域，重点支持有效需求尚未形成、市场机制尚未发挥作用的新兴产业，重点支持处于孵化期、初创期等早中期阶段的科技型小微企业，重点支持要素市场、知识产权、人才培养、成果转化等创新创业环境建设。创新财政资金扶持方式，深入实施首都科技创新券政策，加大对优秀创业团队和小微企业的资助和引导力度；更多运用财政后补助、间接投入等方式支持开展创新创业；在确保公平竞争的前提下，鼓励对众创空间等孵化机构使用的办公用房、用水、用能、网络等软硬件设施给予适当优惠；推进中关村现代服务业试点，加大对创业孵化的扶持力度。完善普惠性税收优惠政策，积极落实企业研发费用加计扣除的优惠政策，配合国家有关部门研究完善企业研发费用计核方法；继续落实中关村国家自主创新示范区有限合伙制创业投资企业法人合伙人抵扣应纳税所得额的优惠政策，配合国家有关部门继续完善相关政策，逐步将科技型中小企业纳入适用政策的所投资企业范围，研究提高投资额在应纳税所得额中税收抵扣比例；配合国家有关部门修订完善高新技术企业认定办法。加大创新技术、产品（服务）政府采购力度，研究建立符合技术创新和产业发展方向的政府采购标准体系，建设面向全国的新技术、新产品（服务）政府采购推广应用平台；探索建立“首购首用”风险补偿机制，促进创业期企业新技术、新产品（服务）的推广应用。

三、组织保障

（一）加强组织领导。建立由市发展改革委、市科委、中关村管委会牵头，各区县政府和市政府各有关部门参加的大力推进大众创业万众创新工作机制，加强对全市创新创业工作的统筹指导和综合协调，强化部门协同和上下联动，切实形成合力，全力推进大众创业万众创新蓬勃发展。

（二）狠抓责任落实。各区县政府、市政府各有关部门要统一思想，提高认识，按照任务分工，扎实推进各项工作落实。各单位要制定推进计划，明确工作任务、时间节点、责任人和保障措施，确保促进创新创业的各项政策落到实处。

（三）强化督查评估。市政府各有关部门要完善创新创业信息统计指标体系，建立信息报送、任务动态调整、年度考核评价工作机制，强化对政策措施落实情况的督查督导和跟踪分析，重大问题及时提请市政府研究解决，确保各项任务顺利推进。

（四）加大宣传力度。市有关部门要统筹做好对大众创业万众创新工作的新闻宣传、政策解读和舆论引导工作，积极发挥“全国大众创业万众创新活动周”等展示平台作用，及时总结和推广先进经验，努力营造大众创业万众创新的良好氛围。

资料来源：北京市人民政府网站。

附录六　天津市人民政府关于打造科技小巨人升级版的若干意见

津党发［2015］27号

为深入实施创新驱动发展战略，助推科技型中小企业发展，做优做强做大科技小巨人企业，促进产业转型升级和经济提质增效，提出如下意见。

一、总体要求和发展目标

（一）总体要求

全面贯彻落实党的十八大和十八届三中、四中、五中全会精神，深入贯彻习近平总书记系列重要讲话精神，抓住用好多重战略叠加机遇，创新发展理念，以推动科技小巨人企业能力升级为核心、规模升级为支撑、服务升级为保障，着力聚集国内外高端创新资源，着力促进协同创新和开放创新，着力构建科学完善的创新生态系统，努力形成创新要素充分涌流、科技活力竞相迸发、科技小巨人企业顶天立地的生动局面，为推进国家自主创新示范区建设、基本建成全国产业创新中心和先进制造研发基地做出更大贡献。

（二）发展目标（2015～2020年）

——群体规模显著扩大。全市科技型中小企业总量达到10万家，科技小巨人企业达到5 000家，国家高新技术企业达到5 000家。

——企业实力显著增强。科技小巨人企业年主营业务收入超过5亿元的达到1 000家、超过10亿元的达到350家，科技领军企业达到200家，实现“小巨人大品牌”。工业领域科技小巨人企业产值占规模以上工业总产值比重达到55%，增加值率、成长性和税收贡献率高于全市平均水平。

——创新水平显著提升。建成具有行业领先水平和国内外影响力的产业技术研究院5家，聚集国家级科研院所、海内外高水平研发机构及产业化基地200家，新建企业创新平台和研发机构300家，开发掌握一批具有国际先进水平的关键核心技术，“杀手锏”产品超过300项。

二、重点任务

（一）着力推进能力升级

一是实施领军企业培育工程。建立科技小巨人领军企业动态管理制度，每年遴选创新能力强、成长速度快的科技小巨人企业，重点开展领军企业创新转型试点，实行“一企一策”和定制化联系帮扶，支持企业与国内外高校、科研院所、研发机构等联合建立一批高水平的实验室、工程中心、跨境研发中心等，以企业为主体实施一批产业创新重大项目，开展专利消零和专利强企行动，加快关键核心技术突破和产品创新。实施科技小巨人大品牌培育计划，组织专业机构为企业进行品牌设计与策划。

二是实施“小升高”工程。建立高新技术企业培育备选库，每年选择一批具有成长性的科技型中小企业，在技术创新、专利创造、研发人员聚集等方面给予政策倾斜，重点支持企业与京津冀高校和科研院所建立共同开展技术研发、成果转化等持续创新的新机制。加大认定工作培训和服务力度，引导各类资源和服务向企业聚集，推动一批符合条件的科技型中小企业成为市级和国家级高新技术企业。每年认定市级高新技术企业800家，新增国家级高新技术企业600家。

三是实施高端人才引进培养工程。深入实施“千人计划”“千企万人支持计划”“特殊人才支持计划”“创新创业人才推进计划”等人才引进培养计划，延伸人才“绿卡”服务，开展科技成果收益分配和股权激励等试点，加快建设“双创特区”，吸引聚集海内外高端人才来津创新创业。完善企业与高校高端创新人才联合培养和双向流动机制，加大科技特派员选派力度，建立校企协同创新推动成果转化的有效机制。在职科技人员在完成本职工作的基础上，可采取兼职兼薪方式创业或服务企业创新。强化新型企业家培养工程，建立天津领军企业家俱乐部，加强与国内外知名创新人士和企业家的交流合作，不断提升企业家创新发展的意识和能力。到2020年，企业聚集各类高水平创新人才万人以上。

（二）着力推进规模升级

一是实施“小壮大”工程。每年在科技小巨人企业中选择增速不低于20%的高成长企业，逐一确定培育目标，制定个性化帮扶方案，建立专门的政策性贷款担保基金，支持创新项目、融资对接、人才引进等，建立达标奖励制度，促进企业倍增式发展。支持200家企业开展“制造+服务”、内部创业和“龙头企业+引进培育”、互联网跨界融合等商业模式创新试点，推动企业从制造向服务延伸，支持企业“触网”，引导企业加速扩张或裂变式发展。

二是实施并购“双百”工程。鼓励企业充分利用境内外两种资源，加强与“一带一路”沿线国家的科技合作，通过收购、兼并、合作等方式快速获得国内外先进技术、人才团队、知名品牌、市场份额等，建立跨区域的生产基地、研发中心、跨境采购中心、离岸结算中心等，提升开放创新水平，促进企业集团化、规模化发展。设立并购基金，引导支持金融资本、社会资本参与企业并购活动，发挥资本市场在并购重组中的主渠道作用。组织开展企业并购专题培训，引导中介机构支持企业制定并购战略，提供法律、金融和风险管理咨询服务。支持企业参与国际知名专业组织、产业联盟、权威机构开展的相关活动，培育一批规模型、总部型、控股型企业。到2020年，并购国内外企业分别达到100家以上。

三是实施企业上市融资工程。鼓励企业利用资本市场，通过资本运作实现快速持续发展。支持企业实行股份制改造，完善治理机制，明晰股本结构，实施股权激励。支持企业利用境内外多层次资本市场实现上市和挂牌，扩大科技企业融资规模。实行市和区县联动，组织开展企业股改和上市培训，帮助企业引进金融人才，引导金融、法律、会计、评估、证券、股权投资等机构参与服务科技型中小企业股份制改造和上市工作。到2020年完成股份制改造科技型企业达到750家，上市和挂牌科技型企业达到400家。

（三）着力推进服务升级

一是优化政府公共服务。围绕服务企业创新发展，加大简政放权力度，强化科技、商事、人才等体制改革，抓好“一颗印章管审批”“一张绿卡管引才”等“十个一”制度建设，建立完善一站式、全方位的公共服务平台和网络，推动政府服务高效化便利化。以区县为主，面向国家自主创新示范区分园和众创空间等载体建立政府服务专员制度，发挥政府购买服务作用，促进各类专业服务机构和中介机构向各类载体聚集。落实好政府采购支持中小企业发展政策，保证参与政府采购的科技小巨人企业充分享受优惠政策。

二是优化技术平台服务。围绕战略性新兴产业和优势支柱产业，支持企业与高校、科研院所合作建立产业公共技术平台，聚集科技研发、检测检验、技术转移、专利代理、财务和法律等专业服务机构，形成“创新服务不出园区”的科技创新与服务体系。支持“科淘网”等科技服务电商平台发展，引导发展一批众扶创业平台和众包创新平台，形成“互联网+科技服务”的新型科技服务模式，强化大型科研仪器等资源的开放共享。实施企业创新券制度，支持企业利用公共科技资源开展产学研合作。

三是优化科技金融服务。深入推进以“助小微、促创新、促创业”为内容的“一助两促”活动，着力解决中小微企业融资难问题。提高科技金融专营机构服务水平，提升区县科技金融对接平台功能，创新科技金融产品，设立科技担保基金，推动投保贷联动，引导企业利用各类债务工具融资。积极发挥各类财政资金引导和杠杆作用，通过母基金引导社会资金建立种子基金、天使投资基金、风险投资基金、新兴产业投资基金等，鼓励风险投资基金、银行、保险、证券、信托等机构合作，促进众筹、众创、众包、众扶与金融有效嫁接，构建满足科技型中小企业不同发展阶段需求的多层次、多渠道投融资保障体系。

四是优化园区服务。以国家自主创新示范区为依托，引导各类园区转变发展理念和模式，打造服务创新创业的软硬环境和富有活力的创新生态系统。围绕产业定位，拓展产业链，布局创新链，完善资金链和服务链，建设一批服务产业创新、孵化培育、产业集群的产业技术研究院和产业技术创新战略联盟。支持各类园区完善服务功能和提升服务能力，建设集创新、孵化、研发、金融、商务、教育、医疗、文化等于一体的创新社区。强化京津冀协同创新，支持各类园区吸引聚集高校和科研院所在津建立新型研发机构、研发转化与产业化基地，组建技术转移服务联盟，吸引首都资源提供延伸服务。

三、政策措施

（一）加大财政扶持力度

“十三五”期间，实施打造科技小巨人升级版“政策聚焦”，市财政每年统筹投入15亿元，滨海新区及各功能区每年投入15亿元，其他区县每年投入20亿元，全市每年共计投入财政资金50亿元。强化政策宣讲培训，帮助企业用足用好用到位，切实发挥支持引导作用。

（二）落实财政支持政策

一是支持各类基金设立。市财政每年安排资金6亿元，五年合计30亿元。设立10亿元政府担保基金，主要用于为高成长科技小巨人企业贷款提供担保；设立5亿元产业并购引导基金，主要用于带动社会资本参与企业境内外并购重组等；设立10亿元创业投资引导基金和5亿元天使投资引导基金，按30%参股引导社会资金设立产业投资基金，利用市场化机制筛选项目、投资新兴产业和科技型中小企业等。

二是支持企业能力建设。市财政每年安排资金5亿元，五年合计25亿元。主要用于市级产业技术研究院建设；对企业组织实施重大创新项目及开发“杀手锏”产品等，给予100万~300万元资助，市和区县财政各负担50%；对企业引进的国家级科研院所及共建研发转化基地、企业重点实验室、工程中心、境外研发机构等，给予平均200万元补助，区县财政给予1∶1的配套资金支持；对实施京津冀协同创新项目、开展商业模式创新试点、购买海外先进技术、创建品牌等，给予一定资金支持。

三是奖励企业创新发展。市财政每年安排资金4亿元，五年合计20亿元。主要用于对首次获批的国家高新技术企业按照规模大小分别给予30万～50万元奖励，其中：区县财政对于申请认定国家高新技术企业的先按上述标准50%的比例给予补助，待认定后市财政再按上述标准50%的比例给予奖励；对完成股份制改造的科技型企业，给予最高30万元奖励；对获评中国驰名商标、名牌产品等国家品牌的企业，给予50万～100万元奖励，市和区县财政各负担50%；对组建产业技术创新战略联盟、开展大型科研仪器共享、创业大赛获奖项目等，给予一定资金奖励；对于企业利用公共科技资源开展创新活动，给予创新券奖励。

（三）加强区县财政投入

滨海新区及各功能区、其他区县要安排财政资金配套用于市级政策落实，并结合本地区实际制定相关措施，推动科技小巨人企业做优做强做大。

四、组织保障

（一）强化组织领导

市科技型中小企业发展工作领导小组要加强对打造科技小巨人升级版工作的领导。市科技型中小企业发展联席会议要加强调度协调，研究解决问题。各区县党委和政府要把打造科技小巨人升级版工作摆在突出位置，明确任务，落实责任，集中力量抓紧抓好。相关职能部门要制定具体实施方案和政策落实办法，加强协作，密切配合，提供优质服务和保障。

（二）严格督查考核

加强对各区县和各功能区打造科技小巨人升级版工作进展情况的指导服务和督促检查，完善科技小巨人企业统计分析制度，对企业发展情况及时进行跟踪监测和研究分析。建立考核制度，将打造科技小巨人升级版工作情况纳入各级领导班子考核范围。加强干部帮扶，对350家年主营业务收入超过10亿元的科技小巨人企业各安排1名局级领导干部、对1 000家年主营业务收入超过5亿元的科技小巨人企业各安排1名处级领导干部，固定联系帮扶2年，建立工作台账，每半年进行一次考核评估。

（三）营造浓厚氛围

加强对打造科技小巨人升级版工作的宣传报道，树立一批企业与企业家典型，发挥示范带动作用。每年举办小巨人创新论坛，邀请国家部委领导同志、知名专家和企业家到会演讲交流，组织开展市领导同志与科技小巨人企业家互动活动等。鼓励社会团体、社会组织等开展各类创新创业主题活动，培育一批面向国际的创新创业文化品牌。继续组织好天津市创新创业大赛，弘扬创新创业精神，培育创客文化，增强全社会创新创业活力。

2015年12月9日

资料来源：天津市科学技术委员会政务网。

附录七　天津市人民政府印发关于发展众创空间推进大众创新创业政策措施的通知

津政发［2015］9号

各区、县人民政府，各委、局，各直属单位：

现将《关于发展众创空间推进大众创新创业的政策措施》印发给你们，望遵照执行。

关于发展众创空间推进
大众创新创业的政策措施

为深入贯彻落实《中共中央国务院关于深化体制机制改革加快实施创新驱动发展战略的若干意见》（中发［2015］8号）和《国务院办公厅关于发展众创空间推进大众创新创业的指导意见》（国办发［2015］9号），努力营造良好的创新创业生态环境，激发全社会创造活力，形成大众创业、万众创新的生动局面，打造天津经济发展新引擎，特制定如下政策措施：

一、加快构建众创空间

按照市场化原则，支持鼓励企业、投资机构、行业组织等社会力量投资建设或管理运营创客空间、创业咖啡、创新工场等新型孵化载体，打造一批低成本、便利化、全要素、开放式的众创空间。各区县、滨海新区各功能区、各高校要充分利用老旧厂房、闲置房屋、商业设施等资源进行整合和改造提升，为众创空间免费提供专门场所。统一制定众创空间认定管理办法，高校众创空间由市教委组织认定，区县及滨海新区各功能区众创空间由市科委组织认定。实施众创空间示范工程建设，到2016年，全市每所普通本科高校、独立设置的高职学院、独立学院至少建设1个众创空间，各区县、滨海新区各功能区至少建设3~4个众创空间，全市众创空间超过100个。

二、支持建立众创服务平台

综合运用购买服务、资金补助、无偿资助、业务奖励等方式，鼓励支持研发设计、科技中介、金融服务、中试孵化、成果交易、认证检测等众创服务平台建设，政府部门服务要延伸到众创空间，为创业者提供政策咨询、项目推介、开业指导、融资服务、补贴发放等“一站式”创业服务。建立健全科研设施、仪器设备、宽带接入和科技文献等资源向创客企业开放的运行机制，实现资源共享。

三、降低创新创业门槛

深化商事制度改革。放宽企业注册资本登记条件，高校毕业生创办企业首次出资额允许为零。放宽企业名称登记条件，缩短登记时间。简化住所登记手续，可“一址多照”和“一照多址”，允许众创空间内按工位注册企业。采取业务代办、“一站式”窗口、网上申报、多证联办、快捷登记取照等措施，为创客企业工商注册提供便利。

四、鼓励支持大学生创业

支持高校建设一批创业实践和孵化基地，进一步完善学科安排、课程设置、评价体系和教育资源分配，加强创新创业技能教育。允许在校大学生利用弹性学制休学创业，在校大学生利用弹性学制休学创业的可视为参加实践教育，并计入实践学分。支持高校建立专门机构，加强学生创业的管理和服务，积极开展创业辅导培训，鼓励教师带领或辅导学生创业，在职称评定、绩效考核上给予倾斜。将大学生创业扶持期由3年延长至7年，即毕业前2年和毕业后5年。外地高校毕业生在津创业的，准予落户，并给予相应政策扶持。

五、鼓励支持科技人员创业

支持高校、科研院所、国有企事业单位的科技人员离岗创业，对在津转化科技成果或创办科技型中小企业的，5年内保留其原有身份、编制和职称，档案工资正常晋升。在职科技人员在完成本职工作的基础上，可采取兼职兼薪方式创业或服务企业创新。

六、实施科技成果使用、处置和收益改革

赋予市属高校、科研院所等事业单位科技成果使用和处置自主权，科技成果转化所得全部归所在单位，并按照不少于50%的比例奖励科技成果完成人和为科技成果转化作出贡献的人员。科研机构、高等院校转化职务科技成果以股份或出资比例等股权形式给予个人奖励，经确认后暂不征收个人所得税，待其转让该股权时按照有关规定计征。

七、加大财政资金支持引导力度

对经认定的众创空间，分级分类给予100万～500万元的一次性财政补助，用于初期开办费用，高校众创空间补助资金由市财政负担，区县及滨海新区各功能区众创空间补助资金由市和区县财政按7∶3的比例负担。引导众创空间运营商设立不少于300万元的种子基金，主要用于对初创项目给予额度不超过5万元、期限不超过2年的借款，以及收购创业者的初创成果，市财政按30%比例参股，不分享基金收益，基金到期清算时如出现亏损，先核销财政资金权益。对众创空间内企业招用高校毕业生，给予1年岗位补贴和3年社会保险补贴。大学生创业且租赁房屋的，据实给予补贴，最高不超过每月1 800元，补助期为2年。

八、完善创业投融资服务

支持天使投资、创业投资、股权投资等发展，争取开展互联网股权众筹融资试点。加大创业信贷支持力度，大学生自主创业可申请最高30万元的小额担保贷款，已成功创业且带动就业5人以上、经营稳定的创业者，可给予贷款再扶持，总额度最高不超过50万元，期限不超过2年，并给予贷款贴息。鼓励使用专利技术进行质押贷款、入股、转让。创新创业企业可纳入我市中小微企业贷款风险补贴政策范围。

九、营造创新创业浓厚氛围

定期举办创新创业大赛，获奖项目的创业者获得金融机构发放的“创业卡”，无需抵押可直接获得贷款。鼓励各类社会团体组织创新创业论坛、草根创业者大会、科技创业产品展等活动。利用夏季达沃斯论坛、融洽会、津洽会等会展活动，为创新创业者搭建交流平台。加强新闻宣传和舆论引导，报道一批创新创业先进事迹，树立一批创新创业典型人物，培育创客文化，让创新创业在全社会蔚然成风。

十、加强工作组织推动

市科委负责全市创新创业工作的组织和协调，对各项工作进行督查考核。市科委、市教委、团市委要定期组织点评、分析、交流活动，及时解决存在问题。各区县、各部门要按照职能分工，积极落实促进创新创业的各项政策措施，结合各自实际制定具体实施方案，明确工作部署，切实加大资金投入、政策支持和条件保障力度。

2015年5月11日

资料来源：天津市人民政府公报网站。